英傑を生んだ日本の城址を歩く

―珠玉の歴史ロマン紀行30選―

西野博道

さきたま出版会

目次

東北の名族・南部氏2万石の城下町に埋もれた偉大なる思想家の足跡

老子が言うに「智をもって国を治める者は国の賊である」。聖人に政治があることを叱っているのだが、己もまた耕さずにいるのだから、けっきょく国賊の同類である。

安藤昌益『自然真営道』

先日、浦和の炉端焼きに入り、カウンターで偶然隣り合わせた同年代の男性とふとしたことから会話を交わしたところ、彼は生来独身であり、唯一の趣味といえば列車の旅だと言った。父方は鶴岡（山形県）の出で、大宮から新幹線が出ていることもあり、旅行はもっぱら東北地方が多く、それぞれの地域で歴史的町並みを歩き、地酒を飲み、郷土料理を味わうのが何よりの楽しみだという。私が「自分は今度八戸へ行こうと思っていますよ」というと、それではぜひ、鶏だし、醤油味の「せんべい汁」と、油の乗った「銀鯖の串焼き」を食べたらいいと言い、店の名前を数軒（ばんや・禄文銭など）おしえてくれた。彼はサバを食べに行くだけでも八戸に行く価値はあるとさえ言った。

その機会は間もなくやって来た。新幹線で大宮から八戸まで2時間22分。そこから各駅停車で2駅進むと本八戸に到着した。地方の城下町によくあるように、八戸の町の中心部は駅から10～15分くらい歩いたところにある。城跡を見学するには、一度城跡のある三八城公園（台地）を越えて、八戸市庁舎まで行き、そこから逆戻りするように公園に入ると「八戸城跡」と文字が刻まれた巨大な石碑が建っているので、そこから城内（本丸跡）を見学できる。広大な園内には本丸跡碑があり、八戸藩初代藩主・南部直房の座像が建っていた。また、城跡から城下を見渡すことができ、本丸が要害堅固な高台に築かれていることが、その眺望からもよく知れた。城郭を偲

巨大な城跡碑（公民館前）

八戸城本丸跡（三八城公園）

ぶ建造物としては、市庁舎前に「八戸城角御殿表門」（南部会館表門）があり、復元とはいえ、その重厚な姿をとどめていた。なお、八戸城東門は根城（八戸市）に移築されており、そこの八戸市博物館（根城の敷地内）には八戸城御殿復元模型が展示されている。

新たに生まれた南部氏八戸藩

南部氏の祖・甲斐源氏武田氏一族の加賀美光行は、甲斐巨摩郡南部郷を頼朝より与えられて以後、南部姓を称した。その後、光行は頼朝より陸奥国糠部郡を与えられ、建久2年（一一九一）糠部郡八戸浦に上陸した。光

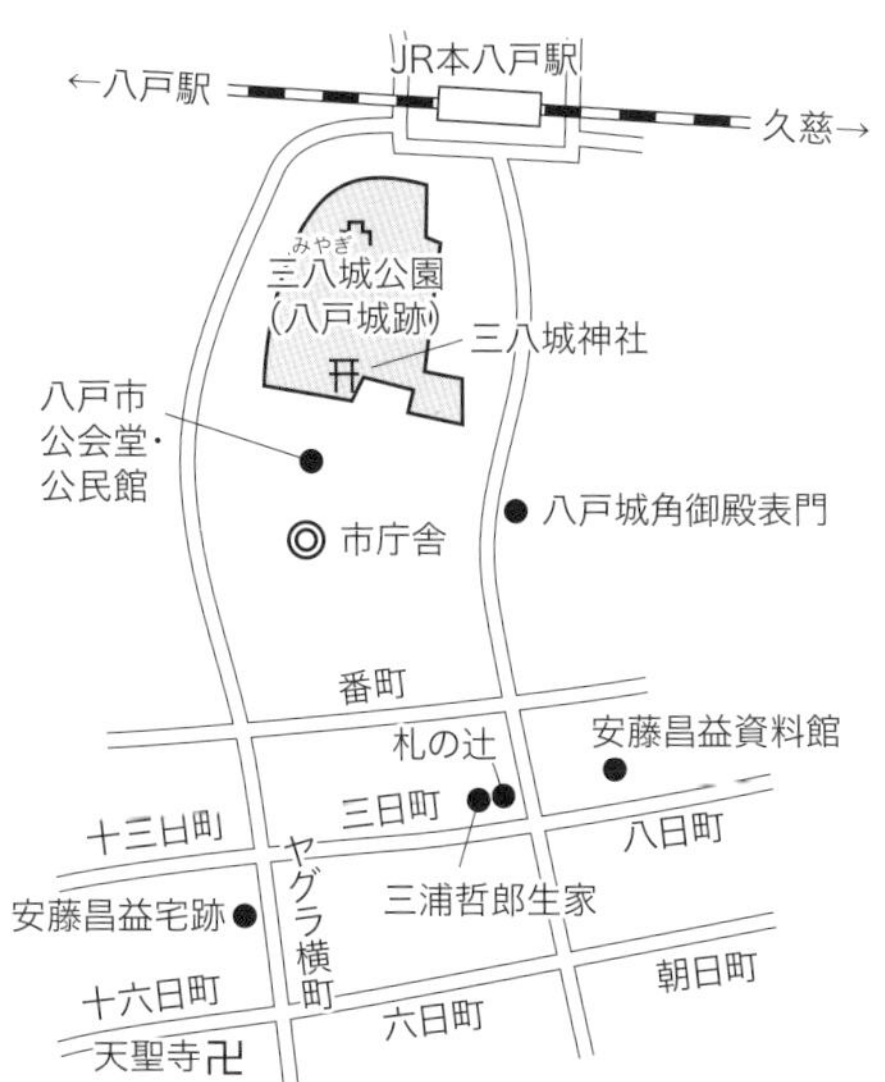

行は平良ケ崎城（青森県三戸郡南部町）を築き、城代を置くと、自身は鎌倉に住んだ。光行の死後、次男の実光が家督を継ぐと、三戸を本拠地として、一族はそれぞれ、一戸（岩手県二戸郡一戸町）、四戸（青森県八戸市八幡字付近）、七戸（青森県上北郡七戸町）、八戸（青森県八戸市）、九戸（岩手県二戸市、後に三戸城から南部信直が本拠地をここに移し、東北初の石垣の城郭・福岡城を築く）に移り住み、その勢力を拡大させた。八戸を支配したのは光行3男の実長であった。「戸」は牧場を意味し、南部氏が馬の生産を目的にして奥州の地を与えられ、領国経営を行った証である。八戸南部氏の根城（八戸市）は馬淵川南岸の丘陵地に築かれた城で、現在復元が進んでいるが、鎌倉幕府が滅亡すると、建武元年（一三三四）八戸南部4代師行によって築かれた南朝方の拠点の城となった。じつはこの師行こそ、南部一族で初めて陸奥に土着した人物ともいわれ、本来、根城南部氏が、宗家であったという指摘もある。八戸南部氏（後に八戸氏を称する）は南朝に属し、やがて衰退。この頃、本流（宗家）は北朝支持の三戸南部氏となった。天正18年（一五九〇）三戸南部氏26代・信直は小田原に遅参したため秀吉に7郡（のち10郡）のみ安堵され、南部八戸氏は秀吉に本領安堵されることなく、けっきょく信直配下に組み込まれ

八戸城角御殿表門

た。関ヶ原の戦い（一六〇〇）後、信直の子利直は家康に10万石を安堵され、父の後を継ぎ、盛岡藩主となる。寛文4年（一六六四）盛岡藩主2代南部重直は実子無く養子（堀田正盛の子）が死去し、嗣子無く他界したため、幕府の指導によって本家を利直5男の重信が8万石で継ぎ、利直7男の直房が八戸藩2万石の初代となった。直房は寛文8年、41歳で死去。逆恨みした盛岡藩士に殺されたという説もある。

八戸の根城は寛永4年（一六二七）盛岡藩の方針により、遠野城（岩手県遠野市）に所替えとなり廃城となっていた。そのため、八戸藩2万石の本拠地として、根城廃城後直ちに、南部信直が築いた八戸城を改修し、藩庁とし居城とした。なお、八戸城が正式に「城」と称されるのは天保9年（一八三八）沿岸警備の功が幕府に認められ、藩主が城主格となってからのことだ。八戸南部藩最後の藩主は薩摩鹿児島藩主・島津重豪の5男であり、そのため、戊辰戦争では奥羽越列藩同盟に加わったものの新政府軍との交戦を避け、本家ほど被害を受けなかったという。城下北東の八戸湊には廻船や漁船が盛んに出入りし賑わったといわれ（実高4万石）、八戸漁港（日本のサバの主漁港）は、現在もその賑わいを見せている。

昌益の生い立ちと、その思想を育んだ八戸城下町

城跡から旧城下町の中心部に向かって真っすぐ大通りを進むと、やがて「札の辻」の碑の建つ繁華街に出る。すぐ角にある「さくら野百貨店」ビルの壁面には「作家・三浦哲郎誕生の地」という小さなパネルがある。さらに通りを三日町・十三日町方面に進み「ヤグラ横町」（かつてこの付近に「火見櫓」があったためそう呼ばれる）で左折すると、すぐ右側の歩道電柱の横に「思想家・安藤昌益居宅跡」の碑がある。江戸時代中期、十三日町「櫓横丁」（江戸時代の表記）に、医師・安藤昌益が15年間住んでいた。その稀代の名著『自然真営道』（百巻本）はここ八戸の城下町で執筆されたのだ。

もともと、東京都足立区千住の旧家・橋本家（医師の免許を持つ豪商）が所蔵していた『自然真営道』（百巻本）が古書店を経て、狩野亨吉（京都帝国大学文科大学初代学長、夏目漱石の友人）の手元に渡り、歴史に埋もれた江戸時代の大思想家・安藤昌益の存在が世に出ることとなったのだ。それまで、昌益の名はまったく世に知られていなかった。そして、その後も、昌益の生い立ち、経歴に関しては、未知な点が多く詳細は不明だったが、近

安藤昌益居宅跡の標柱

年、次第に様々な事柄が明らかとなってきた。たとえば、従来、昌益は「倭国羽州秋田城都の住なり」とその著に記されていたことから、昌益は佐竹氏の本城・久保田城下の出身だろうといわれてきたが、現在では、生まれは元禄16年（一七〇三）大館盆地の南部、二井田村（秋田県大館市）というのが定説となっている。安藤家は二井田村の豪農で（後に家運は傾く）利発な昌益は日本海航路（北前船）によって京に出て、初め仏門（禅宗）に入った。長崎に赴き見聞を広めたともいう。そして、京の医師・味岡三伯に医学を学び、儒学を修め、その後、京で結婚し、子をもうけた。昌益の書といわれるものは、自然を基準として生きること、自ら耕し生きることこそ、人間本来の健全な生き方であるということを謳った自然哲学書ともいうべき『自然真営道』（3巻本）を京都の板元で出版したのが最初である。さらに宝暦2年（一七五二）昌益（49歳）は『自然真営道』（百巻本）のダイジェスト版ともいうべき『統道真伝』（4巻5冊）を著す。そして、昌益死後、弟子の神山仙確（八戸藩主の側医）が『自然真営道』（百巻本）を編纂、出版した。3巻本は、自然哲学に重きを置いているが、百巻本は農民（労働者）こそ世の中の主人公であるという考え方を強調した、当時としては、きわめて過激な社会思想書であり、体制批判の書であった。

昌益の独創的で高尚な社会思想

昌益は延享元年（一七四四）家族（妻、息子、娘2人）とともに陸奥国八戸城下の十三日町の櫓横丁に居住し開業した（42歳）。昌益は単なる町医者ではなく、藩の重臣から豪商とも交流があり、多くの門人（藩主側医や藩医、藩士、神官、商人など）が出入りした。開業した十三日町も、城下町の中心地であり、昌益はきわめて社会的に信用ある、藩にとって重要な人物、あるいは相当腕のいい医者であったようだ。『藩政日記』を読むと、家老の中里清右衛門が昌益に薬を処方してもらい病状が回復したと記されている。

昌益にとって自然は規範であり、理想であった。昌益の思想内容を垣間見れば、男女は男女（ひと）と振り仮名する。土地を耕す人を尊重し、あらゆる支配階級を否定した。万物は、価値的な上下関係を持たず、あらゆるものは相対的に見なければならないとも言った。「天地」は「転定（てんち）」と表記し、自然とは「自（ひと）りる」活動の所産で、宇宙は始まりも終わりもなく、増えることも減ることもない。人に教えることも、習うこともない。「聖人」は衆人の「直耕」を貪り取る存在であり、「医者」も法律上認められた殺人者として、薬屋の手代となって患者を薬漬けにする商売人であり、本来の、患者と正面から向き合い病の本質を診ることを忘れていると言った。性的開放と飲酒を忌み嫌い、仏門世界の歪んだ性欲、衆道（男色）を非難し、一夫多妻や独身主義を拒み、一夫一婦制が合理的でもっとも健全な関係であると主張した。男女とも再婚は自然の理だとした。

太古の昔、日本は自由で公平であったが、社会の罪悪は仏教（妻子を捨て独身主義を唱えた釈迦は非人間的）や儒教（孔子や孟子）のような偽りの教えが中国からやってきたため生じたものだと指摘した。中国に対する敵意・憎悪の念に比べると、朝鮮に対してはきわめて同情的で、オランダ人や、蝦夷地の住民に心を寄せた。日本の歴史上の英雄、たとえば聖徳太子（日本に仏教を広めた）、秀吉（朝鮮侵略）、家康（秀吉との約束を破り豊臣家を滅ぼした）らを非難し、軍学は社会に対する脅迫であるとした。仏教に反対した物部守屋や、武力に訴えなかった菅原道真を賞賛し、肉食・妻帯を実践した親鸞を評価した。生産者の農民のみが唯一の尊い存在で、武士は身分的に恵まれているが、実は大商人に搾取されているとも指摘した。家臣団は大幅に縮小し、失職した武士は帰農すべきと主張した。商人も生産労働に従事すべきだとした。これらの大胆な思想の数々を、昌益は、江戸時代に、東北の果てで、おそらく毎晩のように、八戸藩の武士たちを前にして、説いていたのであろうことを想像すると、それは驚嘆すべき奇跡であったと言える。

昌益の思想は、文明開化以後の日本人のものとしてもきわめて斬新で、西洋文明から生まれた数々の優れた近代思想に比べても、優るとも劣らぬ独創的で高尚な思想内容である。一方、昌益は「我が道に争いなし。我は兵を語らず。我戦わず」と強く主張し、正義感の強い門人が昌益の話を聞いて、無謀な武力反抗に訴えないかを警戒していたようだ。昌益は宝暦8年（一七五八）城下に妻子を残し（息子は八戸で医師となる）、本家を継ぐために二井田村に戻るが、けっきょく家督は親戚筋に継がせ、自身は医師としてそのまま村に在住した。一度、弟子が主催した集会（14名）に参加するため八戸に赴いているようだ。宝暦12年、二井田村にて病没（60歳）。

大飢饉、財政難に苦しむ八戸藩と昌益

昌益が江戸や京ではなく、なぜ八戸という地で町医者を営んだかということは、彼の思想やその立場を考える上で重要だろう。昌益は、大権現として神聖化されていた家康を罵倒するような過激な思想家だった。封建制を否定し、武士階級を寄生者と非難した。そんな彼が、江戸や大坂、あるいは仙台や盛岡の城下町で、そのような話を弟子にしていたら、きわめて危険であっただろう。昌益は一地方で、少数ではあるが、自分を信頼し理解してくれる人々に囲まれ思想を語り、深めたのだ。あるいは、アイヌ贔屓であった昌益は、なんとなく蝦夷に近い地を求め、八戸に居住したのかも知れない。信用できる親しい人物にだけ、溢れ出る自らの世界観を語り、その思想を執筆した。八戸という地方の城下町で、自分のやりたい研究を自由に究めた。彼はその書で述べているように、教えず、習わずの一匹狼であることを好んだ。じつは、八戸藩そのものが、財政難に苦しむ脆弱な小藩であったことも、昌益を受け入れる背景であったかも知れない。昌益には、世の支配階級、武士階級のおろかさが見えていた。一方、小藩ながら、そういった昌益の思想を受け入れ、どこか支援する土壌がアウトサイダーとし

安藤昌益資料館

館内に展示されている『自然真営道』（レプリカ）

ての八戸藩にあったのかも知れない。

ハーバート・ノーマン（一九〇九～五七）は昌益を「徳川時代の日本社会を客観的かつ批判的に観察し、それを解体しつつある体制と見たただ一人の社会政治思想家」であるとして、さらに「肉体労働、生産的労働に対する、また社会のすべての個人の権利と尊厳に対する正しい尊敬を教えた日本における最初の意識的教導者」と指摘している。しかし、見方を変えれば、昌益だけが、日本人に稀なる唯一の共産主義的思想家であったというのではないだろう。カーライルやマルクスのような独創的な哲学者・思想家は、本当に彼らだけであっただろうか。同じような平等思想、封建社会・資本主義批判に目覚めた人は、昌益やマルクスだけではなかっただろう。彼らはあくまでも氷山の一角であり、もっと数多くの稀有な思想家たちが、世に知られぬまま没し、歴史の闇に埋もれているのだと考えるほうが自然だろう。それは、安藤昌益の存在が、何よりその事実を雄弁に語っている。

なお、昌益が八戸城下にやって来たときは5代藩主・南部信興[のぶおき]（文芸の才もあったという）の治世であり、紫波源之丞[しわげんのじょう]が起用され、ちょうど藩政改革が行われていたころだった。八戸藩の歴代藩主は2代藩主・直政が5代将軍綱吉のとき側用人となるなど中央で活躍する人物を輩出し、有能な藩主も多かったようだ。一方、大飢饉などにより藩財政は早くから破綻し、そのため生産量が低いにも関わらず増税を繰り返し、その結果、農民一揆が頻発した。そのため、昌益の『自然真営道』は直接的には八戸藩政を非難したのではないかという指摘もある。

平成21年（二〇〇九）、八戸市内（八日町「札の辻」側）に酒造会社の支援のもと「安藤昌益資料館」が開館された。城下町八戸でも、昌益の幻の偉業は徐々によみがえりつつあるようだ。

2 山形県

上山城と金子清邦

西洋城郭を彷彿させる本丸縄張り天守の位置と幕末の名家老を生んだ北の温泉街

上山(かみのやま)は温泉場で、松平藩主の居城のあったところである。御一新後はその城をこわして、今では月岡神社の鎮座になっている。…僕の村からこの広い新道を通って上山まで小一里ある。そこまで村の人が大概買い物などに行った。

斎藤茂吉「新道」

上山城を見学するにはJRかみのやま温泉駅で下車し、模擬天守に向かって10分ほど城下町を歩き、天守の背後に位置する月岡神社を目指すのがよい。ちょうど緩やかな坂を上り切ったところに南に面して建つ石の鳥居があり「月岡神社」と刻まれた石碑が佇んでいるが、この神社境内一帯が近世城郭・上山城本丸跡である。じつは石碑の裏側を見ると大きく「月岡城址」と文字が刻まれている。ふつう「お城」というと、大空に聳える天守を連想するため、そして現在二の丸跡に3層模擬天守が建っているため、訪れる観光客を混乱させないよう、このような配慮（神社名の裏側に城名を記すこと）をしたのか。社の周囲に並ぶ巨石は明らかに上山城本丸石垣の再利用であり、境内一帯の広々とした空間は曲輪独特の名残と思われる。よく見ると、周囲には紫衣事件（一六二九）で上山に配流された京都の沢庵禅師ゆかりの「沢庵桜」「本丸庭園跡」、明治時代に土岐氏が寄贈したという石造りの「土岐灯籠」、平成12年（二〇〇〇）土岐氏19代当主が記念に寄付したという「土岐桜」などある。また、明治30年に有志によって建立された、上山藩が生んだ最大の英傑・金子清邦の巨大な銅碑が佇んでいる。

かつて「羽州の名城」と謳われた上山盆地の月岡に聳える上山城（月岡城）は、もともと天文4年（一五三五）最上氏の一族である上山義忠が築いたことに始まる。しかし、天正8年（一五八〇）城主の上山満兼は最上義光

二の丸跡に聳える上山城模擬天守（上山城郷土博物館）

に滅ぼされ、代わって義光の命により、里見民部が入城し、最上家最南端の城砦となる。城は米沢城の伊達氏との攻防戦の舞台ともなった。慶長5年（一六〇〇）の出羽合戦（東の「関ヶ原」）では、上杉軍（直江兼続）2万5千が最上軍（里見民部以下千騎）の籠城する上山城を攻めるが、落とすことはできなかった。元和2年（一六一六）義光の5男光広が入城するが、同8年、家督争いによるお家騒動を起こし最上本家（57万石）は改易、能見松平重忠が4万石藩主となり、このとき城は近世城郭につくりかえられた。寛永3年

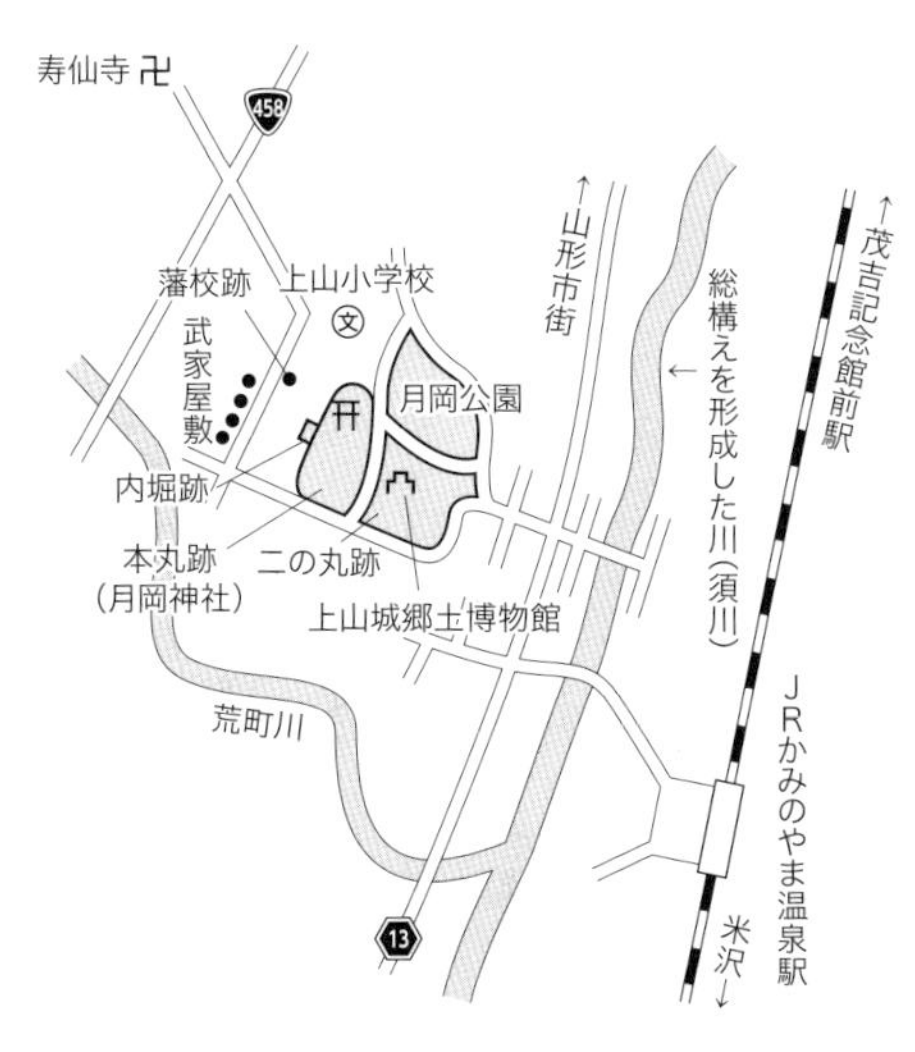

月岡神社石碑（裏側に月岡城址の文字が刻まれている）

（一六二八）、蒲生忠知が4万石で入城。寛永5年、土岐頼行が城主（2万5千石）となると、本丸に天守（御三階櫓）が築かれた。頼行は上山に配流された沢庵禅師に帰依し、城下町の整備や羽州街道の整備、新田開発など積極的におこなった名君である。元禄5年（一六九二）土岐氏2代頼隆が越前野岡に転封となると、上山城は一時、廃城となり、天守をはじめ主要な建造物は破却。同年7月、飛騨高山から金森頼時（4万石）が入り、二の丸に館を築き藩庁とした。元禄10年、頼時は美濃郡上八幡城主となり、代わって備中庭瀬（岡山県）から藤井松平信通が3万石で入封。信通は享保7年（一七二二）47歳で死去。子の長恒が7歳で2代藩主となるが、病弱のため、享保17年隠居し、一族の松平信将（のぶまさ）を養子に招き3代藩主とした。隠居した長恒は64歳まで生きたというが、じつは身代わり（影武者）の替玉であり、本物の長恒は享保13年に13歳ですでに死去していたという。上山藩は結局この松平家が10代（3万石）世襲し、明治を迎えるが、このとき城郭は完全に破却され、歴史の舞台から消えた。

縄張りに垣間見える西洋城郭の築城術

昭和57年（一九八二）、二の丸跡（本丸やや南東）に鉄筋コンクリート望楼型三層五階の模擬天守が築かれた。城址は他に月岡公園一帯を含み、遺構としては水をたっぷり湛えた本丸西内堀とその付近の土塁、巨石を並べた本丸石垣（石積み）の一部、模擬天守の聳える城地と月岡公園の間の堀切などがある。また、城下西北、藩校明新館跡付近には、市指定文化財の武家屋敷（侍屋敷）が4軒並んでいる。金子清邦の屋敷もこの向かいにあった。

なお、土岐頼行が正保元年（一六四四）幕府に提出した城絵図（最も正確な上山城絵図）を見ると、本丸、二の丸を囲むように侍屋敷、町屋が描かれ、Y字型の川を利用した惣構えの縄張りであったことがわかる。そして、何より特筆すべきは、本丸に描かれている石垣天守台上の天守の位置とその構造である。どこか、13世紀以降広まった西洋の築城術を彷彿させる。すなわち、上山城の天守は二の丸と本丸をつなぐ土橋を渡ったところにある城門のすぐ上に築かれている。いいかえれば、城門と天守が一体化している。本来、天守は城内最後の防御拠点であり、本丸の最奥部に築かれるのが常識である。一方、敵から最も攻撃を受けやすい、城の中で最も防衛上の弱点となるのが城門部分だ。ヨーロッパ築城史において、この問題を解消しようとしたのが「天守櫓門」とでも訳すべき「キープ・ゲイトハウス」の出現で、従来、城内で最も弱点となっていた城門に、城内最大級の防御能力を有するキープ（天守）の機能を持たせた城だった。これによって城内最弱点箇所は、最強の軍事施設に豹変した。日本の城郭のなかで、この「本丸入り口部分を天守で守る」という発想をもった城は、ほかに九州の福岡城以外にはないだろう。そういった意味でも、この上山城はたいへん興味深い城だ。

幕末上山藩の藩政改革に関わった名家老

20年前、上山城を訪ねたとき、郷土資料館で初めて金子清邦という人物の存在を知った。東京に戻ると、さっそく清邦についての文書など調べてみたが、有効な史料はほとんど手に入らなかった。それでも、手元に集まったわずかな文献を整理すれば、以下の様に説明できる。

すなわち、金子清邦は、文政6年（一八二三）上山藩士・金子清成（80石）の嫡男として上山で生まれた。通称は与三郎（与三衛門のち六左衛門）。金子氏の祖は天慶の乱（九四一）を平定した功により、武蔵国高麗郡金子荘を受領した平氏家（うじいえ）が土着し、代々金子氏を名乗ることに始まったという。9代十郎のとき源義朝・頼朝に仕え、戦国時代には16代家清が甲斐の武田や小田原北条に侵略され、下総佐倉に移住し、17代清実は千葉胤永に従うが、千葉氏は没落。小田原の役後（一五九〇）家康が関東に入国すると、下総布川（5千石）に藤井松平信一を入封させたが、このとき、藩主が名族の末裔、武功ある浪士を探し、14家を仕官させた。清実もそのひとりとなり、藤井松平家臣となった。以後、金子家は奉行・側用人・勝手方・中老などの要職に就き、清実から数えて9代が金子清邦であった。

文化6年（一八〇九）7代藩主信行の時代、儒学と武道の教授を行うことを目的として藩校「天輔館」が開設され、9歳となった清邦は入学し、17歳で句読師となる。天保11年（一八四〇）清邦（18歳）は仙台藩藩校「養賢堂」に入学、大槻平泉の指導を受ける。そのとき「徳は本なり、財は末なり」と教えられると「国家の財政が貧窮し滅亡の危機に瀕しているとき財は本ではないか」と問い「不義の財は用をなさない。徳はすでにそのなかに財も含んでいる」と教えられたという。21歳で江戸の昌平坂学問所に入学。そこで国防を学生らと論じ、尊皇思想を学んだ。また陽明学に関心を持ち、傾倒した。天保11年、上山藩校「天輔館」は名称を「明新館」と改め、場所も広福寺内から仲丁へ移動し規模を拡大した。清邦は24歳で江戸から上山に戻ると、翌年「明新館」の都講（校長）となる。教育改革を掲げ、また藩政についてもさまざま意見を藩に建白するが、その多くは受け入れられなかった。やがて清邦は脱藩を決意するが、父に止められ、公武合体論者となる。金子家は藤井松平家に、藤井松平家は徳川幕府に対して恩を受けていることを忘れず、国政に反省と覚醒を求め、尊皇の志士として血路を開くというものだった。そして30歳のとき（一八五二）、諸国遊歴の旅に出て見聞を広める。

越前・若狭・丹後の海防の実態を見、大坂・京都を経て、阿波・讃岐を訪れ、佐賀藩の反射炉を見学して大砲の鋳造法を学び、長崎では西洋式砲術を修得した。遊歴は長期（10ヶ月）にわたったことから帰国すると幽閉の身となってしまう。そのころ「杞憂臆策」と題する建白書を、藤田東湖を通じて水戸藩主・徳川斉昭に提出している。その内容は、天皇のもと将軍の指揮を徹底させ、全国の武士・農兵による富国強兵を図ること、将軍は自ら諸侯を率いて参内すること、江戸湾だけでなく敦賀・若狭湾の海防も強化すること、軍艦製造、貿易は禁止だが開国和親はやむを得ない、参勤交代の緩和等々がその主な内容だった。

清邦は32歳（一八五四）で家督相続すると、藩の軍備改革に乗り出し、新型の銃を献納あるいは買い集め、溶鉱炉をつくり大砲鋳造を試みる。安政4年（一八五七）藩主信宝（のぶたか）は、江戸藩邸で生活する嫡子信庸（のぶつね）（14歳）の傅役に清邦を任命する。信庸が15歳になると、清邦は病気療養の湯治という名目で嫡子を上山につれて行き、明新館に一室を増築、そこで学ばせた。高名な儒学者を米沢藩より招き、剣術は山形藩より師を招いている。信庸は18歳まで上山で学び、江戸藩邸に戻り、19歳で藩主となる。万延元年（一八六〇）清邦（38歳）は側用人となり、藩政改革に直接関わるようになる。長幼の序を正し、勤倹節約して貯蓄すること、領内の米や商品の価格を定め、調整し、領民の生活を安定させる、生活に貧窮している者には米や金を与え、あるいは藩金を低利で貸し出し、あるいは無利子で用立てした。刑罰を緩和し、学問を志す者には奨学制度を設けた。やがて藩財政は上向きとなり負債は返済され、3千両の非常用囲金が貯まり、領民の生活は安定したという。このことから、藩主信庸は幕末の名君と称されるが、それはもちろん影の存在・清邦の実力である。

慶応3年（一八六七）藩主信庸は江戸市中取締の任にあったが、同じ江戸市中取締の庄内藩屯所が薩摩藩の指示を受けた暴徒によって襲撃されたため、庄内藩を筆頭にして、鯖江藩・岩槻藩・出羽松山藩とともに上山藩は三田薩摩藩邸の焼き討ち（本来は賊徒の引き渡し、捕縛）を命じられた。薩摩藩邸を包囲した旧幕府側は3時間の戦闘の末、勝利し、薩摩方は64人が殺害され、一一二人が捕縛された。旧幕府側は庄内藩が2名、上山藩は9名の死者が出たが、藩の指揮官であった清邦本人がそのうちのひとりであり、清邦は腹部を狙撃され、翌日死去してしまう（45歳）。

唯一残された西内堀

二の丸跡（左側）と月岡公園（右側）の間に確認できる堀切

現存する本丸石垣の一部

新選組生みの親・清河八郎と清邦の関わり

時は前後するが、清邦が亡くなる5年前、文久2年（一八六二）4月、新選組の生みの親として知られる清河八郎が江戸にて暗殺されるという事件があった。江戸・麻布の上山藩邸で清邦に招かれ酒を飲んだ帰りの出来事だった。清河は羽州田川郡清川村（山形県東田川郡庄内町）に生まれ、父は郷士・斎藤治兵衛豪寿という。最初「清川」と名乗り、その後「清河」と表記した。18歳で江戸に上り、剣を千葉周作に学び、儒学を東條一堂、安積艮斎、そして昌平坂学問所に学び、神田三河町に町道場（清河塾）を開き学問と剣術の文武を教えた。同じ羽州出身ということから、安積艮斎の塾で学友であった清邦と交流を深め、明新館に招かれ講義も行っている。当初は佐幕派で、幕府に自らを売り込み、浪士組を作らせその頭目格となった。

京に入ると過激な尊皇攘夷論者となり、浪士組は分裂し、一部が、かの有名な「新選組」となって京都の壬生に残り、残りの浪士は江戸に呼び戻され、清河死後、幕府の命で「新徴組」となり市中見回り組となった（後に庄内藩預かりとなり、そのメンバーが薩摩藩邸焼き討ちの主力部隊となる）。清河は倒幕を同志に呼びかけ横浜居留地襲撃を計画したといわれる。当然、幕府に危険視され、お尋ね者となり、それによって幕臣・佐々木只三郎（坂本龍馬暗殺の実行犯で小太刀の達人）らに斬り殺されたのだった。清邦が清河暗殺に何らかの関わりがあったのではないかという説があり、司馬遼太郎がかつて清邦のことを調べに上山に取材に来ている。氏は、清河が常に個人で動いていたとして、それは東北の悲劇、「孤独な東北人」だと評し、大阪人らしいコメントを残している。

金子清邦の墓を訪ねて

この度、清邦の墓を一度訪れるべく、20年ぶりに上山にやって来た。駅前でタクシーに乗り「金子清邦の墓に行ってください」と言うと、年配の運転手は「はぁ？」と言ってそのまま凍りついた。私は前もって墓のある寺の名前を調べておいたので「では××寺に行ってください」と言うと「それならわかります」と言ってタクシーを飛ばした。門前でタクシーを降りると、庫裏を探して、玄関のベルを鳴らす。夫人らしき女性が出て来る。「金子清邦の墓を見学したいのですが」と言うと、すかさず「おとうさん！」と叫んで奥に消えてしまい、替わって現れた住職は「失礼ですが、あなたはいったいどのようなお方ですか?こういうご時世ですからいきなり見ず知らずの方にお墓を案内するわけにはいきません」と言う。「おっしゃるとおりですが…。しかし、埼玉県からはるばる金子先生のお墓にお参りするためにやって来たのです、そこを何とかお願いできませんか…」半ば同情を乞い、半ば抗議の眼で住職の目を見つめると「名刺か何か、お持ちですか?」と言った。私はふだん名刺など持ち合わせていないが、たまたまそのとき前の職場（埼玉大学）の名刺が財布の中に挟まっていたことを思い出し、それを出すと住職は「おお、大学の先生でしたか、これは失礼、金子清邦のご研究をされている方なんですね」「えぇ、まぁ、そのようなもので…」自分の専門は英文学であると言えず茶を濁していると「結構です、ご案内いたしましょう、どうぞ」。二人で足早に墓地の坂道を上り、ついに「墓」にたどり着いた。小ぶりだが、味わい深い墓で「金子六左衛門平清邦墓」と彫られている。間違いなく金子清邦という歴史上の人物が、自分の中で、リアリティをもって、ひとりの人間（故人）として迫ってきた瞬間であった。

上山城本丸跡に立つ金子清邦の事蹟を刻んだ銅碑

なお、山形県と言えば、私のスコット研究上の恩師・佐藤猛郎先生（元つくば国際大学教授）も山形のご出身であったと思う。山形には「佐藤」姓が多いが「斎藤」姓も次いで多い。もちろん共に「藤」が入っており、奥州藤原氏との関係を表している。清河の本姓も齊藤だし、大正2年（一九一三）に『赤光（しゃっこう）』を出版した歌人・斎藤茂吉も山形である。茂吉は南村山郡金瓶（かなかめ）村（現・上山市金瓶）の農家・守屋家に生まれ、13歳のとき、東京浅草で開業医をしている親戚の斎藤紀一の勧めで上京し、一高卒後、斎藤家の婿養子となった。精神科医としては、芥川龍之介の神経衰弱による不眠症の治療に取り組んだことで知られている。

馬蹄形の縄張りと山頂本丸総石垣の平山城
激動の生涯を米国で過ごした国際的な歴史学者

…国家はその国民が人間性（ヒューマニズム）をもっているかぎりにおいてのみ、自由な独立国である（中略）自由主義にあっては、その国民が世界における人間の立場を、すべてにわたって意識するまでに進歩しているかどうか、それこそが重要である。

朝河貫一

二本松に来るのは3度目であった。二本松少年隊と朝河貫一の墓参りをしたかったのだ。いつも城めぐりでは、外郭を寺町、町屋、侍屋敷の順で歩き、内郭を内堀に沿って一周し、最後に本丸にたどり着く。原則、その日は城下で一泊、一日一城、というような按配だ。しかし、この日は翌日仕事があったため、駅前からタクシー移動となった。運転手に「二本松といったら何がありますか？」と聞くと、すかさず「お城ですかね」と返答。続けて「二本松は10万石だったんですよ。明治になって周囲の藩がまとめられ、二本松県となりましたが、結局、二本松少年隊のような事件があったりしたもんだから福島県と改称されて、さらに平県、若松県と合併され、現在の福島県ですよ。あんなことなかったら、今頃、福島は二本松県だったんですよ」なるほどと思った。「でも、運転手さん、二本松には朝河貫一がいるでしょ」と訊くと「いや、猪苗代の野口英世には敵いません…ただ、何か日本とアメリカの懸け橋になった、とてもお偉い方だとは聞いておりますがね」と言っていた。

たいへん珍しい城と城下町の構造

二本松城は、南北西の三方が丘陵で囲まれた内部を郭内として、南北隅に位置する比高百二十㍍の白旗ヶ峰山頂を本丸とし、平坦な東側のみ広大な堀を掘って防御を固めた大変特異な馬蹄形城郭だ。山頂の総石垣本丸およ

山頂本丸より城下を望む（戦国時代の山城の面影を色濃く残す）

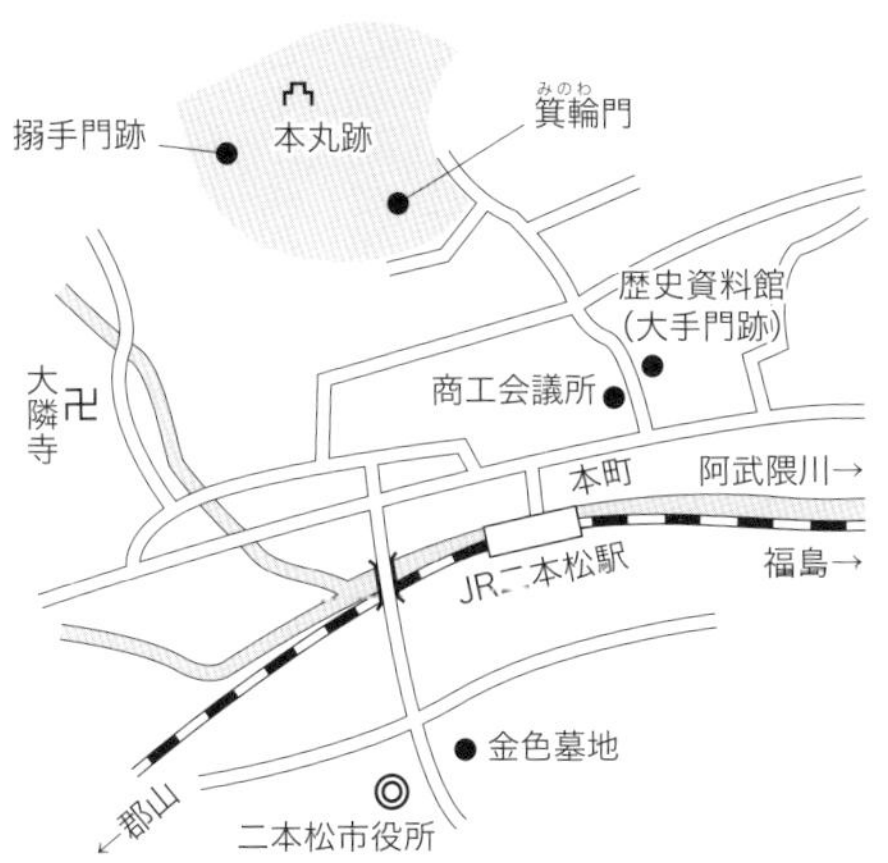

天守台石垣の美しい扇の勾配

箕輪門と二層櫓（復元）

び天守台の石垣は見事であり、山麓の箕輪門付近の膨大な石垣群、さらに現在はそのほとんどの石垣が失われているが、南側、奥州道中に面する膨大な石垣で造られた大手門など、全体としては石垣を多用した近世城郭の平山城だ。寺社はその南側と東側に城下町を囲むよう配置されているが、特に防衛上の弱点であった東側に集中し、御堀端付近には15前後の寺社が並んでいる。

この東北の名城、二本松城を初めて築いたのは、応永21年（一四一四）、畠山満泰といわれる。畠山氏は足利尊氏に仕えた家柄で、奥州管領として満泰の曽祖父が安達郡の西半分を与えられ下向した。以後9代にわたり畠山氏の居城となった城は「霞ケ城」と呼ばれたが、伊達政宗に攻められたとき、夜間に篝火（かがりび）を焚き、それを高所へ移していき、攻城軍がそれを城がだんだん上ってゆくと錯覚し、恐怖を覚え、兵を引いたという伝承が残る。天正13年（一五八五）、畠山義継は伊達軍に降伏したそぶりをみせ、和平交渉の最中、政宗の父輝宗を生け捕ったが、政宗は義継と父を共に撃ち殺し、結局、義継の子の代で二本松城は政宗の城となった。このとき城代になったのが伊達家の名将・片倉小十郎景綱である。

小田原征伐後、会津に蒲生氏郷が入封すると（92万石）、二本松城に蒲生郷成が入り、山頂に本格的な野面積み石垣を築いた。郷成が白石城（宮城県）に移ると、町野氏（山鹿素行の父が世話になった一族）が入城する。その後、上杉景勝が会津に入ると（一五九八）、下条忠親が城代となった。関ヶ原の戦い後、上杉氏が米沢城に転封し、蒲生秀行（氏郷の子）が再び会津（60万石）に入封するや、秀行は二本松城の東を梅原氏に、西を門屋氏に守らせた。寛永4年（一六二七）蒲生忠郷（秀行の子）が没し無嗣改易となると、下野烏山城から松下重綱が5万石で二本松城主となる。その後、松下氏は三春城（福島県）に移り、三春から加藤明利（加藤嘉明の次男）が入城。このとき蒲生氏の築いた山頂石垣を加藤氏は大修築して切り込みハギ石垣とした。寛永20年（一六四三）、会津騒動によって加藤明成（嘉明の長男）が会津若松城（40万石）から去ると、保科正之が会津に入封、このとき二本松城は会津領から切り離され、白河城（福島県）より、丹羽光重が10万石で入城。光重は正保元年（一六四四）から築城準備にとりかかり、近世城郭・二本松城およびその城下町が完成した（一六五四）。丹羽家が特に力をいれたのは白旗ヶ峰の山頂本丸部分ではなく、山麓部分の箕輪門付近一帯や大手筋の石垣、および城下町の整備であった。山頂本丸の石垣は蒲生氏、加藤氏時代に二度積み直されたことが発掘調査から明らかになっており、丹羽氏は手を加えていない。

二本松少年隊の悲劇

戊辰戦争を迎えると、丹羽家の江戸藩邸で「会津と運命をともにせん」と藩主長国が宣言したことから、二本松藩は奥羽越列藩同盟の一員として新政府軍と戦うことになった。このとき元服前の12歳から17歳の少年（会津の白虎隊は16・17歳）が62名「少年隊」として編成された。「二本松少年隊」という言葉は50回忌の大正時代になってから元少年隊員が『二本松戊辰少年隊記』を著し、その名がついたもので、当時はその名はない。

少年隊は成人の各隊に数名ずつ配属される

美しい「切り込みハギ」石垣（商工会議所付近）

形と、もうひとつ、木村銃太郎（22歳）が率いる25名の少年だけの隊・木村隊（内16名は銃太郎の門下生で残りは父の門下生）だった。このとき、二階堂衛守（家老次男）が副隊長（33歳）となる。木村銃太郎は藩の砲術師範の家柄で、曽祖父に渡辺東岳（とうがく）という算術の学者がいた。銃太郎は藩命により江戸で西洋砲術を学び、鳥羽伏見の戦い直前に帰国し、藩の砲術師範となった。慶応4年（一八六八）7月25日、三春藩が降伏し、27日、官軍が二本松城下に侵入すると、藩主長国は家族と共に米沢に逃げてしまう。その事実は知らされず、城外の大壇口（二本松市向原）に出陣した木村隊は、陣構えの最中、城より降参の意向を知らされ、やむなく撤退。しかし翌29日、主戦論を唱える家老丹羽一学の命で、城をめぐる攻防戦が再開され、藩士56名が箕輪門付近で討死。大壇口へ出陣した木村隊は、官軍との2時間にわたる激しい砲撃戦の末、銃太郎が撃たれ、少年兵一人が撃たれ、二階堂は隊員に退却命令を下した。銃太郎の首は二階堂が斬り落とし、死体を埋め、首を持ち帰った。そこに官軍が押しかけ、少年らの姿を見て「はようひきあげるのじゃ」と薩摩弁で声をかけたという。しかし、退却中に大隣寺（だいりんじ）付近で敵兵に遭遇、一斉射撃を受け、そのとき二階堂副隊長が戦死。この時点で少年たちは負傷しているものの、

大隣寺二本松少年隊の墓

まだ大多数が生きていた。しかし、二階堂を失い動揺した彼らは、その後、敵と刺し違え、あるいは殺され、あるいは傷を負いながら実家をめざし、あるいは敵兵に保

護され、そのまま息をひきとったという。行方不明になった者、会津に落ち延びた者、また、生き残って「戊辰の仇、兄弟の仇をとる」と後に西南戦争に参加し、戦死した者もいた（二本松から百名ほど西南戦争に参戦）。城内では家老の丹羽一学以下5名が自刃し、城は炎上、落城した。

少年16人の遺体は城下の大隣寺（丹羽家菩提寺、城から南東へ徒歩15分）に葬られた。米沢に逃れた長国は途中「我一人生き延びんや」と自害しようとしたが側近に止められたという。長国や11代藩主となる長裕（ながひろ）は許され、のちに二人とも子爵となっている。

現在、箕輪門付近は復元整備され、二本松少年隊らの銅像がある。また、山頂本丸石垣は天守台を含め、平成5年（一九九三）から7年にかけて5億3千万円で加藤氏時代のものに完全復元されており、一見の価値がある。

藩砲術師範の家柄

かつて、歴史資料館〈大手門石垣付近〉にふと立ち寄ったとき、高名な歴史学者・朝河貫一（米国イエール大学教授）が二本松出身であったことを知った。朝河は、西郷が征韓論に敗れ下野した2ヵ月後、明治6年（一八七三）12月20日、旧二本松藩砲術師範の家柄である朝河正澄の長男として二本松町下ノ町（したのまち）の新長屋（しんながや）（根崎2丁目）に生まれた。名前の由来は論語の「吾が道、一をもって、これを貫く」からという。明治7年、父の小学校長赴任に伴い伊達郡立子山村（たつごやま）（福島市）に移住。明治25年（一八九二）福島尋常中学校（現・福島県立安積高等学校）を首席で卒業。在学中、英語辞書を暗記すると食し（1日2枚程度）「辞書食い」とあだ名され、その辞書の皮表紙は校庭の桜の木の下に埋められたことから、その木はのちに「朝河桜」と呼ばれた。官学には進まず、東京専門学校（早稲田大学）に入学し、坪内逍遥の指導を受ける（文学科首席）。本郷教会で横井時雄（横井小楠の長男）による洗礼後、大隈重信や勝海舟らの渡航費援助のもと、明治28年アメリカ・ニューハンプシャー州のダートマス大学に留学。授業料だけでなく寮費も免除されたが、その理由のひとつは、ダートマス大学学長が横井時雄の知り合いであったことによる。同大学を首席で卒業し、奨学金を得てイエール大学大学院に進学、歴史学を研究した。明治35年『大化改新の研究』（"The Early Institutional Life in Japan : A Study in the Reform of 645 AD"）で哲学博士となる。

その後、ダートマス大学講師となり、東洋史、東洋文明、東西交渉史などを担当。帰国後、早稲田大学講師となるが、再度渡米し、イエール大学講師となり、日本文化史を担当、大学図書館の東アジアコレクション部長も兼任する。そして助教授、准教授、教授となった。助教授時代より、比較法制史を担当し、西洋中世法制史、東西（日欧）封建制度比較研究で高い評価を受ける。昭和4年（一九二九）に『入来文書』（"The Documents of Iriki"）完成。日露戦争では『日露衝突』（"The Russo-Japanese Conflict"）を英米で出版し（一九〇四）、さらに講演活動を通じて、キリスト教国であるロシアに同情的なアメリカ世論の中にあって、日本を擁護した。大正3年（一九一四）首相となった大隈重信に国政参与の希望を伝えたこともあった。「対華21カ条」（一九一五）を批判し、日米対立の危機が迫ると、『日本の禍機（かき）』を日本人向けに出版し、日本史上、最大の危機であると警鐘を鳴らした。大隈首相に手紙を送り、徳富蘇峰に対してその国家主義的思想の危険性を忠告。その後、近衛文麿が首相になると、世界情勢を伝え、ナチス・ドイツに近づき英米を敵に回して日本の国益を守ろうとすることが、日本を滅ぼすことにつながるといった趣旨の書簡を送り、天皇宛ルーズベルト大統領の親書草案を作成するなどして戦争回避のために尽力した。昭和23年（一九四八）8月、バーモント州にて心臓麻痺で急死（74歳）。朝河はアメリカ人女性と結婚したが、39歳のとき妻を失い、その後は独身を通し、子はいない。墓はアメリカと、二本松市の金色（かないろ）墓地にある。

真の独立国の国民とは何か

朝河は一般的にあまり日本では知られていないのではないか。国籍こそ日本だが、生涯のほとんど、その50年間をアメリカで過ごし、その間、日本では日清・日露戦争があり、帝国主義への道が進み、やがて日米が衝突し、日本国土が焦土となった。朝河は日露戦争までは日本を擁護したが、国際的視野に立ち、世界情勢を分析し、日米対戦では米国側の立場を貫いた。

戦争中、彼はアメリカで自由の身を保障された珍しい日本人であった。朝河の日本人分析、日本帝国主義・軍国主義批判はまったく正しかった。彼は日本の将来を憂い、罪の無い一般の日本国民がまことに気の毒であると書簡に記している。一方、当時アメリカで起こった天皇処刑論に対しては、日本の政治状況を説明し断固反対した。しかし、どうしても、本土爆撃等により戦争被害に苦しんだ、何も知らない日本の一般庶民、あるいは知識人さえ、心情的に、どこか朝河を裏切り者と見ていた。日本国内で戦争反対を唱え、軍部の暴走を批判し、思想犯、国賊として投獄され、拷問を受けて獄死した多くの知識人と比べる者もいた。日本の敗戦から死ぬまでの3年間、朝河は日本復興のため、民主主義改革を強く訴えている。また、日本は自衛力を持つべきであり、二院制とすべきであるとも主張した。かつて『国民之友』（民友社）に寄稿した論文では「日本の方針は文明最高の思想と一致しなければならず、そうあってこそ初めて東洋における義務を悟り、世界に対する地位も獲得する。自国の私利をむき出しにすれば一時は勢力を博するが、国民の良心は麻痺してしまうだろう」と記している。例えば、ロシアの南下の脅威に対して、韓国あるいは日本を守るため日本が韓国を占領し武装化すべきだというのは間違いで、韓国を独立国として強化することによってのみ、日本も強化されるという趣旨のことも論じている。

朝河が我々日本人に与えたメッセージは、戦後、日本はアメリカによって独立国となったが、日本が真の独立国になるためには、その方針は文明最高の思想と一致しなければならない、本来、日本人は好戦的な民族ではない、しかし、たやすく妥協する習性があり、愚かな指図に、簡単に従ってしまう欠点がある、たえず、文明最高の思想を模索し、世界情勢に目を配り、世界における様々な人間の立場を、理解し意識するまでに自己の人間性を高めること、それが重要である、と言った。福沢諭吉が『西洋事情』で欧米の制度や技術、文化を紹介し、新渡戸稲造が『武士道』、内村鑑三が『代表的日本人』を著して日本の文化・歴史を海外に紹介した。朝河は米イエール大学を拠点として、日本の歴史を学術的に分析・考察し、世界水準に高め、その研究が米国最高学府の学問となることを決定づけた。

朝河の墓は、二本松市役所前の道路を隔てて反対側にある丘の上の金色墓地にある。景色の良い、最も高いところだ。墓前には、朝河の母校安積高より株分けされたという、新緑茂る桜の木「朝河桜」が植樹されていた。いつかまた、今度は桜の季節にこの場所に来てみようと、ふと、そう思った。

朝河貫一の墓

唐沢山城・佐野城・佐野陣屋と田中正造

高石垣ある山城、総構えの平山城、城郭構えの藩陣屋
その城下には、下野国が生んだ英傑が守ろうとした水が流れる

真の文明は山を荒らさず、川を荒らさず、村を破らず、人を殺さざるべし

田中正造の日記

佐野はかつて織物や鋳物業が盛んで、特に綿縮(めんちぢみ)は、大正時代全国一の生産額であった。今では佐野といえば「ラーメンの郷」として知られているが、これは水が綺麗で美味いということ。私が市内をめぐるのに乗ったタクシーの運転手などは、かつて佐野を旅して、その水のおいしさに惚れ込み、こちらで仕事をするようになったと言っていた。もちろん日本酒も美味い。佐野はまた、そのきれいな水を「死の水」にした足尾銅山鉱毒事件解決のため一生をささげた田中正造の町でもある。

佐野城跡（佐野市若松町）は東武佐野線とJR両毛線が重なる佐野駅のすぐ北側にあり、城山は現在整備され、噴水池、東屋、城山記念館などある城址公園となっている。この城の歴史は、延暦9年（七九〇）藤原北家・藤成（曽孫が秀郷）が標高60㍍の小高い岡（春日岡山）に城館を築いたのが始まりという。周囲にはこの小山以外まったく丘がなく、平山城として、立地条件のきわめて良い場所であったことがうかがえる。その後、延長5年（九二七）関東に下向した藤原秀郷が、背後の唐沢山山頂に山城を築き、佐野一族（秀郷の子孫）代々の本拠となった。秀郷は天慶3年（九四〇）春日岡山に平将門討伐を祈願して惣宗寺を建立している。

時代は下り、慶長7年（一六〇二）山城禁止令により、佐野信吉が唐沢山城を廃し、山麓の春日岡山に新たに築城、南から三の丸、二の丸、本丸、そしてさらに北出丸が備わった連郭式縄張りの城郭とした。またこのとき惣宗寺は城下に移転され、現在に至る（佐野厄除大師）。信吉は碁盤目状の城下町割を行い、城下を囲む総

唐沢山城大手内桝形石垣（食い違い虎口）

佐野城二の丸入口

堀田佐野城址公園（佐野陣屋跡）

構えの外堀を巡らせた。

　戦国時代、山城・唐沢山城は佐野城ともいわれ、上杉謙信や北条氏照に攻められ、また長尾顕長に侵略された。

佐野城二の丸より城下西側を望む

城は、当初より、詰城・根古屋・総構えの構造をもっていたといわれる。城主佐野宗綱が長尾氏との戦いで鉄砲に撃たれ討死すると、嫡子のなかった佐野家は北条氏康の5男氏忠を養子に迎え、城代大貫越中守が入城した。連続竪堀や線の長い竪堀は上杉氏が、虎口の多くは北条氏が築いた。小田原の役が始まると、出奔していた佐野房綱（宗綱の弟）が大貫氏を討ち取り唐沢山城に入り、秀吉に3万9千石を安堵される。2年後、房綱は家督を秀吉の家臣・富田知信の子信種に譲り、信種は佐野信吉と名乗った。このとき信吉は秀吉の意向を受けて唐沢山城を高石垣のある近世城郭に大修築した。おそらくこれは江戸城おさえの城の役割を担っていたと思われる。関ヶ原の戦いでは、信吉は東軍に味方し、3万5千石を安堵される。慶長7年（一六〇二）信吉は唐沢山城を廃して春日岡山に佐野城を築くが、慶長19年、大久保長安事件に連座し改易、佐野城は廃城となった。以後、彦根藩が城山を管理し、立ち入り禁止とした。平成4年（一九九二）の発掘調査では本丸跡から井戸、石畳の通路、石垣、犬走り等が発見された。現在その付近には石が並べられ整備されている。

　しばらく佐野藩領は幕府直轄地となっていたが、貞享元年（一六八四）堀田正高（古河藩主堀田正俊の3男）が1万石で入封し、現在の佐野市植下町大原地内に陣屋（佐野陣屋）を城郭構えで築き、藩庁とした。しかし、正高は近江堅田（おうみかたた）藩（滋賀県大津市北部）へ移封となり、再び天領となる。文政9年（一八二六）正敦が近江堅田

（陣屋）より1万3千石で入封（のち1万6千石）。仙台伊達藩主・宗村の8男であった正敦は近江堀田家の養子となり、寛政の改革を断行した松平定信の側近（若年寄）となった人物である。正敦は『寛政重修諸家譜』編纂の総裁を務め、仙台藩の後見も行っている。鳥類研究にも造詣が深く、研究書『観文禽譜』を著した。佐野藩はその後、正衡、正頌と続き、幕末を迎える。

足尾銅山鉱毒事件の顛末

田中正造の生家は、佐野城址（城山公園）より歩くと40分ほどの距離である。よく「田中正造邸宅」として紹介される道路沿いの二階屋は正造がのちに両親の隠居所のために造った建物で、生家は中庭を挟んで奥にある母屋である。付近に「田中正造誕生地・墓所」があるが、城下の佐野厄除大師にも「田中翁之墓」があり、その他、分骨地として雲龍寺（館林市）、谷中村跡のち藤岡町に移転（現・栃木市）、北川辺西小学校（加須市）、寿徳寺（足利市）などあり、各地に墓所がある。

佐野の城下、いや、下野国が生んだ最大の英傑・田中正造は天保11年（一八四〇）下野国阿蘇郡小中村（佐野市小中町）に生まれた。17歳で、割元（7ヶ村名主のたばね役）となった父のあとを継いで小中村（旗本六角家の知行地のひとつ）名主となる。23歳のとき、カツ（15歳）と結婚。二人の間には子は出来ず、のちに養子養女4人を育てた。村の自治的慣例を守ることを求め、賄賂をとる六角家用人の罷免等を要求し、捕らえられ江戸で10ヶ月入獄、獄中で明治維新を迎えた。借金返済のため田畑を処分し、江刺県花輪分局（秋田県鹿角市）の下級官吏となるが、翌明治4年（一八七一）上司の殺人事件の嫌疑を受け、拷問による取り調べを受けた末、再び入獄。脇差の曇りや、上司と衝突することが多かったことから、また15歳の少女を妾に近い形で雇っており、その少女が熟睡のため何も知らない不利な発言をしたことも原因して逮捕となった。3年後、無罪釈放され小中村に戻る。36歳のとき西南戦争が勃発し、同年、古河市兵衛（京都出身）が足尾銅山の経営を開始する。明治11年、区会議員となり、その後、栃木新聞編集長となる。40歳で栃木県会議員。自由民権運動を弾圧した県令三島通庸と対立（道路工事にあたり沿道住民に寄付金を強制し、無賃労役を課し、遅刻者に拷問を加えたことなどを抗議）し、加波山事件に際しては、三島に逮捕・入獄させられる。釈放後、46歳で県会議長。明治22年（一八八九）大日本国憲法が発布され、翌年、栃木3区から出馬し、衆議院議員となる。

翌年、東京専門学校を卒業した左部（さとり）彦次郎を伴い、渡良瀬川流域の被害地を調査。第2回帝国議会で鉱毒問題を質問した。陸奥宗光農商務大臣は「被害は鉱毒によるものと断定できない、被害原因について現在、分析試験中である。独米より粉鉱採集器を購入し、鉱物流出を防止する準備中である」と答弁したが、陸奥は後に辞任する。第3回帝国議会で再び鉱毒加害について質問するが、次の大臣は「被害は鉱業を停止させる程度のものではない」と答弁。一方、古河市兵衛（陸奥宗光の次男を養子に迎えた）は県議や郡長を抱き込み、あるいは官吏や村々に賄賂をばらまき、示談交渉を始めていた。その後、陸奥外務大臣のもと、日清戦争が始まり、足尾銅山はいっそう増産に拍車がかかった（銅は弾丸の原料）。戦後、粉鉱採集器がまったく防止対策用のものでないことが判明し、洪水のたびに被害は拡大するばかりとなる。そして再び鉱毒問題が再燃し、田中は第10回帝国議会で再度質問し、その後、谷干城（たてき）（貴族院議員、元農商務大臣）ら知識人やキリスト教徒らによる鉱毒演説会が世間で注目されるようになり、榎本武揚農商務大臣が現地視察に訪れ、その悲惨さに絶句し、鉱毒停止命令を決定、調査委員会の設置を決めるが、突然辞任、外務大臣の大隈重信が農商務大臣を兼任することになる。委員会は銅山の鉱業停止を提案したが、松方正義内閣の鉱山局長が反対し、予防設備の設置をさらに命じ、設備が約束の期間までに完成しなかったら鉱業中止にするという修正案となった。半年後、工事は完成するが、結局その効果は皆無であった。田中正造60歳のとき（一九〇〇）、川俣事件（東京に向かった被害農民二千五百人と警官が衝突した事件）が発生し、逮捕者は67人におよんだ。田中は第14回帝国議会にて質問演説する「すでに鉱毒のため人が殺され、また殺されつつある場合なのに、秩序ある被害民の請願を地方官が拒み、東京に出て大臣と面会することは許さないというのはどういうことか。渡良瀬川は恵まれた清い川であった。しかるに古河市兵衛の経営する足尾銅山の鉱毒によって川は汚れ、憲法で守られるべき天皇陛下の臣民（渡良瀬農民30万人）が困窮し、殺されている。人民の代表である政府が、請願の道をふさぐというのはなんと悲しい話か。鉱毒をなくし、川を蘇らせるには、足尾銅山の停止しかないのに、鉱毒予防工事をしたからもうよいではないかというような考えでは困る。一悪人のために政府が金を使うということでは、政府あって無きに等しい」。これに対する内務大臣西郷従道（西郷隆盛の弟）の答弁は「質問の如き事実なし」というあっけないものだった。

総理大臣山県有朋は、田中が被害民の出生死亡調査表を手渡そうと面会を求めたが5度拒否し、国会で「亡国に至るを知らざれば之れ即ち亡国の儀につき」という質問書（農商務省の鉱毒たれ流しに始まり、兵卒虐待問題など日本軍隊への批判も含まれていた）を提出すると山県は「質問の趣旨その要領を得ず、よって答弁せず」と黙殺した。第15回帝国議会では「憲法無視に関する質問書」を提出し「なぜ古河に従五位を与えたか」と追及する。このときすでに憲政本党を脱党していたが、さらに衆議院議員を辞職することを決意する。これは、党や国会に幻滅したこと、選挙のために活動しているのだと中傷されたことからだった。なお、前年、田中は国会議員歳費八百円から二千円への値上げに反対し、ただひとり全額受け取りを辞退している。明治34年11月、古河市兵衛夫人、神田川に身を投げて自殺。世間で騒がれている鉱毒騒ぎとその実態を知り、責任を強く感じていたといわれる。12月、田中は明治天皇に直訴状（幸徳秋水が執筆）を提出しようとして失敗するが、その内容は各新聞社の号外となり、人々に知れ渡ることになった。明治35年、川俣事件の公判中、検事論告のいいかげんなことにあきれ果て、抗議の意志をあくびで表すと、侮辱罪に問われ巣鴨監獄に40日間服役処分。明治36年、古河市兵衛没（72歳）。同年、政府の姿勢や銅山鉱毒を非難する世論の高まりに対して政府は、谷中村（人口二千五百人）貯水池（毒を溜める池）案を発表、日露戦争の最中、栃

田中正造生家（よく県道に面した２階建ての隠居所が生家と間違われるが、その奥の母屋が本物の生家である）

木県議会は谷中村の買収を可決。以後、田中は死ぬまで谷中村に住み、廃村問題に取り組むことになる。明治40年、足尾銅山の坑夫（一万人）が待遇改善のため暴動（検挙者四百六十名）。その後、谷中村民は強制立ち退き（北海道移住）、そして残留民の仮小屋は強制破壊された。大正2年（一九一三）9月、田中は渡良瀬川近くの足利郡吾妻村下羽田（佐野市下羽田町）の支援者宅で倒れ死去（73歳）。胃癌であったという。カツ夫人は臨終まで献身的な看病を続けたという。大正7年、渡良瀬川新川開通工事完成。昭和48年（一九七三）、足尾銅山閉山。

田中翁が後世の人々に残したメッセージ

「平民宰相」で知られる原敬（実は士族出身、のち第19代内閣総理大臣）は古河鉱業（足尾銅山）副社長を経て内務大臣となり、相馬中村藩（福島県）藩主・相馬家の家令（執事のこと）であった志賀直哉の祖父（後に渋沢栄一も）は古河市兵衛と足尾銅山の共同経営者であった。内村鑑三は「鉱毒地巡遊記」を発表し「鉱毒問題が一地方問題ではなく、国家問題であり、人類問題である」と訴えている。田中は常に民衆の視点から日本の進路を批判し続けたのであり、党や議員を辞めることによって、真の民主主義を目指す知識人、社会主義者、理想的な社会に日本を変えようとしたキリスト教徒、仏教徒など、さまざまな人々、団体、マスコミと交流し、結びつきを深めることとなった。「鉱毒反対運動は明治30年代の日本の民主主義運動の一翼につらなり、帝国主義的に社会を再編成しようとする国家権力への抵抗運動としての役割を担っていた」と由井正臣氏がその著『田中正造』（一九八四）で指摘している。また、田中は63歳の頃の日記で「今の学士（おもに帝国大学）皆壮年にして智識

郷土博物館に建つ田中正造像

佐野厄除大師に建つ田中正造の墓

あり。能く国家を亡ぼすに足るの力あり。無経験にして悪事を働く能者たり」と記し、大学が腐敗の根源であり、大学を廃すべしと訴えている。それは、粉鉱採集器の効果を暗に保証した工科大学教授・工学博士野呂景義、公式報告書で渡良瀬川沿岸の不毛の原因は土質不良のためで鉱毒のためではないとした農商務省御雇ドイツ人フェスカー、榎本大臣の決断した停止命令を改良の余地があるとして予防命令にかえたのは工科大学教授・工学博士渡辺渡、被害地農民の請願行動を刑事事件にすりかえる法科大学出の裁判官たちの発言や行為の供給源が帝国大学であったからだと、林竹二氏は指摘する（『田中正造の生涯』一九七六）。谷中村を廃村にしてつくられた広大な渡良瀬遊水地（日本最大の貯水池）には、現在も百年間溜まり続けた銅などの鉱毒物質が水底深く沈んでいる。

佐野城と田中正造は直接何の関係もない。しかし、佐野にやって来て「田中正造」を「既読スルー」することはありえないだろう。城下町に来て、天守に登らないのと同じである。

最後にもう一度、彼のメッセージに耳を傾けたい。「古の治水は地勢による、恰も山水の画を見る如し。その山間の低地に流水あり。天然の形勢に背かず。もしこれに背く、山水として見るを得ざるなり。治水として見るを得ざるなり。然るに今の治水はこれに反し、恰も条木を以て経の筋を引く如し。山にも岡にも頓着なく、地勢も天然も度外視して、真直ぐに直角に造る。これ造るなり、即ち治水を造るなり。治水は造るものにあらず。治とは自然を意味、水は低き地勢によれり。治の義を見れば明々たり」（晩年の日記）

荒廃した農村に至誠の陣屋を構えて
背水の陣で村の復興に尽くした農民出身のサムライ

梅の木は　根も梅なれば　種も梅　枝も葉も梅　花も実も梅

二宮尊徳『道歌集』

桜町陣屋の跡は、栃木県真岡（もおか）市物井（旧二宮町）にある。この辺りの歴史は12世紀、下野守藤原秀郷の子孫・小山宗政が長沼城（真岡市長沼）を築き、長沼姓を名乗り近隣を支配したことに始まる。その後、天文14年（一五四五）下館城主の水谷正村が上館を大改修して久下田（くげた）城（茨城県筑西市樋口）を築き、北方の宇都宮氏に対抗した。久下田城は大規模な城郭で、旧二宮町を含み、広大な城下を形成していた。江戸時代、下館藩や真岡藩などの領地となるが、現在の真岡市物井辺りは下野国桜町領といわれ、一帯は物井村、横田村、東沼（ひがしぬま）村の3村を含み、戸数四三三戸で4千石の小田原藩領（飛地）であった。

陣屋は元禄12年（一六九九）小田原藩主大久保氏分家で旗本寄合・宇津教信（のりのぶ）（大久保忠朝3男）によって物井村に築かれ、桜町陣屋と呼ばれた。小田原藩から4千石の分地を受け、支配の拠点として東西百メートル、南北百十メートルを土塁で囲み、三方に水堀を掘り、陣屋を構えたのだ。現在も遺構がよく残り、ここを訪れれば、江戸時代の陣屋の規模や土塁の高さなど大方イメージが湧くだろう。その宇津氏は、茅葺寄棟造りの主屋（役所兼住居）、役人詰め所、木小屋、板倉など建てた。しかし、飢饉や流行病等で離散が続き、人口は減少、田畑は荒れて石高は実質4分の1、千石程度の状況となっていた。そこに登場するのが二宮尊徳であり、彼は文政5年（一八二二）桜町復興の命を、小田原藩主で幕府老中となった大久保忠真（ただざね）から受け、10年を目標として、名主役格5石2人扶持の待遇で、文政6年（37歳）から天保8年（一八三七、51歳）まで桜町陣屋に家族とともに滞在、この地の復興

桜町陣屋入口土塁（現在も土塁は陣屋を囲んでいる）

のため、農民を指導したのだった。その結果、収穫は3千石まで回復したという。

陣屋は明治元年（一八六八）に取り壊されたが、食い違い虎口（表門）などの土塁も一部残るほか、陣屋建物（主屋）は現存し（平成12年に大修築）、昭和7年（一九三二）より国指定史跡となっている。付近に二宮神社と二宮尊徳資料館がある。陣屋および資料館へは、真岡鉄道の寺内駅（無人駅でタクシーさえ見当たらない）から車で10分程度、真岡イン

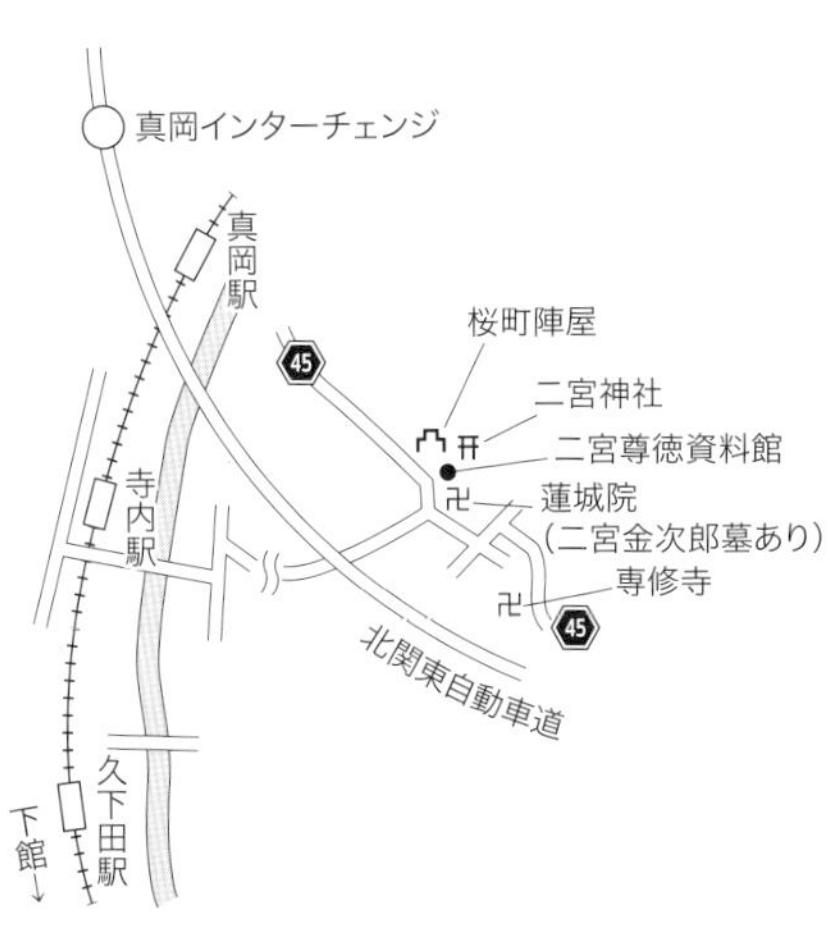

ターチェンジからは約20分の距離にある。

　私は先日、自宅のある埼玉県三郷市から、つくばエクスプレスで守谷駅まで行き、そこで関東鉄道に乗り換え、下館まで行き、さらに真岡線で最寄り駅（寺内）で降り、40分ほど歩いて陣屋まで行った。タクシーを利用したければ隣の久下田駅で下車すればいいのだが（以前はこちらから行った）、尊徳が成田山で断食をした後、歩いて桜町陣屋まで戻ったことを考えると、徒歩40分の距離など取るに足らないと思い、むしろ歩いてみたくなったのだ。広大な田畑の広がる一帯は、歩いていて爽快である。この地周辺は、明治22年（一八八九）に栃木県芳賀郡久下田町、長沼村、物部村となり、昭和29年（一九五四）から芳賀郡二宮町と呼ばれたが、平成21年、真岡市に編入合併された。「二宮町」の町名はもちろん二宮尊徳に因み、その功績を称えるためのものだ。なお、尊徳の墓は栃木県日光市今市の如来寺にあるが、尊徳資料館の南側、蓮城院にも分骨されている。隣に領主宇津氏の立派な墓が並び、小ぶりな尊徳の墓が印象的だった。

度重なる不遇を乗り越え二宮家を復興

　二宮金次郎（尊徳）は、天明7年（一七八七）相模国足柄上郡栢山村（神奈川県小田原市栢山）に生まれた。二宮家というのはもともと栢山村の裕福な農家であったというが、寛政3年（一七九一）に起きた酒匂川の氾濫で田畑は濁流に押し流され、以後、家運は傾いた。父利右衛門はもともと書物好きのお人よし、あまり生産的な人間ではなく、金次郎が14歳のとき48歳で死去し、母好もその2年後に36歳で他界してしまう。家族は離散、その後、長男の金次郎は親類宅（伯父萬兵衛宅、名主岡部家、名主二宮家など）に寄食し、勤労・倹約の生活を徹底させ、徐々に生家（二宮家）を復興させていく（20歳）。萬兵衛宅に身を寄せ働いていたとき、尊徳が夜読書するのは「灯油の無駄だ、百姓の学問は堕落だ」とたびたび非難されたという。しかし、この話は、伯父の萬兵衛が吝嗇であったというのではなく、むしろ読書好きで家運を傾けた尊徳の父の二の舞を演じてはいけないという警鐘だったのではないか。

　やがて生家を再興し、田畑を広げ大地主となった尊徳は、武家奉公人として小田原藩士の岩瀬氏・槙島氏らに仕えることになる。26歳で小田原藩家老服部家に中間（侍の下、小者の上）として登用されると、家政立て直しを命ぜられた。31歳で「きの」（19歳）と結婚（2年後、長男徳太郎が生まれるが夭折、「きの」とは離婚）、中間として6年間働き、服部家の家政改革、再建に成功し、藩主大久保忠真に酒匂川の河原で表彰される。34歳で服部家奥女中の「なみ」（16歳）と再婚。翌年、嫡男尊行（弥太郎）誕生、同年、下野国芳賀の桜町の調査を命じられた。桜町は、前述のように、4千石の旗本知行地であったが、実際の禄高は千石程度、元禄年間には千九百人四三三戸であった人口は、慢性的な耕作放棄や夜逃げが続き、七五〇人百五十六戸に激減していたのである。文政6年（一八二三）37歳のとき藩命を受け、名主や庄屋でない初の百姓代官として物井の陣屋に家族を連れて移り住むことになる。40歳で組頭役格、桜町主席となり、48歳で徒士格（下級武士待遇）になった。泥棒や怠け者で溢れ、博徒の巣窟となっていた桜町、地元農民の反抗と軽蔑、武士階級の露骨な差別と嫌がらせ（例えば、全面委託にもかかわらず、尊徳には二人の同僚武士がいて、当初、尊徳は末席であったという）などを乗り越え、またあるときは行き詰まり、成田山新勝寺にて断食水行（21日間）を行い（修行が終わるとかゆを2・3杯食べて成田から桜町まで80キロを1日で歩いて帰った

陣屋建物その1

陣屋建物その2

陣屋を囲む土塁

という）、26年間にわたり、桜町3ヵ村の復興に尽くした。1日の睡眠時間は『報徳記』には4時間とあるが、わずか2時間であったともいう。

尊徳の信念は、村を復興させるには、いくら藩が金銭的に援助しても無駄であり、貧困は人々の内面から、つまり、自力で立ち直らせなくてはならないというものであった。大飢饉（一八三六）が起こると、江戸在住の藩主から「すみやかに救済措置をとるように」と命ぜられ、2日で小田原に戻ると、役人に城内の米蔵を開けることを求めた。しかし「藩主直筆の文書がなければ駄目」と返答される。するとすかさず「よろしい。そのかわり、今から直筆の許可状が到着するまで、飢えた領民同様に、役所の方も断食して待っていてください。そうすることによって人々の苦しみが多少なりともわかるでしょう」と返答し、さらに「国が飢餓をむかえ、米蔵が空になり、民の食べるものがなくなる。この責任は治者以外にない。その者は天に民を託され、民が安心して暮らせるよう、善に導き、悪から遠ざけるよう指導するのが使命である。その職務の報酬として高禄を食み、自分の家族を養うのだ。ところが今や、自分には責任がないという。治者は天に対して自己の罪を認め、自ら進んで断食し、死すべきである…」と言った。

苦労の連続の中、皆に慕われた農政家

その後、尊徳の実力を高く評価した藩主忠真も死去（57歳）し、誠意のない重臣らにその後も小田原藩領各地の仕法を依頼される中、天保13年（一八四二）老中首座水野忠邦より出頭命令があり、幕府御普請役格（20俵2人扶持）に登用され、利根川、手賀沼、印旛沼の土木工事調査を任される。その結果、数十年という長期にわたる計画書84巻を提出したがけっきょく廃案となる。その後、下野真岡の代官手附、日光奉行手附などの職を経て、安政3年（一八五六）日光奉行の配下で幕府御普請役（30俵3人扶持）となるが、移転先の今市村（栃木県日光市）にて死去（70歳）。

小田原藩は尊徳が幕府に登用されると、領内農民が直接、尊徳と交渉することを禁止し、また尊徳が墓参りのために故郷に帰ることさえ許さなかった。晩年の尊徳は、小田原藩との関係がきわめて悪い。それは、藩士らの農民出身武士に対する差別と偏見が根深かったことを何より表している。それでも、尊徳のもとに全国から集まってきた門人は60名ほどいた。その中には、相馬中村藩士・富田高慶（尊徳の娘婿、のち藩家老）、斎藤高行（相馬中村藩士、幕末明治の報徳運動家）、志賀直道（相馬中

村藩主相馬家の家令、志賀直哉の祖父）、大友亀太郎（幕臣、北海道開拓の祖）、福住正兄（まさえ）（『二宮翁夜話』など著

桜町二宮神社（尊徳をまつる二宮神社は、他に小田原市と日光市にある）

書多数）、岡田良一郎（遠江出身のち衆議院議員）らがいる。

『二宮翁夜話』に大久保忠隣の話が紹介されている。すなわち、忠隣が小田原城を拝領したとき、家臣が「当城は北条家の築造で代々の居城であったから、拝領されても城の守護と考え、本丸住居は遠慮された方がいい」と諫言したが、剛強の性格であった忠隣は少しも遠慮しなかった。するとその後、行き違いがあって大久保家は改易となり小田原城から追放された。熊本城も、細川家歴代藩主は清正に遠慮して本丸には住まず、水戸城の徳川家も名族佐竹氏を憚り、佐竹丸には住居を構えなかった。何事にもこの道理がある、心得るべきである、と尊徳は語っているのだ。

豪商を目指さなかった尊徳

尊徳の足跡を振り返ると、大成功、大出世した人物というより、早起きし、夜遅くまで働き、粗衣・粗食に耐えた苦労人のイメージが強い。晩年でさえ、武士階級の尊徳に対する評価は依然低く、彼らの態度は冷酷で、決して恵まれた境遇で大往生をとげたとは思えない。彼の生涯はまさに苦労の連続であり、労多くして報われることは少なかったようだ。また、戦前の軍国主義教育に利

用され（国定教科書に最も多く登場したのは明治天皇で、その次が二宮金次郎であるが、話は20歳まで）、その反動もあり、戦後は著しくその評価を落とし、現在、教育界においてはほとんど無視されているのではないか。しかし、尊徳の教えや生き方が、これほどまで後の人々に影響を与え浸透したのは、国策による「保守で忠義、勤勉や忍耐のすすめ」というより、おそらく彼の人柄にあったのだろう。例えば、彼は天保の飢饉で桜町から一人も餓死者を出さなかったばかりでなく、烏山藩に米や稗（ひえ）を送り、八七〇〇人の農民を救うなど、今でいうボランティア活動を大々的に行っている。勤勉節約に励む凡人はともすると吝嗇に陥ってしまうが、尊徳はずいぶん度量が大きく、自己に厳しく、他人に優しい、無欲な男だった。何よりも、彼は豪商を目指さなかった。

封建時代、貧農出身の尊徳は、あの形でしか、自己表現できなかった。が、それは、結局どんな分野でも良かったようにも思える。尊徳の教えのひとつに「一円融合」というものがあるが、それは、すべてのものは互いに働き合い、一体となって結果が出る、例えば、植物が育つには水・温度・土・日光・養分・炭酸ガスなど、いろいろなものの徳が融け合ってひとつになって育つということである。彼は「書籍を尊ばず、天地を経文（きょうもん）とする」とも言っている。内村鑑三は「徳を尊び、自然の法と精神を同じくする人物」と評した。さらに「術策は役に立たない」「自然はその法にしたがう者には豊かに報いる」と尊徳は考え、自然と人の間に立ち、道徳的な怠惰から自然が授ける恵みを放棄した者を自然の方に引き戻すこ

蓮城院にある二宮金次郎墓

とを手助けしようとした人物だと言った。人が自らの力で克服する手助けを、常に、厭わず行ったのだ。

尊徳は夏に茄子を食べ、秋茄子の味がするといって飢饉を予測し指導した。尊徳はかなりの大男で体重25貫（94キロ）身長は6尺（180センチ）を越えていたという。成田での21日間の断食のあと20里の道のりを歩いて桜町に戻ってきた男だ。彼の生涯は、まさに、信念と誠実、勤労、そして底知れぬ体力によって貫かれていた。

一方服部辨之助（べんのすけ）（政治学者）氏は『二宮尊徳の哲学』で「（しかし）尊徳の経済的識見は決して時流を抜いたものではなく、極めて平凡なるものであった。彼は農村疲弊の第一の原因が領主の苛斂誅求（かれんちゅうきゅう）にあることは見たが、その領主の財政窮乏の原因を奢侈（しゃし）以外に見ることはできなかった…」そして「（彼は）与えられた社会制度を不変のものと見、その制度内において人々をより幸福にすることに全力を尽くした。…彼の事業は社会史的に見れば結局崩れゆく封建制度の経済基盤を修繕したものに過ぎなかった云々」と指摘する。

武力に頼らず、信念と誠実勤労で立ち向かった桜町陣屋

陣屋とは戦争を連想する言葉である。本陣といわれた宿もしかり、大名が居城を離れて行う道中の移動は正に戦闘態勢であったことを窺わせる。尊徳が桜町陣屋に入った心境もまた、戦場に向かう戦士と同じであっただろう。本来、名主は地元の有力農民が世襲するのが常であったため、尊徳はよそ者であり、地元の抵抗も相当強かった。桜町陣屋は軍事拠点ではない。しかし、敵地ともとれる桜町に陣屋を構え赴任した尊徳にとって、あるいは本家から派遣された役人に抵抗する人々で溢れる異国に赴任する尊徳にとって、陣屋は生きるか死ぬかの戦場の拠点であった。全国に残る城郭と同様に、尊徳にとって桜町陣屋は戦いの牙城であった。支配者側と被支配者側ともに満たされる方向、すなわち年貢の増加と貧民救済を目指し、武力に頼らず「誠」と「徳」をもって人々を導く、その拠点が桜町陣屋であった。

歴史学者・武光誠氏は栃木県民を一言で表すと「勤勉で誠実、正義感が強い」といっている。奇しくもこれは前者が二宮尊徳、後者が田中正造を表しているといってよい。尊徳は下野国の生まれではないが、彼が栃木県民に与えた影響は計り知れないものがあり、県民気質に付与した功績は揺るぎないものがあるだろう。桜町陣屋を訪れて、そう思った。

関東七名城のひとつと謳われ、幕末には稜堡式軍事要塞に変貌した大城郭と、その城下で生まれ育った天才詩人

日本の鯉幟は、最も美しい景物のひとつである、そこには世の親たちのエゴイズムがあらわに語られている。しかし、風のない日だらりと垂れ下がった鯉幟を見ていると、子供の将来にある不吉な予感を感ぜずにはいられない。

萩原朔太郎『宿命』

前橋城は、かつて宇都宮城・忍城・川越城と並んで関東四名城のひとつ、あるいは金山城・唐沢山城・太田城を加えて関東七名城のひとつに数えられた名城である。15世紀、利根川の東岸台地・崖上に長野氏（在原業平の子孫と伝わる）によって初めて城が築かれ、このとき本城箕輪城の支城のひとつとなった。天文3年（一五三四）利根川の氾濫によって流された城郭を、長野賢忠が新たに築いている。築城当初より、この城は利根川の水害に悩まされた城であったのだ。永禄3年（一五六〇）城（本来は厩橋城といわれた）は長尾景虎（上杉謙信）の関東制覇の拠点となる。永禄6年（一五六三）武田・北条連合軍が攻め入り、籠城戦を展開したが結局落城。城はその後再び上杉方となるが、永禄10年、北条方となり、さらにその後、上杉方となった。謙信没後（一五七八）の翌年、武田勝頼により前橋城は奪われ、城代が置かれた。武田家滅亡後（一五八二）、織田家の重臣滝川一益が関東御取次役（＝関東管領）となり入城。そして、信長横死後（一五八二）、北条氏の持ち城となり、再び城代が置かれた。秀吉の小田原征伐では浅野長政に攻め落とされ、家康の関東入国後、平岩親吉が入城、慶長6年（一六〇一）川越城より酒井重忠が城主となり、城を拡張し、このとき三層天守を含む近世城郭として大修築された。城は利根川と広瀬川を外郭として東西850メートル、南北1キロの城郭として縄張りされ、天守のほか、6基の

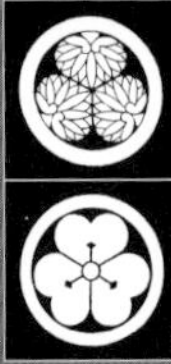

県庁北東付近の本丸跡土塁

櫓、21基の城門が築かれた。4代藩主は江戸城大手門前に上屋敷を構え「下馬将軍」といわれた大老酒井忠清（15万石）であった。忠清の子で5代藩主となった忠挙(ただたか)が「厩橋城」を「前橋城」と改めたが、その時代、利根川の氾濫で本丸天守は流されてしまった（一七〇六）。9代忠恭(ただずみ)は播州姫路城へ移り、姫路より松平（越前系）朝矩が15万石で入城する。

度重なる利根川の氾濫によって城の被害は大きく、松平家は初代朝矩のときから、前橋城を放棄し、武州川越

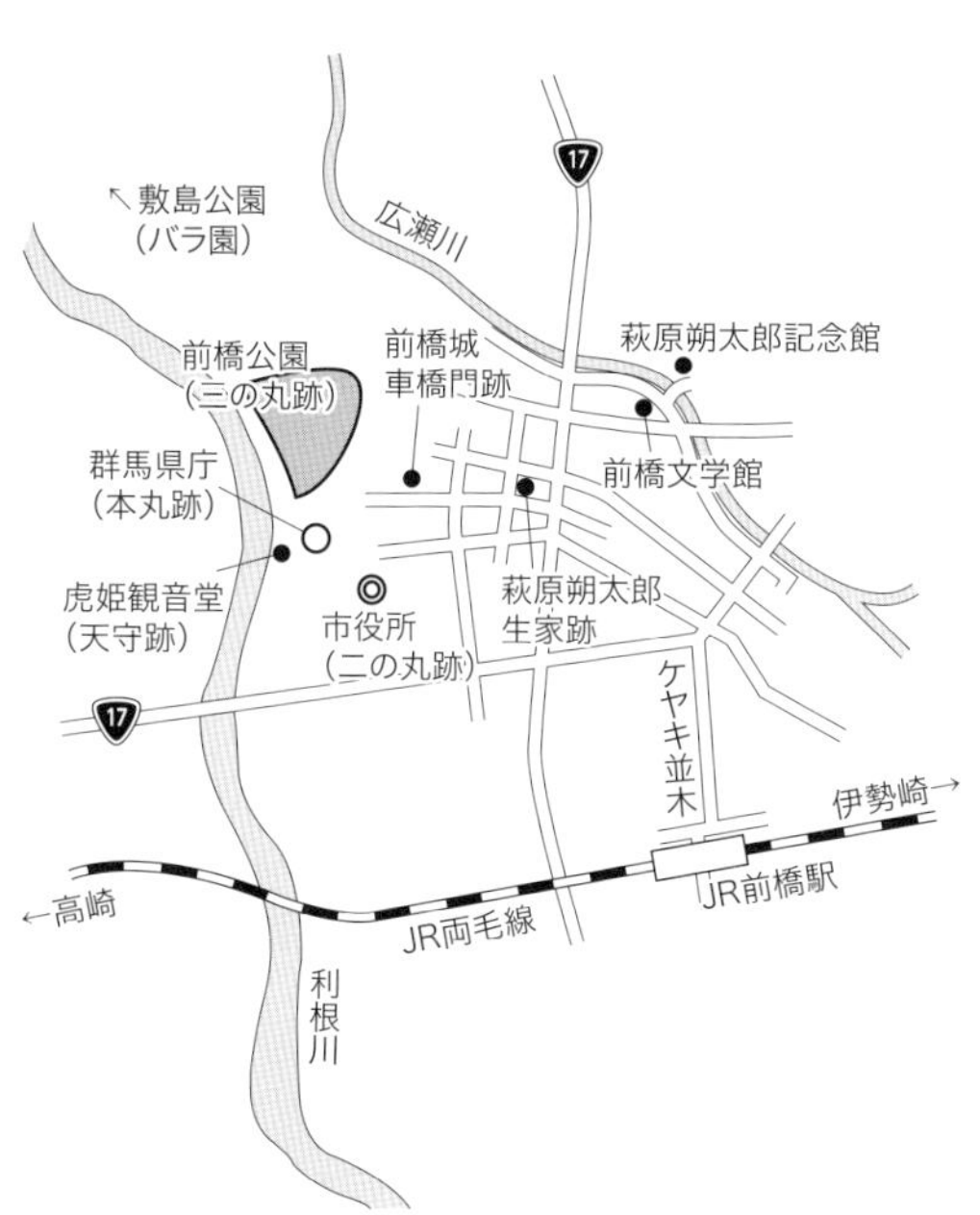

藩主を願い出て、前橋は川越藩の飛び地となり陣屋が置かれた。幕末、政事総裁職に就いた川越藩主7代直克は、西洋城郭のコンセプトを取り入れた前橋城の大改修を行い、砲台・稜堡を備えた渦郭式軍事要塞として再建（慶応3年＝一八六七）、居城とした。公武合体や徳川家存続に尽力した直克であったが、江戸幕府は崩壊、明治5年（一八七二）廃城となった。なお、本丸御殿は昭和3年（一九二八）まで庁舎として使用されている。

前橋城の範囲は、現在の県庁（本丸跡）・市役所（二の丸跡）・地方裁判所（三の丸）一帯、その北側にある前橋公園（三の丸外郭）である。一部、土塁及び石垣など残り、その面影を今に伝えている。現在、城郭の中心部（本丸）には、県のランドマークで32階建ての巨大高層ビル・群馬県庁が、中世ヨーロッパの矩形天守（キープ）の如く、空高く聳えている。その県庁北東付近を歩けば「前橋城跡」という碑文が建ち、松の老木が生い茂り「くの字」型に曲がった土塁が残っている。県庁西側の駐車場付近にも土塁はよく残っている。さらに、県庁前（東側）の大通りを進めば車橋門跡の碑があり、そこには2段積みの巨大石垣が残っており、必見だ。

県庁西側駐車場付近の本丸跡土塁

上州の諸藩をうるおした養蚕業

群馬県人（上州人）は骨っぽく、短気だけれど人情味が厚いといわれる。一匹狼で「無智無才、剛毅朴訥、正直者が多く、だまされやすい」と内村鑑三は評したが一方、幕末、養蚕業が盛んになると、絹相場で鍛えられ、かけ引き上手、計算上手、算術や学問を好む一面も生まれた（和算の関孝和も上州人）。内村鑑三（高崎藩）、新島襄（安中藩）、田山花袋（館林藩）、萩原朔太郎（母の実家が前橋藩）も群馬出身であり、福田赳夫・中曽根康弘・小渕恵三・福田康夫という4人の総理大臣を輩出している。

「かかあ天下」は江戸時代に生まれた言葉で、もともと養蚕や絹織物の振興（天保年間以降）で農家の男性が江戸で生糸や反物を売りに出たとき働き者の妻を自慢して言ったものという。あるいは、そういったしっかり者の妻をもつ上州人をやっかんで、他国の者が皮肉を言ったのだろう。樋口清之氏がかつて指摘したように、上州人は、女が働き者で家をしっかり支えることから男が外に安心して出られ、絹商人として成功する者もいたが、国定忠次に代表される股旅生活を始める男たちも多く生まれたというのだ。

幕末、横浜開港によって生糸貿易が盛んになり、生産量が増えると豪農が生まれただけでなく、上州の諸藩を潤し、前橋藩（川越藩）も財政再建に成功し、直克の前橋城再建、城主復帰につながったのだろう。明治3年（一八七〇）前橋市に藩営製糸場が設置され、同5年、官営の富岡製糸場（世界文化遺産）が操業を開始している。昭和の初期、日本、特に群馬、長野、山梨の生糸蚕糸業は空前絶後の黄金時代を迎え、輸出量が史上最大となる。しかし、同時に昭和4年（一九二九）世界恐慌の打撃を受け、生糸や繭が暴落。昭和16年には生糸の内需転換が図られ、第2次世界大戦中には繭生産は26％まで激減した。しかし、戦後、生糸需要は増大し、群馬県は全国17％のシェアをもち全国1位となるが、その後、中国や韓国からの輸入に圧され、昭和60年以降、養蚕業は衰退、今や壊滅の危機に晒されている。

車橋門跡の巨大石垣

口語自由詩を完成させた天才詩人

城址の広がる前橋公園を越え、利根川に沿って北へ歩くと敷島公園がある。そのばら園内にはかつて萩原朔太郎記念館（朔太郎生家）があった。私は過去にそこを2度訪れている。城下町であった市内北曲輪町69番地（現・千代田町）にあった生家（「萩原朔太郎生家跡」の碑が立つ）のうち、朔太郎の書斎となっていた「離れ」などが移築・保存され記念館となっていたのだ。「土蔵」は昭和49年に移築され、50年4月より一般公開され、「書斎」（元々は味噌蔵を大正2年＝一九一三に書斎に改造、西洋風のインテリアで、ここで『月に吠える』の全作品や『青猫』などを執筆した）は昭和53年、「離れ座敷」（純和室）は昭和54年に移築され、昭和55年から一般公開されていた。平成29年4月よりこれらの建物は、広瀬川のほとり（千代田町3丁目）に建てられた「前橋文学館」（朔太郎関連の展示室が常設され、建物前には朔太郎像あり）と広瀬川を挟んだ河畔に移築復元され、新たに一般公開されることになった。

萩原朔太郎は、明治19年（一八八六）11月、群馬県の前橋北曲輪町で開業医をしていた萩原密蔵と八木けい（前橋藩松平家旧家臣の娘で前橋生まれ）の長男として生まれた。密蔵は大阪府出身で、家は代々漢方医であり、幼名は道三（戦国時代の名医・曲直瀬道三にあやかっての命名か）といった。密蔵は大変な努力家で西洋医学を学ぶため上京、帝国医学校（のちの東大医学部）を卒業し、群馬県立病院に赴任、副医院長を経て、前橋に萩原医院を開業した。近所の人々からは「生神様」と尊敬されていたという。その子、朔太郎は少年の頃から体が弱く、神経質で孤独な変わり者であったという。前橋中学校を一度落第し、満20歳で卒業した後、早稲田中学校入学を経て、熊本五高（英文科）に入学したが落第、改めて岡山六高（独法科）に入るが、また落第し、退学。その後、慶応義塾大学予科に2度入学したが共に退学している（26歳）。前橋に帰って来ては、マンドリンなど愛好し、詩を書いていた。大正2年（一九一三）投稿した詩（「夜汽車」「旅上」「金魚」など5篇）が北原白秋主宰の短歌雑誌に採用され、大正4年、朔太郎の出資で詩誌『卓上噴水』を室生犀星らと創刊した。31歳（大正6年）で『月に吠える』五百部を出版した（母が出費）。33歳（一九一九）で上田稲子（加賀藩士の次女、21歳）と見合結婚し、2女をもうけるが離婚（一九二九）、2女と前橋の実家に帰ってくる。その後、大谷美津子（福島県

利根川沿い本丸天守跡説明板

白河市出身）と再婚するが、気の強い朔太郎の母と折り合いが悪く、1年余りで離婚（53歳）。昭和9年、この年、明治大学文芸科講師となり、週1回、詩の講義を担当することになった。朔太郎は、初めて教壇に立ったとき足が震え、早口でノートを素読するだけだったという。その後は、震え気味の手でチョークを握り、几帳面に黒板に字を書く授業スタイルになった。休日にさえ大学に行ってしまった逸話も残り、大学講師は警察官に素行調査されずに済む、朔太郎にとって有り難い身分であったという。この頃「最近の自分にとって、文学は決して単なる排泄ではない。それはまさしく仕事であり、しかも

萩原朔太郎生家跡

命がけの一所懸命の仕事である」と述べている（昭和11年「復讐としての文学」）。昭和17年（一九四二）4月、大学講師を辞任すると翌5月、急性肺炎のため死去（55歳）。前年、昭和16年12月に真珠湾攻撃があり、太平洋戦争が始まった。朔太郎が生前上梓した詩集は全部で8冊である。

昭和59（一九八四）初めて前橋城にやってきた時、帰りに立ち寄った朔太郎記念館に展示されていた習作ノートの中に「ふらんすへ行きたしと思えども　ふらんすはあまりに遠し　せめては新しき背広をきて　気ままなる旅にいでてみん…」と記された「旅上」があった。利根川の流れるこの田舎の小都市で朔太郎は何を思い巡らし「ふらんすへ…」などと詠んだのだろうかと当時いろいろ想像した。そして、この「旅上」を一度読むと全文が頭の中にすっぽり入ってしまい、同時にまた、経済的な豊かさに支えられた彼の自由気ままな生活に嫉妬し、一方、詩人として生きていくための漠然たる不安、未知なるものに対する弛（たゆ）まない憧憬に共感した。なぜかこの詩は、一度しか読んでいないにも関わらず、その後何年も、9行全文をいつでも暗唱できた。かつての友人たちの多くが、皆キャリアを重ね、華々しい人生を歩んでゆく中、離別と喪失を繰り返し、相変わらず成功するあてもなく、

移築前の朔太郎生家（朔太郎記念館）

見るからに身すぼらしい小舟に乗って、荒波の大海に乗り込もうとしていた若かりし頃の自分がそこにいた。15年後、再び前橋を訪れたとき、記念館に「ふらんすへ…」の習作ノートは無くなっていた。この頃は、朔太郎というと、働き者で知られるかかあ天下の国・上州が生んだ究極の放蕩息子、異国趣味の非生産者、口語自由詩の天才、若い頃より詩人としての揺るぎない自信をもっていた自由人というイメージを勝手につくっていた。しかし、よく調べてみると、実際は、長女葉子の『父・萩原朔太郎』などにも記されるように、父親の期待にそむき医者にはなれず、両親に大きな迷惑をかけ、特に絶望した父に「萩原家の敷居はまたがせない」とさえ言われ、私生活はたいそう悩み多き人生であった不遇の詩人の姿を確認できた（結局、病院は娘の夫が継ぎ、萩原医院は津久井医院となった）。「利根川のほとり」などの詩にも「きのふまた身を投げんと思ひて　利根川のほとりをさまよひしが」と詠い、朔太郎が当時深く挫折し、鬱積した心境に耐え忍び、ギリギリで生きていた様子を伝えている。

城めぐりで出会った朔太郎が語りかける

風土と歴史をめぐる旅が好きで、前橋も3度になる。旧城下町を散策し、偶然、萩原朔太郎という詩人に出会い、その作品に触れ、いろいろ思いを巡らせたものだ。自分はヨーロッパ中世史が最も好きだが、中でも野卑で崇高な巨大城郭建造物には常に魅了される。そして、語学や文学も好きで、こちらは生業（なりわい）にした。どんな分野でも、そこに関わった人々の生き方、死生観、美意識にはたいへん興味がある。朔太郎の場合もやはり、上州という地が彼を生み育て、その才能を開花させたことは間違いないだろう。しかし、朔太郎の才能は紙一重であった。彼が貧しい家庭に生まれ育ったならば、ただの変わり者として虐げられ、詩人として大成することは決してなかっただろう。そして『四季5月号』（一九三六）に掲載された「虚無の歌」という散文は、今、私が最も心惹かれる詩人の世界観である。

…誰もいない広漠としたビアホールで、作者（朔太郎）がただひとり麦酒を飲んでいる。今すでに老いて疲れ、一切のものを喪失し、孤独の椅子を探し、都会の街々を放浪し、最後に、自分の求めていたものを知ったというのだ。それは一杯の冷たい麦酒であり、雲を見ている自由な時間だという。名誉も地位も名声も何も求めない。ただ手元のグラスに注がれた一杯の麦酒をひとりで飲むひとときだけが至福のときであるというのだ。そして空を眺め遥か高く漂う雲を見る。かつて自分の影を、自分に付きまとう見知らぬ病気の犬だと表現した晩年の朔太郎がそこにいる。しかし、いわんとすることは勿論それだけではない。「麦酒」は何を象徴しているだろうか。存在である50歳になった初老の朔太郎。その彼にとって世の中の何の役にも立たない無智で無力な、非生産的なの一杯の麦酒とは何か。それは「詩作」であったかも知れない。あるいは週に一回大学で詩について講義することだったかも知れないし、大阪中央放送局「ラヂオ詩壇」投稿の選を担当することだったのかも知れない。が、それは、今まで自分が失ってきたもの、手にできなかったもの、生きていくことの息苦しさに比べたら、まったく取るに足りないものだったかも知れない。そこには虚しさ、虚無感だけが漂うのみ。元々人間とは「無」から生じて「無」に戻る。じつは、朔太郎の存在だけが虚無であるのではなく、誰でも、大なり小なり、虚しさはその人の人生に付きまとう代物だろう。偉業といわれる大事業を成し遂げ、生前、大物、成功者と称えられる人々でさえも、本人しか分からない心の闇、深い心の傷を負っているかも知れないし、一方、本人が自分は幸せ者であると自負する場合でさえ、その者の存在は時の経過を経てやがて忘れ去られ「無」になるものだ。その者の業績が、果たして人類にとっての本当の偉業であったのか、それは誰にも分からない。偉業といわれることでさえ、時代の変化と共に、忘却の彼方に消え去るだろう。麦酒の泡のごとく。我々の人生でかけがえのない存在、大切にしているもの、それもやはり、一杯の麦酒に過ぎないのではないか。それでも、それはそれでよい。自分にとっての、冷たい一杯の麦酒に出会えれば、それでよいのだ、そう朔太郎は語っているのではないか。

気ままなる城めぐりの旅もまた、間違いなく「一杯の麦酒」なのだろう。

高崎城と内村鑑三

中山道一の宿場町にあった近世城郭、その藩士の子息は、後に武士道をキリスト教精神と堂々対峙させた

武士道の台木に基督教を接いだ物、其物は世界最善の産物であって、之に日本国のみならず全世界を救ふの能力(ちから)がある。

内村鑑三『聖書之研究』

「かかあ天下とからっ風」で知られる上州群馬県の二大都市といえば前橋と高崎であろう。前橋が県庁所在地であり、行政の要(かなめ)の街であるのに対して、高崎は古くは東山道（中山道）の宿場町であり、現在は新幹線が停まる一大商業都市だ。高崎はまた、3代将軍家光の弟忠長が幽閉され自害に追い込まれた地としても知られる（墓は大信寺）。城跡への道のりは、JR高崎駅西口より賑やかな市街地を通り抜け、真っすぐ高層ビルの建つ市役所へ向かい徒歩10分の距離にある。冬は天気がよくても風が痛いほど冷たい、そういう土地柄だ。

三の丸の土塁付近には昭和51年（一九七六）移築復元された二層の小さな隅櫓（乾櫓(いぬい)）と東門が、近世城郭の面影をわずかに残している（県重要文化財・石垣は模擬）。しかし、高崎城見学の本当の醍醐味は、広大な烏川(からす)（内村鑑三が少年時代よく魚獲りをしたという）を外堀に見立てて、ほぼ三面（北側・東側・南側）に、完全に残っている三の丸土塁・水堀歩きである。

エリート譜代の城主と繁華な宿場町

この地には、かつて関東管領上杉氏の配下にあった豪族和田氏の居城（和田城）があった。和田業繁は永禄5年（一五六二）、越後の上杉謙信に叛き、甲斐の武田信玄に従ったため、和田一族はその後3度、謙信の攻撃を受ける。武田家が滅亡すると業繁の子信兼は北条氏の軍門に降り、秀吉の小田原征伐では信兼は小田原城に詰めた。和田城（後の高崎城）は前田・上杉両軍に攻められ

移築復元された二層乾櫓と東門

落城、和田氏は滅亡した。関東に家康が入国すると、寵臣井伊直政は上州箕輪城に入城するが、後に家康の命で箕輪城を廃し、その廃材を多用して慶長３年（一五九八）和田城跡に近世城郭「高崎城」を築き、居城とした。関ヶ原の戦い後、直政が近江佐和山城に国替となると、信州の名族・諏訪頼永が城代となり、その後、譜代の酒井家次、松平（戸田）康長、松平（藤井）信吉、

東側外堀と土塁

南側外堀と土塁

安藤氏3代の重信・重長・重博、大河内輝貞（5代将軍綱吉の側用人）、間部詮房（6代将軍家宣の側衆を経て老中次席）らが次々と城主となり、再び大河内輝貞が入封、10代続いて幕末を迎えた（8万2千石）。

　安藤氏時代に近世城郭として大修築され、現在の規模が確定している。本丸に天守（御三階櫓）を築いたのは初代重信である。また2代重長のとき、徳川忠長を兄家光の命により高崎で預かり、領内の寺（大信寺）で自害させたことは前述した。

　高崎は江戸から数えて13番目の中山道宿場町だが、中山道のなかで「最も繁華な宿場」であったと「近代日本交通史の泰斗」児玉幸多氏（学習院大学名誉教授）は指摘した（天保年間の宿内人口は三千二百以上）。さらに、高崎は越後に向かう三国街道や富岡方面に向かう街道の分岐点でもあり、正に交通の要衝であった。

現在の中山道（国道17号）は城の西側を流れ外堀の役割をした烏川に沿って走っているが、本来は城下のはるか南東に位置する和田多中町で右に折れ、そのまま北上し、あら町（和田氏支配時代よりあったといわれ「新しくできた町」が語源）・連雀町（連尺を用いる行商人と渡り鳥のレンジャクを掛けている）・田町（箕輪城下の田宿を移設、城下で最も栄えた所）・本町（元々和田宿の中心地）まで進み、本町３丁目で直角に左折し、そのまま真っ直ぐ烏川に向かい現中山道と合流していた。本町１丁目交差点で右折すれば三国街道となり、高崎城が中山道を中心とした街道を守る重要な城郭であったことが窺えるのだ。ただ、なぜか高崎宿には本陣や脇本陣は置かれず、旅籠が15軒あっただけだ。旧城下町を歩けば、他に九蔵町（大坂の陣で酒井氏家臣・北爪九蔵が大坂城一番乗りを果たし、酒井家の旗印を掲げた逸話に由来する）、鞘町（刀の鞘師の居住区）、白金町（金銀の金物細工師の居住地）、鍛冶町（箕輪城下から移住）など興味深い町名が並んでいる。侍屋敷跡に関しては、柳川町の国道29号側に残る高崎藩士の子息内村鑑三の住居跡碑で確認できる。

歴代藩主はその多くが、老中、寺社奉行、京都所司代、大坂城代、陸軍奉行並など歴任するエリート譜代大名であった。もともと譜代筆頭の井伊家が初代藩主となって居住した城であり、高崎城は江戸時代、小藩ながら、関東における重要な城であったことが窺える。宝暦年間には藩校「遊芸館」が開設され、医学、地誌学をはじめとして諸文化が発展した。また、養蚕も領内の財政を潤し、幕末、洋式の軍制改革を成功させている。幕命により蝦夷松前城の築城を担当したのは、高崎藩士で兵学者であった市川一学父子である。元治元年（一八六四）筑波山で挙兵した尊王攘夷派の水戸浪士・天狗党（九百余名）の進軍を阻止するため幕命を受け出兵した高崎藩（二百余名）は「下仁田戦争」を起こした。しかし、高崎藩は多くの犠牲者を出すものの結局敗退し、城に戻った。

明治4年（一八七一）の廃藩置県で、城跡に群馬県庁が置かれた。その翌年、東京鎮台分営が設置され、同6年、天守以外の建造物（櫓・門・御殿）を破却（「乾櫓」はこのとき郊外の豪農の家に払い下げられた）、同7年、三層天守が解体された。そして昭和20年（一九四五）歩兵第15連隊が置かれ、高崎は再び軍事都市となる。現在、城址には「歩兵第15連隊趾」と刻まれた石碑があり、その足跡をわずかに残している。

内村鑑三の学びと英語との出会い、度重なる転職

上州高崎藩士の子であった内村鑑三は、万延2年＝文久元年（一八六一）内村宜之の長男として江戸小石川鳶坂上（文京区本郷）の大河内氏の中屋敷長屋に生まれた（母ヤソも上州人）。内村家は江戸詰め藩士で、馬廻り格50石取りであった。もともと上州の農民であったといわ

れ、鉄砲撃ちの名人であり島原の乱鎮圧に出征し、大河内家に士分に取り立てられた。鑑三の父は7代目で、武芸に秀でていたばかりでなく、藩の近代化に貢献した儒学者でもあった。明治維新に伴い、内村家は高崎に移住し、内村が8歳（以下満年齢）のとき、父が陸前国3郡の権判事、さらには石巻の少参事となり、一家は石巻、そして気仙沼に転居し、その後再び高崎に戻ってきた。

内村は11歳から高崎の藩立英学校で初めて英語を学び、その後、東京の私立有馬学校英語科、13歳で東京外語学校英語学科に入学した。さらに、クラーク博士が教頭（実質的には校長）を務めた札幌農学校2期生・官費生に応募、入学した（16歳）。内村が入学したときクラークはすでに札幌を離れていた。農学校1学年の外国人教師数は3～4名、生徒数は15～20人、日本各地から来た旧藩士の子弟で占められていた。同級生に新渡戸稲造がいたが、二人の仲はそれほど良くなかったようだ。もともと内村は漁業に興味があり、水産学を専攻していた。ほかに寒地農法・洋菜栽培・牧畜などの農業技術を身につけた。同時にクラークの徹底した聖書講義によって第1期生16名（入学者は24名）が入信決意者としての署名を強要され、全員が洗礼を受けている。そして内村ら新入生が入学すると、さっそく1期生らの絶え間ない働きかけによって、内村も在学中に新渡戸ら6人とともに入信した（2期生は18人入学し卒業は10人、そのうち7人が洗礼を受ける）。内村本人も「同級生が次々と敵の軍門に降り、やむなく屈服し署名した」と言っている（3期生は反キリスト教の空気がみなぎり署名者はゼロ）。明治14年（一八八一）札幌農学校を首席で卒業（20歳）。

その後、開拓使御用掛となるが伝道師になるため辞職。明治16年、農商務省御用掛となり、水産課に勤務。明治17年3月、上州の安中教会で知り合った浅田タケ（上州出身で同志社で学んだ才女）と結婚するが、7ヵ月で破局。同年10月、農商務省を辞し、11月に渡米、24歳でマサチューセッツ州のアマスト大学（理学士取得）、26歳でハートフォード神学校に学んだ（退学）。帰国後、新潟北越学館に教頭として勤めるが宣教師と対立し辞職。明治22年、東洋英和学校講師、明治女学校講師、および水産伝習所（のちの東京水産大学）講師（動物学を担当）を歴任し、明治23年（29歳）第一高等中学校（一高）に嘱託教授の職（英語・地理・歴史を担当）を得るも「教育勅語」に対する「不敬事件」で解雇となった。以後各地の学校（大阪の泰西学館・高等英学校、熊本英学校、名古屋英和学校、東京の女子独立学校校長）を転々としながら、日本文化とキリスト教文化の関わり方を究明した。しかし、のちには教職から完全に退き、講演活動と執筆活動で生計を立てることになる。

勤勉と誠実の人・内村の執筆活動

働くこと、耐えることが美徳と考えていた内村が、次々と職場を変えたのは、勤勉と誠実を何よりも実行した彼にとって、行く先々で見る人々の堕落と腐敗に失望したからだといわれる（当時、人を騙すことなど役場でもごく当たり前だったという）。また、アメリカ留学中も、人種差別、拝金主義に幻滅したという。日本にいる外国人の堕落した生き方にも我慢ならず、彼らを英字新聞で批判した。学校および教員には大いに失望していたが、一方、教室で生徒に教えることは楽しかったようだ。

明治27年（33歳）“Japan and the Japanese”を民友社から刊行。同作品は明治41年、“Representative Men of the Japanese”（『代表的日本人』）に改題され、改めて警醒社より刊行されたが、これが結局内村の代表作となった。明治28年“How I Became a Christian”（『余は如何にして基督信徒となりし乎』）を警醒社より刊行、明治30年（一八九七）から『萬朝報（よろずちょうほう）』（日刊新聞）の英文コラムを担当し、伊藤博文や大隈重信を批判した。同年『後世への最大遺物』を便利堂から刊行。翌年には『東京独立雑誌』を創刊（72号）、明治33年には月刊誌『聖書之研究』を創刊（30年間三五七号）、同34年には雑誌『無教会』創刊（18号）、大正15年（一九二六）“The Japan Christian Intelligencer”（英文月刊誌）を創刊し（2巻12号）、多くの読者を魅了した。そのほかにも、聖書研究社などから著書を多数刊行し、キリスト教に関心のある商人や学生層、内村の生き方自体に興味がある人々が読者、あるいは講演会の聴衆となった。

内村鑑三宅跡（柳川町）

頼政神社境内にある内村鑑三記念碑（詩碑）

「無教会」（本人は××主義という言葉を嫌った）という生き方で、教会に頼らないキリスト教の伝道を模索した内村であった。彼はまた「自分は二つのJ（Two J's：Jesus Japan）を愛する」といい、日本人としてのキリスト教徒の在り方、可能性を追求した。多くの日本人キリスト教信者に対して「自分はいわゆるクリスチャンではない」と言い、敵対した。そしてまた、キリスト教徒であるがゆえに保守的日本人に嫌われ、さらには、日本人の魂、大和魂、彼にとっては、すなわち「武士道」を持ち続けるがゆえに、偏狭なクリスチャンだと見なされ、外国人宣教師らと常に対立した。

根は反骨の上州人

内村は英語を通し、キリスト教を知り、西洋文明を知った日本人のひとりである。日本人は優れた精神をもっており、その日本人が、西洋文明の精神的根幹、キリスト教的精神を迎え入れ、キリスト教を通じて日本が、東洋と西洋との架け橋となり、やがて世界はひとつになる、そういった世界における日本の使命を果たし、貢献すべきであると考えた。内村は日清戦争には賛成したが、その後、その実態を知ると、日露戦争の際には軍事行動に反対し、「絶対的非戦論者」となった。

なお、内村は浅田タケ（上州人）と離婚後、2人目の妻となる横浜加寿子（高崎藩士の娘）を迎えるが、死別し、3人目の妻・築山もと（詳細不明）とは再び離婚し、4人目の妻となるのが岡田静子（三河岡崎藩士の娘）であった。子供は2女（ひとりは夭折）と1男（内村祐之、のち東大医学部教授）の3人。昭和5年（一九三〇）3月28日、東京の自宅にて心臓衰弱により昏睡状態となり、早朝、家族に見守られ、静かにこの世を去った。享年69歳。

内村の高崎城下での生活は4年8ヶ月であった。昭和36年（一九六一）内村生誕百周年を記念して、少年時代の思い出の地（城址南側の高崎公園のさらに南にある頼政神社境内）に、全国の支援者から集まった寄付金により、記念碑が建てられた。現在は、しかしながら観光案内のパンフレットにも紹介されてないありさまで、碑は薄暗い境内にひっそり佇んでいる。どこか十字架をイメージさせる形で、碑文は英文(上部)と漢詩「上州人」(下部）で記され、それらは、おそらく内村の筆跡であろうと思われる。

I for Japan ;Japan for the World; The World for Christ ;And All for God;

私は日本のために、日本は世界のために、世界はキリストの為に、そして全てこの世の存在は神のためにある

上州無智亦無才　剛毅木訥易被欺　唯以正直接萬人
至誠依神期勝利

上州（人）無智また無才　剛毅朴訥欺かれ易し　唯正直を以て万人に接し　至誠神に依りて勝利を期す

上州人と記されているが、これは元々内村本人の生き様であっただろうし、じつは「日本人」と置き換えてもよいだろう。さらに、剛毅朴訥で正直者の「あらゆる世界の人間」でもよさそうである。

一匹狼、反骨の上州人、サムライ、そして在野のキリスト教伝道者であった内村鑑三。彼もまた、江戸時代の遺産を近代国家日本に継承し、発展させ、開花させ、人々を啓蒙した幕末維新の貴重な人材であった。明治国家は、政治的に、そして軍事的に、薩長出身の下級武士によって牽引され、突貫工事で築き上げた近代国家だが、思想や文学、学問、研究、教育面では、全国、殊（こと）に「賊軍」といわれた親藩譜代出身の下級武士、およびその子弟らの活躍によって支えられていたのである（福沢諭吉、新島襄、そして内村鑑三など）。

武士（もののふ）の拠点「城と城下町」の時代は終焉を迎え、上州高崎城もまた取り壊され、現在、三の丸堀と土塁以外はわずかに隅櫓と城門のみが残るだけとなった。全国の絢爛豪華な大城郭の遺構に比べれば、地味で取るに足らない質素な代物であるかもしれないが、そこには、アメリカ、ニューイングランド地方のピューリタン主義の影響を受けた日本人のクリスチャン内村鑑三が最後までこだわったサムライ精神が、いまだ生きながらえているように思えてならない。

関東の覇者小田原北条氏が築いた北武蔵屈指の要塞
昭和の文豪が故郷のサムライの足跡をたどる

私の郷里は備後の深安郡加茂町粟根だが、戦国時代の備後一帯の地は、西隣の安芸の国と共に、ひところ出雲の月山富田城主、尼子氏の経営に属してゐた。

井伏鱒二『武州鉢形城』

武州鉢形城付近を流れる荒川の河原は、そのあたりを玉淀という。勢いよく流れる荒川の作り出した独特の地形であり、絶景の景勝地として昭和10年（一九三五）に県指定の名勝となっている。「玉のように美しい水の淀み」から「玉淀」と呼ばれるようになった。寄居の場合、単に美しい自然の作り出した魅力だけでなく、その岩の上には、かつての北武蔵屈指の名城・鉢形城が聳えていることが、今でも多くの人々を魅了する要因のひとつになっているのだろう。

鉢形城は文明5年～8年（一四七三～七六）白井長尾氏5代景春が荒川と深沢川に挟まれた断崖絶壁上（比高30メートル）に城を築いたことに始まる。築城は長尾景春が叔父忠景の関東管領山内上杉氏家宰相続の不満から、主家に対して反乱を起こしたことが直接の動機であり（長尾景春の乱）、その後、城は太田道灌に攻められ落城し（一四七八）、景春は秩父に逃れ、結局、鉢形城は山内上杉家の持城となる。このころ城は山内上杉家の本拠地・上州平井城の南の守りとして機能した。やがて小田原北条氏の関東制覇に伴い、川越夜戦（一五四六）後、主家を失った山内上杉家重臣で天神山城主の藤田重利（のち康邦）は、北条氏康の4男氏邦を娘の大福御前の婿に迎え、天神山城主に招いた（康邦は美里村の用土城に隠居）。

地形を活かし城下を守る鉢形城の縄張り

安房守氏邦は永禄3年（一五六〇）鉢形の古城を大改

復元整備された土塁・空堀・木柵のある二の曲輪（二の丸）付近

修して天神山城より居城を移す。荒川を背にして小高い丘上に北から笹曲輪(石垣あり)、本曲輪(御殿下曲輪)、二の曲輪、三の曲輪（秩父曲輪）と連郭式に並び、逸見曲輪・諏訪曲輪が大手を守り、家臣団居住地を包む外曲輪が深沢川の外側に広く配され、それらはすべて土塁や空堀、一部水堀で仕切られた。この大改修によって従来外堀であった深沢川は内濠となり城内を蛇行した。外曲輪の外側には御弓小路・町田小路・白岩小路・殿原小路・連雀小路・鍛冶小路・鉄砲小路・新小路などの名

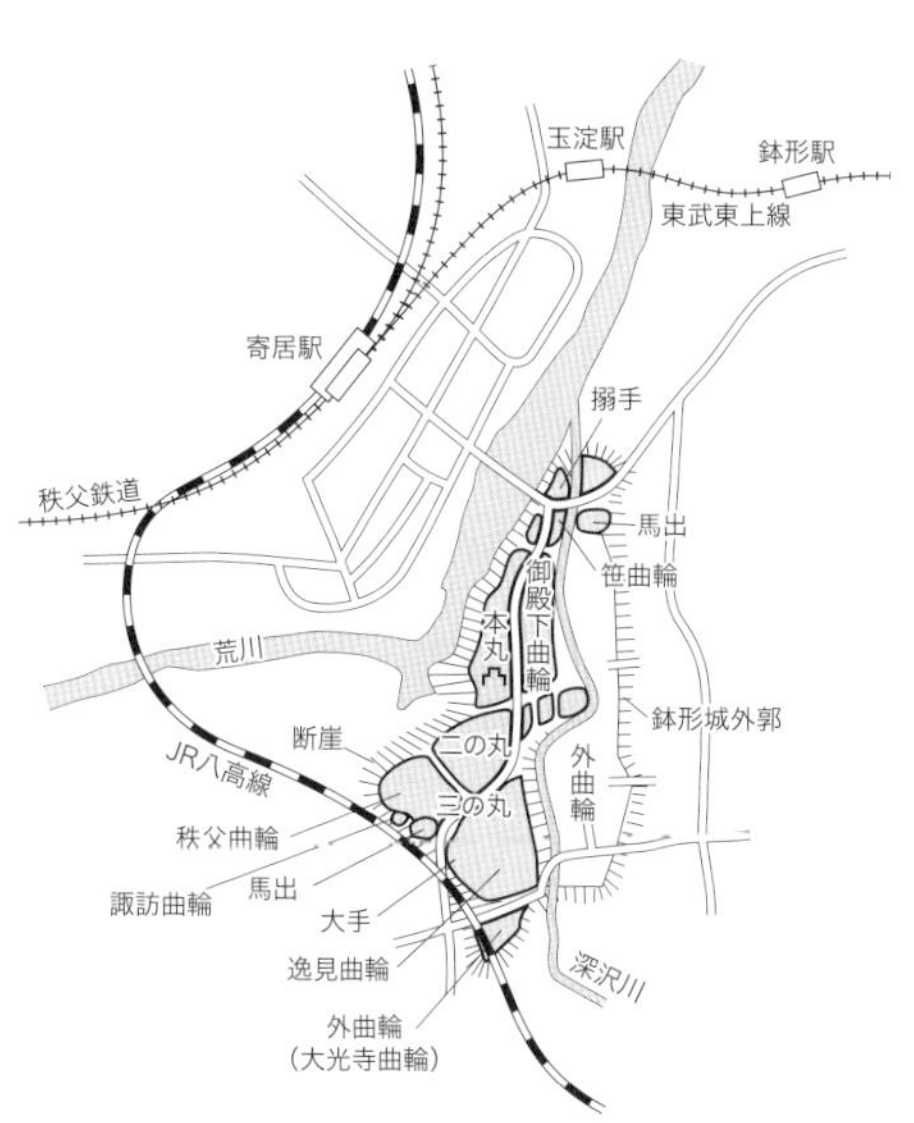

荒川を外堀に見立てた鉢形城（玉淀から眺める）

称のある城下町が形成され、さらにその外側（特に西側）を寺町として、城下町を守るため寺院を複数配置した。江戸時代中期以降の制作といわれる「鉢形城絵図」では、荒川を隔てた対岸の城下にも家臣団が居住していた様子が描かれている。

城下は現在の寄居町の中心部とは荒川を隔てて反対側の南側に広がっていた。本来、現在の寄居駅方面に城下町が広がった方が、発展性があった。しかし、あえて釜伏山（標高五八二㍍）あるいは東秩父村につながる方面を大手筋にし、現在の町の中心部は搦め手方面になるよう縄張りされている。はるか東方には鎌倉街道・赤浜の渡しがあった。

三の曲輪、二の曲輪、本曲輪が順に低くなるのは、秩父方面から見下ろされる本曲輪を隠す意図が窺われる。実は、鉢形城は荒川と断崖絶壁の連郭式曲輪を楯に、三方が山や丘陵（外秩父山地と上武山地）で囲まれている城下を形成した。この縄張りは驚くべきもので、城郭の主要部分は家臣や町人の居住地の楯となっているのだ。西向きに構えられた大手と東の搦手の位置関係は、現在城址を訪れるのに、町の中心方面から歩いて向かうとどこか拍子抜けするし、北意外な気がする。しかし、以下の事実を確認すれば、

三の曲輪（三の丸）表門（復元）

条支配の鉢形城の真の役割、その縄張りの意味を理解することができる。すなわち、永禄12年（一五六九）には鉢形城外曲輪において信玄率いる甲州軍と合戦し、このとき武田軍を駆逐している。なお、信玄はその後早々に城攻めを諦め、滝山城、小田原城攻めへと作戦変更した。武田方はこの鉢形城の攻防戦で実際には負け戦をしているにも関わらず、戦途中で見切りをつけ、兵を引いていることから、敗北したことにはならず、けっきょく後に信玄は戦に負けたことが無いという「不敗神話」が生まれる。実際は勝てる戦しかしないから負けなかっただけである。

話を鉢形城の縄張りに戻す。天正2年（一五七四）には上杉謙信が越後勢を率いて城下を火攻めしたという。鉢形城は何よりも西からの攻撃に十分対応できるよう縄張りされていた。大手西南・秩父の先の甲斐、そして大手北西の先にある上野国さらには越後が仮想敵国であったのだ。北条家の鉢形城は、基本的には信玄や謙信の攻撃に備えるため強化された北武蔵の軍事要塞だった。氏邦は鉢形城の守りを固めると、付近の諸城（本庄城・八幡山城・用土城・猪俣城・花園城・金尾城・天神山城・高松城・日尾城など）をその支城として強化し、城郭ネットワークを形成した。北条氏のお家芸による領国経営である。鉢形城の所領（78万石）は、秩父郡（秩父市・飯能市・ときがわ町・神川町・寄居町）だけでなく、最終的には上州の沼田・前橋・箕輪・安中方面まで広がっていたという。

小田原北条氏と運命をともに

秀吉の小田原攻め（一五九〇）では、城兵3～5千に対して前田利家・本多忠勝・上杉景勝・真田昌幸の連合軍が3万5千（あるいは5万）の軍勢をもって5月19日に攻撃開始を行い、本多忠勝軍が車山（標高一二六メートル、城の南西1キロ）から大砲（28人持ち「大筒」）を放ち、城に向かって砲撃し続けた。これによって城内の士気は次第に低下する。一方で、この砲撃落城説を疑問視する研究者もいる。しかし、実際、砲弾が城内に届かなかったとしても、その轟音は凄まじいもので、効果は十分あったと思う。当時、鉄砲が百メートル程度の飛距離だったといわれるが、大砲の飛距離は不明であり、まったく城内まで届かなかった可能性もある。たとえある程度の距離飛んだとしても、その場合、砲撃中は、城を囲む味方の陣地が危険に晒されることもあっただろう（井伏鱒二は『武州鉢形城』で天正期の大砲は1千2百メートルほどの射程力ではないかと指摘している）。結局、城は1ヶ月後（6

月14日）開城。鉢形城に籠城していた北条氏邦は、壮絶な玉砕戦を好まず、降参することを選択した。彼は城から出ると、城下の正龍寺に入り、出家入道、前田利家に従って加賀まで行き、7年の余命を保った末、金沢で死去した（50歳）。大福御前は落城後、一時弟の藤田信吉の元で暮らしたが、氏邦の死と前後して正龍寺で自刃している。氏邦夫妻の墓は現在も寺に残る。

私の母方は松田姓で加賀藩出身である。曾祖父・松田正義は栃木県で明治22年（一八八九）に近隣20ヶ村を合併し成立した那須郡金田村（現・大田原市）村長をしており、母・美代子も「士族」であった。氏邦が加賀に松田某を伴い赴いたとき、一方で、松田直秀（北条家筆頭家老憲秀の次男）も前田家臣となって子孫は幕末まで加賀藩士（4千石）として仕えた。母方の実家は加賀藩で高禄を食んでいたと聞いており、あるいは何か関係があるかもしれないと思っている。

家康が江戸城に入ると、成瀬正一と日下部定好が代官として入城するが、その後廃城となる。明治以降、城址一帯は田畑となった。昭和7年（一九三二）城跡の一部が国指定史跡となり、その後、従来城址にあった広大な林業試験場は移転し、現在、外郭を含めた広大な城址は「鉢形城公園」として復元整備が進んでいる。城門や石積み、井戸、池、掘立小屋、水堀、堀切、木橋、土塁、空堀、馬出しなどが徐々に復元され、外曲輪跡には平成17年に鉢形城歴史館がオープンした。

笹曲輪付近に残る石垣

故郷のサムライの魂を想う井伏鱒二

この鉢形城攻防戦を題材にして歴史小説を書いたのが、昭和の文豪井伏鱒二である。井伏は中学の頃より森鷗外を尊敬していたといい『武州鉢形城』（昭和38年）は鷗外の歴史小説の影響を受けて執筆したといってよいだろう。井伏の実家（広島県）は室町時代までさかのぼる旧家で、幼少時代には山城・備後神辺城が身近にあり、毛利・尼子・大内氏などの名だたる戦国武将にも馴れ親しんでいた。

井伏は明治31年（一八九八）広島県深安郡加茂村粟根（福山市加茂町粟根）の地主次男として生まれた。福山中学校（福山藩の藩校・誠之館の後身）を卒業し、作家になるため早稲田大学に入学。昭和4年（一九二九）「山椒魚」（原題「幽閉」）で文壇にデビューし、『ジョン萬次郎漂流記』で第6回直木賞を受賞した。戦時中は陸軍に報道班員として徴用され、東南アジアに派遣されるが、非協力的だということで司令官によく叱責されたという。

三の曲輪（三の丸）に復元された石積土塁

昭和41年『黒い雨』で野間文芸賞受賞、同年、文化勲章受章。直木賞や芥川賞の選考委員も務めた。弟子に太宰治、小沼丹、三浦哲郎などがいた。

『武州鉢形城』は埼玉県深谷市針ケ谷の弘光寺（鉢形城の北東7キロの実在する寺）の住職との往復書簡の形式で構成される。

物語は、主人公である「私」がかねてから住職に寺子屋机を作りたいから赤松の材木を送って欲しいと頼んでおいたが、その角材が庫裏改築の際、天井裏で見つかったので早速「私」のところに手紙とともに送られてきたというエピソードで始まる。そして「私」が製材屋に頼み、机を作らせたが、材木の中に矢尻や鉄砲玉が入っていたため、鋸の刃が折れてしまった。職人曰く立木のとき撃ち込んだ鉄だろうと。住職に寺に残る文政年間の記録を調べてもらうと、その角材は鉢形城の外曲輪にあった瀬下丹後（侍大将）の屋敷跡に生えていた松の木だったことがわかる。丹後は手兵一五〇騎を従え、搦め手橋（荒川に架かる正喜橋ではなく深沢川に架かる橋）と御殿下曲輪の守備に当たっていた。そして矢尻と鉄砲玉は猪俣能登守に名胡桃城を奪われた真田昌幸軍が弾き出した玉だろうと想像する。丹後の子孫はのちに鉢形に戻り、三家に分かれ外曲輪の東に居住した。「私」は住職

リアリティあふれる鉢形北条まつり

から送られてきた様々な史料を紐解く中で『猪俣伝記』（架空の写本史料）の猪俣衆分限録に目が留まる。何と猪俣の部下はほとんど皆他国からの寄せ集めであった。出羽、奥州、因幡、大隅、日向、壱岐、対馬などの出身者ばかりであったのだ。その中から備後、それも「私」の郷里から半キロほどの安那郡出身者を二人も見つける（後に備後出身者を10名確認）。そして二人の年齢からして毛利元就の軍勢にことごとく首を斬られた村から二人が脱出し、生きのびて鉢形城の侍大将・猪俣能登守の配下になったのではないかと「私」は推測する。

井伏はおそらく『鉢形北条家臣分限録』（江戸時代）によって武州鉢形の城に籠城した城兵に井伏自らの出身地・備後（広島県）から来た者がいることを知り、驚嘆し、それがこの小説を書く直接のきっかけとなったのだろう。

『武州鉢形城』は結局、猪俣衆のひとりで備後安那郡出身の足軽「百谷金太夫」と「北山民部」の行動や人柄を探ることにもっぱらの関心を寄せて成り立っている。架空の写本史料『猪俣伝記』『続軍記』を読み進める形で、金太夫は、武芸はだめだが、女色を好み、弁口に優れていたとして、密かに鉢形城を抜け出し、忍城水攻めをする石田三成に謁見し、再び鉢形城に戻るというドラマ仕立てになっている。どうやら金太夫を名胡桃城攻撃の真相を知る人物としても描いている。一方、民部は鉢形城の逃亡兵として描き、上杉方の藤田信吉（氏邦夫人の兄）の先鋒として再び戦いに参加する。二人が足軽の身分であること、他国からの流れ者であることは、この作品の重要な主題であり、井伏の文学的立場をよく表している。

つまり、小田原攻めで上方からやって来た秀吉軍が攻めた北武蔵の要塞・鉢形城に籠城した兵は、武州の住人ではなく、そのほとんどが全国からかき集められた犬侍たちであったという事実だ。当然のことながら、城主の北条氏邦（北条家3代氏康4男）もまた、養子で相模からこの地にやって来た他国者であり、そもそも小田原北条家の祖・伊勢宗瑞（北条早雲）も、相模でも伊豆でもない、伊勢出身である。実はそれが、前述した「城郭ネットワーク」によって関東を支配した「よそ者」北条家の本質でもあった。代々地元に根付いた名族出の戦国大名は堅牢な城郭など必要ないのである。

一方で、猪俣氏は源平合戦の頃からその名を知られた地元の出身の一族だが、鎌倉時代、武蔵武士の多くがそうであったように、土地を求めて散らばった。子孫は地頭代になるなどして、全国に土地を求めて散らばった。猪俣系の武士は実は備後出身が多かったようだ。そして、戦国末期に再び古里に戻り、北条家に仕えた者が多かったのだ。

井伏文学の真骨頂

落城後の城兵の落ちのび先を『鉢形落城哀史』（四方田美男著・埼玉民論社・一九五七）で調べ、その数（秩父地方に一七五人、入間地方に3人、児玉郡に8人、上州方面に19人、寄居村に土着したもの29人）をあげている。そして禄高の多い上級武士は「手づるを求めて別の城主に仕へた人たちだらう」と皮肉を交えて記し『武州鉢形城』を終えている。秩父には「鉢形落人」という言葉があり、のち明治時代に起きた「秩父事件」の中心人物・田代栄助も鉢形城落ち武者の子孫だという。秩父では田代姓のほか、新井・井上・大野・坂本などが鉢形落人にゆかりある姓である。

「私」（＝井伏鱒二）は小説の後半で実際に鉢形城に向かう。池袋から東上線で終点の寄居駅に着いた頃には夕暮れであった。それで「適当な宿に連れて行ってくれ」とタクシーの運転手に頼む。小説では「越後屋」という旅館に泊まり「文筆業」と宿帳に書いたら若い女中に「文楽座」と勘違いされ「今でも文楽に出ていらっしゃるのですか」と聞かれる。翌日タクシーの運転手に案内させ、城址や陣所跡を見て回るが、肝心の松の木の聳えていた場所が見つからなかった。「しかし、まあいいさ。自分は、来さえすれば気がすむからね」と「私」は言う。

先日、4度目の鉢形城見学に出かけた。寄居の町をぶらぶら歩き、城下で古い旅館を探してみると4軒ほど（山崎屋旅館、京亭、ひさご旅館、玉淀観光ホテル）それらしき旅館があった（1軒はすでに営業停止）。また駅の反対側にビジネスホテルが1軒あった。しかし、もちろん、どこも「越後屋」という名ではなかった。このうちのどこかに井伏は泊まり、名前を変えて作品にしたのだろうか。直接、旅館一軒々々に伺い、調べてみようかとも思ったが、まあいいか、それほどのことでもないだろうと、そのまま素通りした。

9 埼玉県

川越城と松平信綱

城下町の西に集中する巨大寺院群、知恵伊豆によって創られた町割りプラン、そして豪商を守る城づくり

江戸から武州入間郡の川越城下をめざすには、板橋宿を経て北西にのびてゆく　川越街道を十一里ゆけばよい。

中村彰彦『知恵伊豆に聞け』

いにしえの行政区画である武蔵国は、現在の埼玉県、東京都、そして神奈川県の一部の地域から成り立っていた。そして中世の時代より、それらの地には武士の館が多数築かれた。後に築かれる中世城郭を含めると、その数は、埼玉県が679城、東京都が115城、神奈川県（武蔵国）が54城であり、埼玉県が他を圧倒している。かつては北武蔵、すなわち現在の埼玉県が武蔵の中心であったのだ。南武蔵は湿地帯であり、荒川、旧利根川の氾濫に悩まされ、家康が関東に入国し埋め立てをする以前は、人々が居住するには不便な場所であった。その武蔵国の中心部のなかで、最も重要な城が川越城といってよい。その地勢を窺えば、現在も、外堀（新河岸川）が曲線を描き城下を囲んでいるが、そのはるか外側にも同様に半円状の入間川が流れ自然の要害をなし、元々門前町として栄えたこの地が、経済・交通上の要衝であったばかりでなく、北方からの攻撃に対して地理的に重要な軍事拠点であったことが窺える。

川越城は、康正元年（一四五五）扇谷上杉持朝（関東管領の家柄だったが自身は管領にならず実権を握っていた）が、古河公方（こがくぼう）・足利成氏（しげうじ）に対抗するため太田道真（どうしん）・道灌父子に命じて築かせた城であり、2年後、完成した。扇谷上杉氏家宰・道真はその間、家督を道灌（24歳）に譲っている。道灌の手柄として伝えられるものには、実は父道真の担った事柄が多く、おそらく川越城築城も道真の事績であり、そこに道灌の名が添えられる形となった。しかし、今では、川越城は道灌がつくった城だと言

市役所付近（西大手門跡）　本丸御殿入口

う人もいる。父は家督を譲った後も、息子道灌を支えていた。道灌は同時期、江戸城を築いており、品川館から江戸城に本拠を移しているが、本来、父が川越城を築き、息子が江戸城を築いたのだろう。

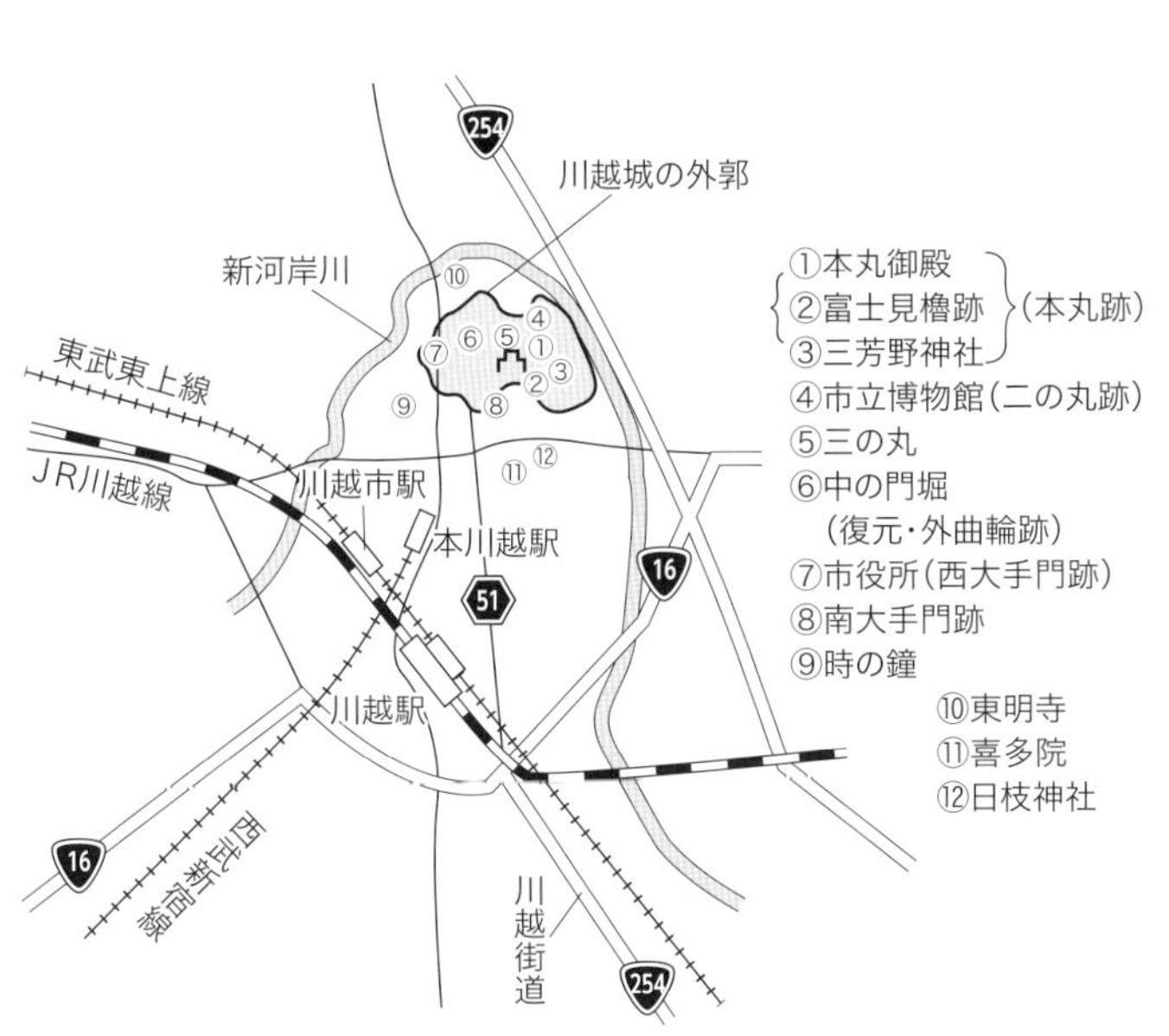

江戸北西の守りとして重要視された城

城は平野部の多いこの地方（関東）に発達した「掻き上げの城」であり、本郭のほかに八幡曲輪や天神曲輪があったと伝えられる。2重に堀がめぐらされ、土塁・土塀が構えられ、矢倉・城戸・井楼が設けられた。城には扇谷上杉氏が入城し、以後6代80年間扇谷上杉氏の本城となった。しかし、天文6年（一五三七）わずか13歳の朝定が家督を継ぐと、関東制覇を狙う小田原北条氏はすかさず川越城を攻撃し、城は北条氏の持城となる。一方、天文14年になると山内上杉憲政は川越城奪還を企て、武州松山城に退いていた扇谷上杉朝定と結び、古河公方・足利晴氏を誘い8万の兵力をもって城代北条綱成以下3千が守る川越城を攻撃した。小田原城主・北条氏康は援軍8千をひきつれて川越城に向かい、謀をもって上杉軍に対抗した。すなわち、川越城に籠る綱成にはあらかじめ連絡をとっておき、上杉方には城明け渡し、氏康助命嘆願の使者を出し、その夜上杉軍を奇襲した。いわゆる「川越夜戦」である。この合戦は厳島の戦い（一五五五）桶狭間の戦い（一五六〇）とともに江戸時代に「日本三大夜戦」と称された（正しくは「三大奇襲」であろう）。この合戦の主な舞台は城のすぐ近くの東明寺周辺であり、現在も境内にその碑が建つ。この戦で上杉朝定は討死、扇谷上杉氏は滅亡、上杉憲政は上州平井城へ逃れ、後に越後の長尾景虎（後の上杉謙信）を頼って落ちのび、公方晴氏も古河に退き以後、関八州（正しくは六州）は北条氏に制覇される。

秀吉の小田原攻めでは前田利家に攻められ開城。家康

中の門空掘（復元）

三芳野神社付近に残る土塁（石垣は後世のもの）

の関東入国にともない、譜代筆頭の酒井重忠（江戸城留守居役）が川越城（1万石）に入り、後に弟忠利（その子忠勝が10万石藩主のとき「時の鐘」を初めて鋳造）、堀田正盛（3万5千石）を経て、松平信綱が島原の乱を鎮圧した功により、寛永16年（一六三九）6万石で入封した。

「知恵伊豆」と呼ばれた松平伊豆守信綱は、城域を2倍に拡張し、近世城郭・川越城を完成させる。このとき天守の代用をなす白亜の富士見櫓（御三階櫓、あるいは二層櫓）を築いた（道灌築造との説もあり）。城は石垣を一切用いず、外曲輪・侍屋敷が新たに築かれた。信綱は新たに町割りを行い、城下町を整備し、また全長25キロにおよぶ「野火止用水」（「伊豆殿堀」）など大規模な治水工事を行い、田畑を開発（2千石増し）。もともと城下町を半円状に蛇行していた赤間川（入間川の分流）を新河岸川として整備、荒川に繋げ、江戸への舟運とした（江戸まで2～5日）。江戸への陸路として、川越街道の整備を行った。「川越祭り」（毎年10月、第3土日実施）を始めたのも信綱である。

その後、将軍綱吉の寵愛をうけ側用人から大名となった柳沢吉保が城主となり、秋元氏4代の後、松平（越前）家が15万石（のち17万石）で7代続き（この頃から「小江戸」と呼ばれる）、慶応2年（一八六六）松平直克のとき上野前橋城へ移り、幕末の英邁で知られる松平康英（8万4千石）が藩主のとき明治維新となった。大老・老中格の譜代・親藩大名がつねに川越城主となり、江戸城北西の守りとして、軍事・経済ともに重要視された城と城下町であった。城址は、わずかに本丸御殿の一部が残るのみであるが、近年、市役所付近の大手門跡には太田道灌像が建ち、平成22年（二〇一〇）には「中の門空堀」が復元された。二の丸跡に川越市立博物館があるが、そこに城と城下町の精密な復元模型が展示されている。城の中心部分は県立川越高校となっているが、その南側小高い丘に富士見櫓台跡が残っている。かつて御岳神社があったが現在神社は下方に移され、櫓の復元準備が進められているとのことだ。本丸東側に三芳野神社および初雁公園があり、その付近で土塁が確認できる。

喜多院は隠し砦

喜多院は川越城の出城（あるいは隠し砦）といわれ、境内には今も土塁と広大な空堀が残っている。喜多院創建は平安時代にさかのぼり、本来、北院・中院・南院があった。慶長16年（一六一一）家康が川越に鷹狩で訪れたとき、天海の進言により寺領4万8千坪、5百石を賜ったという。喜多院境内にあった日枝神社（国重要文化財）を太田道灌が分祀し、江戸麹町の日枝神社となった。また、家光の命で喜多院に江戸城西丸紅葉山の別殿を移築し、現在の客殿・書院・庫裏となった（春日局ゆかりの建物で、多くが国重要文化財）。また、喜多院の五百羅漢（正しくは538体）の石像は、鎌倉の建長寺、大分県の羅漢寺と並んで日本三大五百羅漢である。

多種多様な攻撃を想定した城の縄張りと寺院群

ところで、江戸期の川越城縄張り図を見て驚くのは、西側に並ぶ寺院群の規模が城郭を凌ぐということだ。道灌時代にはすでに東明寺（北西）や喜多院（南）が存在していたが、北条時代に建立された十念寺、法善寺、養寿院、長喜院、広済寺、蓮馨寺、妙養寺の7寺すべては城の西側である。北条時代の仮想敵国は甲斐の武田と上野国から攻めてくる越後勢であっただろうが、江戸城の本当の仮想敵国は、東北ではなく西の豊臣系大名であった。川越城も江戸城を守る北武蔵要の城であったことから、当然大手筋は西であり、寺も西側に集中させ、おそらく巨大化させた。もちろん上州方面から江戸への進軍を阻止するための城でもあった。また、西向きの方が川越藩領全体を統治する上でバランスも良かった。しかし、もうひとつ注目すべきは、西側寺院が東向きなのだが、喜多院・東照宮・中院もすべて東を向いていることだ。さらには本丸御殿さえ、大手は西向きなのに東向きである。おそらく本丸御殿を始め、喜多院など、太田父子が築城した頃の仮想敵国は東北方面の古河公方（足利

野火止用水（今でも水がよく流れている）

成氏(しげうじ))であり、この本丸御殿や喜多院の向きこそ、本来川越城が東向きの城であったことの証といえる。上杉氏時代も大手筋は西向きであった可能性もある。もし、仮に上杉氏の支配時代に、大手が東ではなかったとしたら、川越城は、仮想敵国を一方に限定せず、東西両面からの攻撃を想定している城であったことになる。本来、城というのは正面に大手があり、なおかつ四方八方からの攻撃に対応できる縄張りを目指すのが基本である。

なお、江戸末期より城下には耐火建築として土蔵造り商家が建ち並んだが、今日川越市街に残る二階建蔵造りの家々のほとんどは、明治26年(一八九三)の川越大火後に建てられたものだ。しかし、それでも、失われた小江戸の町並を十分堪能することができる。江戸時代、川越は豪商の町となり、あの土蔵造り商家の数々は、侍屋敷を凌ぐ彼ら町人の富の象徴となった。

殉死せず幕府を守った信綱

中世の城を近世城郭として拡大整備した功労者・松平信綱は、慶長元年(一五九六)武蔵国伊奈陣屋(埼玉県伊奈町小室字丸山)にて代官・大河内久綱の子として生まれた。母および祖母はともに武蔵武士(鴻巣七騎の深井氏、岩槻衆で戸塚城主の小宮山氏)の娘であり、信綱には北武蔵の血が色濃く流れている。6歳のとき叔父・松平正綱(正綱も大河内家から長沢松平家への養子)の養子となり、慶長9年(一六〇四)家光の小姓となった。28歳で従五位下伊豆守となった後、寛永4年(一六二七)1万石大名となるが、立藩ではない。寛永10年老中となり、忍(おし)城主(3万石)となり初めて藩主となる。島原の乱鎮圧のため老中として千四百の軍勢を引き連れ九州に出陣。指揮官・板倉重昌の戦死後、幕府軍総大将として一揆軍を鎮圧し、その功により川越城主となる。夫人は井上正就(まさなり)(浜松藩主・老中)の娘で夫妻間に5男4女が生まれている。家光(48歳)が没すると老中堀田正盛(佐倉城主)や阿部重次(岩槻城主)のように殉死せず、その後も、酒井忠勝(のち大老)とともに老中として幕府を支えた。島原の乱のほか、由井正雪の乱、明暦の大火など、老中首座在職中の事件であった。寛文2年(一六六二)老中在職のまま没(享年67歳)。墓所は埼玉県新座市野火止の平林寺にある。墓石には「河越侍従松平伊豆守源信綱」とあり、戒名「松林院殿乾徳全梁大居士」の文字が刻まれている。

「知恵伊豆」と呼ばれた信綱の知恵が実際いかなるものであったのか、そのいくつかを紹介する。例えば、裁きに関して、15歳になる娘と30歳になる相手との縁談をしぶしぶ進めた後家の母が、先方が実は35歳だと知って激怒、評定所に訴えた。倍の年までなら娘を嫁がせるが35歳では話が違うと訴えたのだ。すると、信綱は「倍ならよいのだな」と証文を書かせ「それでは5年待って嫁がせよ」と裁断を下したという。島原の乱では平戸に停泊していたオランダ船に砲撃を依頼し、籠城するキリシタンらを落胆させた（一揆衆は同じキリスト教徒であるオランダ人は味方と認識していたから）。落城後、斬首した首の数を数えるのに口元へ藁を1本ずつ入れさせ正確な数字（3万7千）を割り出したという。

なお、治水土木工事が得意であったと評される信綱だが、それは、大河内久綱（信綱の父）がかつて関東郡代（代官頭）伊奈忠次のもとで代官を務めていた縁で、伊奈流土木技術を習得した技術者を多数その家臣団に編入したことに起因する。さらにその後、川越藩士で土木工事のエキスパート安松金右衛門（のちに「野火止用水」も開削）が、川越屈指の豪商・榎本弥左衛門の協力を得て「玉川上水」の通水にも成功したのだ。

新解釈、知恵伊豆によって生み出された独特の町割り

合理主義で計算上手、土木を得意とした信綱が、それ

松平信綱の墓（平林寺）

では一体どのような知恵をもって川越城を大修築したのか、縄張図を改めてよく見ると興味深い事が分かる。例えば、町屋（特に十カ町四門前といわれた3百軒以上の住居区域）の位置である。川越では町屋が城下町の中心に位置し、周囲を、寺町と城郭、侍屋敷で守っている。上級武士（10～30家）は城内（外曲輪）に屋敷を構え、大手門前はすぐに町屋が並んだ。この町割りは全国の城下町とその趣を大きく異にする。大手にすぐ町屋を並べた意図は何であったか。つまり、本来、西側の外曲輪は一般の城下町の上級武家屋敷地区で良かった。それを大手門の内側にして、そのすぐ外側、つまり大手周辺を町屋にした。一般的には、大手は城代家老や重臣の屋敷が並ぶ。戦乱の時代は終わり、経済や商業の時代となり、江戸防衛の使命とは、江戸の人々に食料や衣類その他の品々を供給する役割であった。その担い手は商人であり、彼らが誇りを持ち気持ちよく働ける環境を整えたのだ。川越は商人を守るための城下町となったのだ。因みに川越から江戸に流通したのは米穀・醤油・素麺・各種野菜・各種淡水魚・障子・炭・石炭・絹平・真綿など。職人町は町屋のはずれに位置したが、やはり、その外側を寺や侍屋敷で守っていた。鍛冶町では武具・鋏・鎌などが製作され、鋳物師は鉄砲や弾薬製造に携わり、織物（川越絹）は下級武士家庭の内職でもあったが、やがて川越藩最大の特産物となる。中級武士（代官クラス）は大手門（西大手）から東明寺にかけての一帯に約50家、さらに南大手門周辺に約30家居住した。これは川越城の縄張りが東西に細長いため、その上下の守りをしっかり固める配慮でもある。次のランクの武士（80家前後）が蓮馨寺周辺に居住し、町屋南側を守った。徒侍や足軽（二五〇家前後）はさらに南の西雲寺や八幡宮周辺（かつての一・二・三番町）に居住した。下級武士の住居は城下町の最南端に位置し、江戸に通じる川越街道の入口を守った。彼らの内職がやがて、現在の、あの人で賑わう商店街（クレアモール）となったのではないか。さらに、なぜ、外曲輪南門を「南大手」と名付けたか。それは、武士のプライドを保たせるためであろう。南大手門なるものを作り、その大手前を中流の侍屋敷とした。これによって、外曲輪に構えられた本来の大手「西大手」と、この「南大手」のダブル大手によって、商人と武士を共に満足させる「知恵伊豆」ならではの町割りを完成させたのではないか。

埼玉県出身の偉人というと、明治時代を代表する実業家・渋沢栄一であり、次は、盲目の学者塙保己一であろうが、川越城主松平信綱も、このふたりに加えて、埼玉を代表する英傑のひとりとして、大方異論ないだろう。

空前絶後の大城郭の出現と、その幕引きを成し遂げた男は飄々とした語学の達人であった

江戸の明け渡しの時は、スッカリ準備がしてあつたのサ。イヤだと言やあ、仕方はない。あつちが無辜の民を殺す前に、コチラから焼打のつもりサ。爆裂弾でも大層なものだつたよ。『海舟語録』

徳川将軍家3代によって築かれた日本城郭史上、最大の近世城郭・江戸城は、戊辰戦争において東征する西郷隆盛率いる官軍を迎え撃つにあたり、当時江戸幕府における軍事の実質的な最高責任者・勝海舟の英断により、無血開城という離れ業が成し遂げられた。では、その海舟というのは一体いかなる人物であったのか。彼の語録に触れてみると、それは、いかにも気さくで、義理堅く、ときに飄々として、あるいは短気で口悪く、金銭に執着しない江戸っ子気質まるだしの男であった。日本は、殺伐たる幕末の幕引きに、このような颯爽たる男の出現を、どこかで追い求めていたことを感じざるを得ない。

江戸城と太田道灌

江戸城の歴史をひも解くと、それは12世紀、現在の本丸周辺に坂東八平氏の流れを汲む秩父氏の一族・秩父重継が江戸氏を称して、武士の館を築いたことに始まる。重継の子・重長は源頼朝に「坂東八カ国の大福長者」と呼ばれるほど、江戸湊は繁栄していた。しかし、江戸忠重は延文3年（一三五八）武蔵国矢口の渡し（多摩川の渡し船）にて新田義興を謀殺したことにより人望を失い、江戸氏は衰退する。後に世田谷の吉良家に仕え、ついで徳川家旗本となり、2万石の譜代大名（喜多見藩）になるが、刃傷事件を起こし藩主は切腹、領地没収となってしまう。大名となったとき、姓を喜多見（北見）としたが、それは室町時代に江戸宗家が江戸氏館を廃し、武蔵

本丸高石垣（北側）と水濠（東京のど真中でこの景観が楽しめるのは、ある意味奇跡である）

国多摩郡木田見（東京都世田谷区喜多見）に移ったことによる。

15世紀、江戸城を本格的な中世城郭として整備したのは名将太田道灌である。道灌は扇谷上杉氏の家宰であり、品川湊の傭兵隊長であった。道灌は金銭契約の雇い部隊を指揮したことで知られ、足軽軍法を得意とした。康正2年（一四五六）に築城を開始し、翌年、江戸城を完成

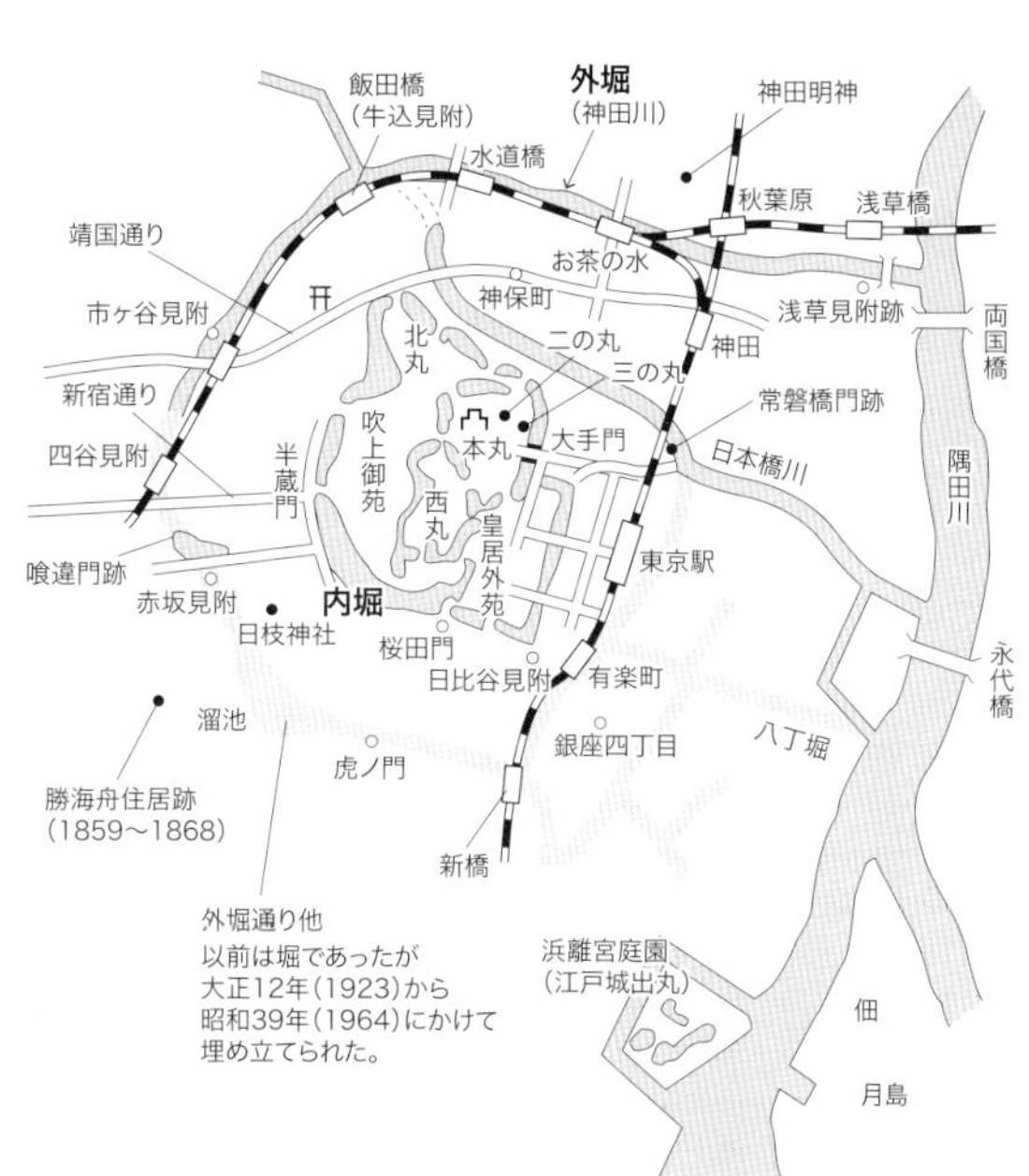

枡形（ますがた）を高麗門（こうらい）（手前）と櫓門（右奥）で守備する大手門

させた。このときの規模は現在の本丸周辺、及び北の丸の出城に限定され、当時の縄張り（子城・中城・外城の3曲輪）の範囲は、現在と比べるとかなり小規模だった。道灌の築いた三層の静勝軒と現在の富士見櫓の位置は同じという。また、現在の西の丸付近は当時、風光明媚な緑地であった。

　扇谷上杉氏防衛線の最南端に位置する江戸城は、川越城、岩槻城、五十子（いかっこ）陣城（埼玉県本庄市）とともに、古河公方・足利成氏に対抗する城郭ネットワークの要であった。また、江戸から舟で伊勢を経て京へつながったことから、道灌は京での知名度が高く、文化人との交流もあった。湊町江戸は傭兵市場を有し、武器や兵士が西南日本各地へ運ばれ、道灌は経済的に潤った。やがて、扇谷上杉定正は道灌の名声を妬み、あるいは側近に謀反の恐れがあると讒言され、道灌を相模国・糟屋館（神奈川県伊勢原市）に招き、風呂場で殺害する（55歳）。この事件は、定正が山内上杉顕定との協調路線を模索した結果によるものとも解釈できる。

　上杉氏の家督を継いだ養子の朝興(はそのまま江戸城に在城した。大永4年（一五二四）上杉朝興の家臣で道灌の孫・太田資高（江戸城代）は小田原の北条氏綱に内応し、城は北条方に攻められ落城（朝興は江戸城を捨て川越城に逃亡）。氏綱は富永政辰（本丸）、遠山直景（二の丸）、資高（三の丸・香月亭とも）をそれぞれの曲輪に配し、影響力を分散させ江戸城を守らせた。遠山氏とは美濃明智遠山氏の後裔であり、後の江戸町奉行遠山金四郎景元も明智遠山氏の流れである。太田資高（江戸太田氏）は後に北条氏に背き、江戸城を去る。なお、初代岩槻城主は道灌の養子資家（岩槻太田氏）から始まり、名将太田三楽斎（道灌の曽孫）のとき小田原北条氏を大いに翻弄した。小田原の役（一五九〇）においては江戸城守将・川村秀重（城代遠山景政の弟）は家臣の謀反により降伏、城を家康に明け渡した。

家康の築城哲学、三つの天守

小田原の役後、家康(50歳)は豊臣政権下の一大名(二四〇万石)として江戸入りする。じつは、家康はその後26年間、江戸にいたのはわずか5年で、そのほとんどを伏見城や駿府城(晩年の10年間)で過ごしている。家康が入城したときの江戸城は、時代遅れの粗末な城で、瓦葺き、柿葺き、高石垣も天守もない、土の城であった。関東六カ国の大守にふさわしい城を、と重臣らが進言しても、家康は西の丸を築く以外、天守さえ築かなかった。家康が専ら取り組んだのは城下町の整備と治水工事であった。舟入りである道三堀を整備し、小名木川を掘って塩の産地行徳と江戸を結ぶ運河を開削、飲料水確保のため上水道(神田上水)を整備、勾配を利用した下水道の整備を行った。しかし、関ヶ原の戦い後、征夷大将軍となると(一六〇三)家康は天下普請による本格的な巨大城郭築造に着手、西国大名28家に巨石を集めさせ、石垣工事を開始する。その後初めて白亜五層連立天守が築かれ、最上層に金鯱が輝いた(天守完成は慶長12年)。当時の天守の位置は現在残る天守台の位置とは異なり、城の縄張りは外様大名の藤堂高虎が担当した。家康は慶長10年、大御所となり駿府城へ移る。

築城は神田山を切り崩し、前島(現在の東京駅周辺)の湿地帯を埋め、日比谷入江を埋め立てるなど、大規模な埋め立てを行ったが、最終的な総構えが完成するのは3代家光のとき(一六三六)で、家康入城以来46年後のことである。その間、五層天守は3度築かれ(白亜・白亜・銅板腰壁)、3度目の天守が明暦の大火(一六五七)で焼失すると、以後は三層の富士見櫓が天守の代用となった。城下には旗本・御家人の屋敷は勿論のこと、徳川御三家、親藩・譜代大名、外様大名の江戸屋敷が一般の城下の侍屋敷のごとく並び、空前絶後の大城郭を形成した。

西郷の江戸城総攻撃にひとり立ち向かう海舟の作戦計画

明治元年(一八六八)鳥羽伏見の戦いで旧幕府軍が敗北し、官軍が江戸城総攻撃に向かうと、江戸では幕閣最高幹部の陸軍総裁(のち陸軍取扱)勝海舟を盾にした。そしてほとんど海舟たった一人の判断と行動によって江戸の町は救われた。そして城は東京遷都により東京城、宮城(一八八八)、皇居(一九四八)となり、現在は、本丸、二の丸、三の丸は東御苑、北の丸は北の丸公園、西の丸下は皇居外苑となり一般公開され、西の丸には宮内庁と宮殿、吹上御苑に御所、宮中三殿がある。

無血開城によって江戸市民一五〇万人の生命と財産を守った海舟は、文政6年（一八二三）、江戸本所亀沢町の男谷平蔵（海舟の祖父が勝家の株を買い取り、小吉をその養子とした）宅にて、旗本（無役・小普請組40俵）勝小吉の長男として生まれた（通称・麟太郎、諱・義邦。維新後、勝安芳と称し、後に戸籍名を勝安芳とした）。海舟の曽祖父は越後長鳥村出身（小千谷で按摩を学ぶ）の商才に長けた盲人で、後に御家人（後に旗本）男谷家（1千石）の株を買い取り、息子の平蔵を当主とした。平蔵は3男の小吉を7歳のとき勝家の養子とする。実状は、勝家の娘を男谷家で引き取り育て、結婚させ、同居させたのだ。

海舟は16歳で家督相続し、以後、剣術と禅を究め、蘭学は、江戸城中でオランダから献納された大砲を見て、その砲身の横文字をどうしても読みたくて始めたという。23歳で結婚（子は2男2女。ほかに庶子が5人）するが、この頃、時価60両の日蘭辞書58巻を蘭医者に1年10両払いで借り、58巻2組を筆写し、1組売って返済したという。嘉永3年（一八五〇）赤坂田町に蘭学塾を開き、西洋兵学（大砲・小銃製造法・軍艦製造法・航海術・海戦戦術など）の教授を行う。その頃すでに海舟の名は皆の知るところとなり、藩士をよこし鉄砲製造を依頼する大名も出てきた。嘉永5年、海舟の妹・順子（17歳）が佐久間象山（42歳）に嫁ぐが、「海舟」の号は象山の書いた額「海舟書屋」に由来するもの。

嘉永6年、ペリーが来航し、翌安政元年（一八五四）、日米和親条約が締結される。老中阿部正弘は広く天下（諸大名や幕臣）に意見を求めたが、海舟もこのとき意見書

富士見三重櫓（全国の城の御三階櫓のルーツ）

を出し、それが高く評価された。大半の意見書は攘夷、あるいは攘夷をする力をつけるために改革するというものだったが、海舟は、積極的に貿易を行いその利益で海防に力を入れるべきと主張した。安政2年正月、勝は下田取締掛手付として登用され、7月、長崎海軍伝習所に入る。安政6年、江戸に戻り、築地の軍艦操練所の教授方頭取となる（長崎伝習所は井伊直弼大老の命により閉鎖）。万延元年（一八六〇）、咸臨丸で渡米し、帰国すると井伊大老は殺害されていた。同年、天守番頭格となり、軍艦操練所頭取（復帰）、そして、軍艦奉行竝となった。

2020年9月から本丸休憩所増築棟にて公開された
寛永期銅板腰壁天守（復元模型）

勝は国防のために海軍を起こすことを構想し、文久3年（一八六三）神戸海軍操練所建設の許可を将軍家茂より受けるが、これは幕府だけでなく、薩摩藩や土佐藩など諸藩の持っている船も人材もここに集めて日本の軍備体制を一新しようとするものだった。元治元年（一八六四）5月、軍艦奉行（2千石）となり安房守となるが、11月罷免され閉居。神戸海軍操練所も閉鎖となり、勝の描いた日本海軍構想や政治構想（幕府と諸藩による新しい統一国家）は弟子の坂本龍馬（勝の私塾の塾頭、後に海援隊創設）や西郷隆盛（勝に「幕府はもう駄目だ」と教えられ、倒幕を目指すようになったという）へと継承されていった。

慶応2年（一八六六）5月、勝は突然江戸城中に呼び出され、軍艦奉行に再任される。任されたのは長州征伐を拒否した薩摩藩への対応であった。出兵拒否の届書を勝が預かり、幕府はその届書を正式に受け付けなかったということで事態を収拾する。そして一橋慶喜の頼みで第2次長州征伐の停戦交渉のため単身、宮島へ談判に臨む。長州にしても幕軍に勝ったものの攻めて出てゆくほど力はなく、自領に攻め込まれた場合と違い、大坂や江戸に攻め込む大義名分も無かった。講和を受け入れても悪くは無い状況を勝は見抜き、さらにこのとき雄藩合議体制（大政奉還）を約束した可能性もあった。ところが、交渉を進める中、慶喜が朝廷から休戦命令の勅書を引き出したことから、勝は面目を潰され、命がけの努力は水泡に帰す。

慶応3年、15代将軍慶喜は大政奉還を行ない、明治元年、鳥羽伏見の戦いで幕軍は敗北、西郷率いる官軍が江戸を目指して進軍を開始すると、勝は幕府に再び呼び出され、海軍奉行並さらに、陸軍総裁（その後陸軍取扱に異動）となる。内にも外にも絶えず刺客に狙われるなか、勝は徹底恭順を主張し、薩長の「私」を浮き彫りにしようとする。勝は山岡鉄舟を官軍の駐留する駿府に向かわせ、西郷と会見させて交渉内容の大枠を予め伝えさせた。そして東征軍が神奈川を越した頃、勝は緊張が頂点に達するギリギリまで待ち、一気に決着をつける心積もりだった。官軍が嘆願を受け入れず、江戸城総攻撃をあくまでも主張する場合は、江戸市街を焼き、焦土戦を展開するつもりであった。勝は江戸の任侠の親方や火消しの頭を一軒一軒訪ね「貴様らに頼みたいことがある、貴様らは金やお上の威光で動く者ではないから、この海舟がわざわざやってきた」と言い、彼らを説得し、房総には船を揃え、難民を救う手立ても講じていた。膨大な費用を投じ、これだけの準備を整え、西郷と品川の薩摩屋敷で会談し、江戸城総攻撃中止を約束させた。「いろいろ難しい議論もありましょうが、私（＝西郷）が一身にかけて御引受けします」と西郷をして言わしめた。明治元年4月11日、江戸城無血開城（海舟46歳）。

勝海舟住居跡（赤坂）ここで龍馬と面会した

いかなる危機的状況下でも　その場の空気を一気に変える海舟

城の明け渡し後、旗本・御家人ら百人ほどが城に入ってきて勝に向かって切腹すると言うと「それは善かろう。5百人のなかで百人ほど死んでも構わない。早速やるがよい。俺も検分する」と言い、翌日幹部を呼び「昨日ああ言ったが、新政府のやり方を見ていると、どうするかも知れぬ。徳川を静岡に追いやり潰すかも知れぬ。いっそ久能山をあいつ等に任せ、時勢を見たらどうだ」と助言し、結局、のちに彼ら徳川武士は静岡で茶を広めることになる。

剣術の免許皆伝の腕前をもつ勝は終始丸腰で、刺客にも丸腰で対応したという。執権北条家支配による鎌倉幕府と小田原北条氏の関東支配を手本と考えていた勝。小さいこと、細かいこと、裏の世界（無頼漢・茶屋）によく目が行き届き、同時に大局的な見地に立って物事を見られる人物であったようだ。大奥の女性の扱いも上手かった。小さい頃は貧しく、苦労しているが、最後は徳川幕府の軍事トップとなり、龍馬や西郷など諸藩の英傑を指導し、幕末、日本が進むべき道を誤らないように導いた。勝は「城」から「軍艦」（動く城）に時代が変わるとき、その中心にいた草分けであった。二五〇年続いた江戸幕府はその役割を全うした。我が国最大の軍事要塞・江戸城は、勝によってピリオドを打たれた。勝は崩壊寸前の幕末の重圧の中で生きた幕臣の中で、あまりに飄々としていた。慶喜が天璋院を薩摩に戻そうとしたとき、天璋院がお付の6人と共に自害するといって聞かなかった。そこで勝が「それでは俺が行こう」と言い「それはアンタ、天璋院が御自害なされば、私だって済みませんから、その傍らで腹を切ります。すると、お気の毒ですが、心中とか何とか言われますよ」と大声で言い、天璋院らを笑わせ、事を収めたというのだ。

軽く、少し下品で、しかし頭脳明晰、恐れるものを知らなかった男。常に丸腰で刺客に接し、主戦派を抑え、いくつもの修羅場をのりこえた。将軍や幕閣が恐れおののいた英米人をはじめとする外国人に対して、得意な語学力を活かし、平気で物申し、それがまた彼の大きな自信となっていた。明治20年（一八八七）伯爵となり（65歳）、その5年後、長男小鹿（ころく）（40歳）が死去、小鹿の一子・伊代子に徳川慶喜の10男精（くわし）を婿養子として迎えている。明治32年1月、東京にて死去、享年77歳。

田町薩摩藩邸跡

家康絶賛、天下の名城の本質は成田街道おさえの城
そして、城下に眠る義民伝説の光と影

この日、12歳の徳川4代将軍家綱は、後見職の保科肥後守正之を側近に従え、前駆後衛の行列もおごそかに下馬先きへ到着し、三枚橋に差しかかった。その時である。惣五郎は脱兎の如く走り寄って、訴状を将軍家の近くに差し出した。

『実説・佐倉宗吾伝』

千葉県（安房・上総・下総）に残る最も大規模な城は佐倉城である。城は平山城（丘城）といわれるが、実は城郭中心部分だけでなく、城下町全体、あるいは総構え全体が丘陵台地上に築かれているきわめて珍しい近世城郭である。現在も城下町を歩くと、その高低差に驚かされる。たとえて言うならば、障子堀の畝上に沿って街道が開け、町屋が並び、侍屋敷が築かれた城下町といってよい。城郭中心部だけでなく、町全体が要害の地であるのだ。また、城下にはちょうど東西に成田街道が走っており、この城が街道おさえの城であったこともわかる。成田街道は実は、本来江戸城と佐倉城を結ぶ街道として整備されたもので正式名称は佐倉街道であった。千住から水戸街道新宿(にいじゅく)（葛飾区）、市川、八幡、船橋、大和田（八千代市）、臼井、佐倉城下を経て、酒々井(しすい)、寺台（成田市）と宿場町が繋がり、成田山まで続いた。なお、千葉氏（桓武平氏の流れを汲む下総の名族）が整備した本佐倉城(もとさくら)（酒々井町）と亥鼻城(いのはな)（千葉市）を結ぶ道を、のちに佐倉藩が佐倉城と寒川湊（千葉港）を結ぶ道路として、佐倉道（あるいは佐倉街道）と呼んだ。江戸時代、軍事的な意味合いは薄れ、成田詣が盛んとなるとともに成田（街）道と呼ばれるようになる。三河一向一揆で宗教の脅威を肌で知っている家康にとって、あるいは、佐倉は成田山おさえの城下町であった可能性もある。

本丸（左）二の丸（中央）三の丸（右）遠望

武家屋敷（武居家）

上野
296
鹿島川
国立歴史民俗博物館
京成佐倉駅
京成成田線
宗吾参道駅→
出丸
馬出し空堀
市役所
市観光協会
県立佐倉高校（藩校跡）
天守台
一の門跡
甚大寺（堀田家墓所）
本丸
姥が池
松林寺（城郭構えの寺）
出丸
二の門跡
大手門跡
三の門跡
麻賀多神社
成田山新勝寺→
高崎川
城南堤
武家屋敷
佐倉順天堂記念館（旧佐倉順天堂）
成田街道（佐倉街道）
※この街道沿いに町屋が並んだ。
JR総武本線
佐倉駅

徳川家康は関東入国後、5男信吉（4万石）、そして6男忠輝（5万石）を下総の本佐倉城に入城させた。その後、小笠原吉次を経て、慶長15年（一六一〇）土井利勝が3万石で佐倉に入封、このとき家康の命により、かつて千葉氏一族の築いた鹿島台の城跡（本来、大手は北向き）を大修築し、本城とした。佐倉城は相模の小田原城（西方）、下野の宇都宮城（北方）と共に、江戸城防衛、要の三城といわれる堅固で巨大な城郭となった。

その後、石川忠総（大久保忠隣の次男）を経て、寛永19年（一六四二）老中堀田正盛（義理の祖母春日局のはからいで家光小姓となり出世）が11万石で入城。正盛は家光の死にともない殉死すると、2代目で子の上野介正信（11万石）は、江戸城で保科正之（家光の異母弟）や阿部忠秋（老中）に松平信綱（知恵伊豆）のふるまいを糾弾し、旗本・御家人救済のため佐倉の所領を返上するという前代未聞の意見書を提出、無断で佐倉に帰城し、狂人扱いされ、やがて改易。この頃の佐倉藩の混乱、堀田家の凋落は数々の臆測を呼び「義民・佐倉宗吾伝説」が生まれる背景となった。

堀田正信はその後、信濃飯田藩、若狭小浜藩などを経て、徳島藩蜂須賀家お預けとなり「乱心」と記録されたまま、延宝8年（一六八〇）4代将軍家綱の死に際し鋏（はさみ）で自害（50歳）。正信の弟・堀田正俊は、春日局の養子となり、徳川家綱に小姓として仕え、5代将軍綱吉擁立に尽力し大老となった人物である。その孫・堀田正亮（まさすけ）（老中）が佐倉城主に復活し、6代（11万石）続いて明治維新を迎えた。

佐倉城大手門跡碑

近世城郭佐倉城の構造

城の縄張りは、本丸・二の丸・三の丸・出丸（あるいは外枡形）2か所を中核として、重臣屋敷のあった椎木（しいのき）曲輪（および惣曲輪：惣曲輪は大手門内の侍屋敷を含めた総称)、帯曲輪にあたる根曲輪・五軒(ごけ)曲輪、三の丸から大手門に至る範囲に天神曲輪・広小路・下町があった(このあたりが上級武士の屋敷)。西外側・南外側には印旛沼につながる鹿島川・高崎川が大きく蛇行して流れ、水堀がそれぞれ一ノ堀から五ノ堀・三十間堀・蓮沼・鷹匠堀・三味線堀という名で巡らされていた(大手筋は空堀のみ)。内郭(本丸・二の丸・三の丸)は深い空堀が何重にも巡り、その外は原生林と崖で守られていた。小田原城、宇都宮城とは異なり、佐倉城は石垣を使用しておらず、土塁と堀だけの城である。本丸には天守に相当する破風無し三層櫓(御三階櫓、のち焼失)や、江戸城にあった櫓を土井利勝が家康から賜ったという銅(どう)櫓(太田道灌ゆかりの静勝軒とも)、そしてさらに一の門(本丸表門)付近に二重隅櫓があった。天守台もまた、石垣は使用されず、段状の土盛上に直接、木造櫓が建造された(現在もその形状ははっきり確認できる)。一層目を平面とせず、段差の上にそのまま櫓を築いた形式というのは全国でも大変珍しく他に類を見ない。しかし、実際問題としては、石垣でなく、土塁の天守台の場合、容易に崩れる可能性は高く、当然あのような形になったと考えられ、当時としてはそれ程珍しくなかったかもしれない。二の丸には御宝蔵・米蔵・御番所・二の門などあり、三の丸には大手筋に枡形を形成する三の門(この付近の空堀が城内最大規模)、三の丸御殿、北側には椎木門と巨大な角馬出しがあった。

学問重視の佐倉藩の士風

宝暦11年(一七六一)佐倉藩主を継いだ堀田正順(まさなり)(正亮の6男)は寺社奉行・大坂城代・京都所司代など幕府要職を歴任する。学問を好み、藩校・佐倉藩学問所を創建、のちの県立佐倉高校となった。開明派の藩主・堀田正睦(まさよし)(正亮の孫)は日米和親条約を締結した阿部正弘の後を継いで老中首座となるが、アメリカ総領事ハリスに通商条約の締結を迫られ、将軍継嗣問題で揺れるなか、井伊直弼と対立。直弼が大老に就任すると正睦は罷免され、家督を正倫(まさとも)に譲り、佐倉城で蟄居した。

堀田家はもともと譜代の家来をもたない大名である。何世代にもわたり、戦場に出て、生死を共にして築かれた主従関係で家臣団を形成し、藩を形成した武力集団ではなかった。もっぱら役人タイプの人材を寄せ集めてつくった家臣団である。したがって学問を重視する藩風が育ち、幕末の洋学気風の土壌ともなった。津田梅子の父・津田仙は佐倉藩出身で、藩校(県立佐倉高校)で洋学や砲術を学び、江戸に出て蘭学や英学を修め、幕臣(外国

馬出し空堀（復元）

奉行通訳）となった。この津田仙や、蘭学を奨励し「蘭癖」とも称された堀田正睦は、高野長英の弟子で蘭方医の佐藤泰然を江戸から招き、佐倉本町に蘭医学塾「順天堂」（のちの順天堂大学医学部）を開校させたが、順天堂は当時最高の医療技術を誇ったという。佐倉高校の所有する史料の多さ（和漢洋書1万5百点）にも驚かされる。敷地内に残る記念館（洋風建築・国登録有形文化財）は明治42年（一九〇九）、伯爵・堀田正倫の寄贈で建てられたもの。惣曲輪内にも県立佐倉東高校、市立佐倉中学校などが並び、学問重視の藩風は維新後もしっかり受け継がれた。

現在、城は佐倉城址公園として整備され、椎木曲輪（および惣曲輪）跡には国立歴史民俗博物館が建っている。この付近に巨大な角馬出しが復元され、内堀・空堀などもよく旧態をとどめている。かつて家康が房総に鷹狩に出向きこの地を訪れた際「天下の三城たらん」と絶賛したという逸話が残り、地元ではかつて熊本城・名古屋城と並べてこの佐倉城を天下の三名城だと主張していたらしいが、もちろんこの三城とは江戸城を守る三城（小田原・宇都宮、佐倉）のことだ。

仮想敵国は仙台伊達藩か

江戸時代の佐倉城の役割は、江戸城の東の守りの要としての城であり、本丸が西端で大手は東に向き、城下町は東に広がり発展する縄張りとなっていた。築城者・土井利勝の夫人と父母の供養塔のある松林寺（現在も土塁が確認できる城郭構え）や堀田家墓所のある甚大寺付近が本来の城下町の東限であった。この辺りは現在も10前後の寺院があり（城下町全体では15寺）明らかに城下町東側防御の要（隠し砦）の役割を担っていたのだ。この寺院配置の意味するところは、佐倉城が東からの攻撃に備えて築かれた城であるということであり、その先とは、まず考えられるのが、前述したように、成田山新勝寺である。成田山は歴史ある寺院であり、徳川政権にとって警戒すべきものであった可能性もあり、佐倉のすぐ先が成田山であることを考えると（北東15キロ）、じつは、佐倉城は狭義においては成田山押さえの城とも解釈できる。しかし、もっと巨視的に見れば、徳川政権の東北における最大の仮想敵国、陸奥伊達藩の攻撃に備えての城とも解釈できる。仙台から海流に乗ってちょうど鹿島や銚子辺りまで軍艦でやって来て、そこに上陸できたであろうから、佐倉城で、江戸への進軍を阻止するという役割があった可能性もある。もともと成田山も、朱雀天皇の命により平将門の乱平定祈願の密勅を受けた寛朝大僧正が難波の津（大坂）より海路で現在の横芝光町（九十九里浜）に上陸し、陸路で成田に至り開山したという経緯がある。佐倉城は直接的には成田山押さえの城、あるいは房総押さえの城であり、さらには伊達家のみならず、上方からの海路により房総半島に上陸する敵軍阻止の城であったと読み取れる。

明治6年（一八七三）兵営設置のため城内の建物はすべて取り壊されたが、武家屋敷3棟（河原家・但馬家・武居家）を佐倉市が旧所有者から譲り受け、移築、復元整備され現在公開されている。天守（御三階櫓）復元の話は長年にわたり地元で何度も話題となっているようだが、いまだ進展しない（二〇〇四年は市制50周年であったが財政難を理由に再建中止）。

佐倉宗吾の墓を訪ねる

京成電鉄の「宗吾参道」という駅で下車すると、そこから徒歩15分ほどのところに佐倉宗吾こと木内惣五郎を祀った宗吾霊堂がある。

境内には「宗吾御一代記念館」があり、中に人形の配置による13場の構成で、義民惣五郎の生涯が物語風に展示されている。惣五郎の父は木内源左衛門といい、千葉氏31代当主・千葉重胤の家臣で、小田原北条氏滅亡後、帰農した。なお、天正年間、千葉氏29代当主千葉邦胤（夫人は北条氏政娘）は小田原北条氏より武蔵国木崎荘（現在のさいたま市浦和区・南区）を賜り、家臣の木内右衛門を現地（南区太田窪）に派遣し陣屋（木内氏館跡）を構えさせ統治させている。おそらく、この武蔵に残る木内氏こそ、佐倉宗吾の先祖である可能性は高い。

『実説・佐倉宗吾伝』によると、苛酷な重税（6〜7割）で苦しむ農民をよそに、城主堀田正信は、自身は江戸在

佐倉宗吾の墓（東勝寺）

府のため、藩政を国家老に任せていた。藩を手中に収めた国家老は豪商から金銭を徴収しては、芸妓を抱き、酒宴に耽っていた。下総国印旛郡の名主・木内惣五郎（42歳）は百姓一揆を抑え、仲間と江戸に上り、堀田家上屋敷、下屋敷へ強訴するが嘆願書は却下されてしまう。そこで老中・久世大和守広之(史実では広之が老中になったのは正信改易後）に佐倉藩の過酷な取り立てを訴える駕籠訴をするが、穏便に計らい罪科は問わないと申し渡され聞き入れられない。そこで意を決した惣五郎はただひとり夜半ひそかに印旛沼を渡り、江戸へ出て、上野寛永寺に参詣する12歳の4代将軍徳川家綱および後見職・保科肥後守正之に直訴する。その結果、惣五郎をはじめ夫人とその子（家族6名）は磔・打ち首。そして幕府は佐倉領の減税を申し渡したという。

宗吾伝説の真実

じつは、宗吾伝説を裏付ける史実はなく、物語に客観性が乏しいとのことから、かつてはこの伝説を意味のないものと見なした歴史研究者も多くいた。しかし、こういった義民伝説は、政治的配慮から表現方法に歪曲もあるだろうし、話の中に隠された些細な真実、正史からこぼれた真実の一端が潜んでおり、後世の人間はそれらを読み取るべきであろう。児玉幸多著『佐倉惣五郎』では虚実混在する宗吾伝説を整理し、「佐倉宗吾」について以下の史実を明らかにした。

…印旛沼付近の公津村に惣五郎という村で広大な田畑（20石以上）や屋敷（二四〇坪）をもつ農民がいた。佐倉藩の租税は藩主の堀田正信時代、高かった。そして幕府が堀田氏の失政を認め、減税をした。承応2年

（一六五三）8月、惣五郎という名の農民は刑死となり、子供4人も同時に殺された。惣五郎の死後、祟りを恐れ、佐倉に石の祠が建てられた。承応3年、佐倉城主・堀田正信は将門山に石の鳥居を寄進したが、それは惣五郎の祟りのためといわれる。万治3年（一六六〇）堀田正信が改易となる（後に正信は将軍家綱の死に際し自害）。将門山の祠は人々に「宗吾の宮」と称され、もともとあった惣五郎を祀った祠は忘れられた。延享3年（一七四六）老中・堀田正亮が出羽山形城（10万石）から佐倉城主（11万石）となると、口の明神（将門大明神の鳥居に近いところ、口とは神社の入口の意）を再建し惣五郎を祀った。さらに惣五郎に法名を贈り百年忌の法要を行った。寛政3年（一七九一）には城主・堀田正順は口の明神の前に碑を建て「堀田正信の時代に志願があり、某氏の霊を鎮めるため祠を建てた云々」とした。惣五郎の名前は一切記されていないが、某氏＝惣五郎の可能性はきわめて高いという。さらに、文化3年（一八〇六）城主堀田正時は惣五郎の子孫(娘か妹の子孫か)に田(5石余)を与える。嘉永5年（一八五二）には城主・堀田正睦が二百回忌を行った。明治3年（一八七〇）佐倉藩（藩知事は堀田正倫）は惣五郎の合祀を廃して口の明神も将門を祀るものとなった…

堀田家と惣五郎処刑との間には、やはり何かあったと思わざるを得ない。一説には惣五郎が罪を犯し、藩主正信に処刑されたが、そのとき惣五郎は冤罪だと主張し続け、死後、正信を祟り滅ぼしたという。無実の罪で殺されたので祟ったというのだ。義民惣五郎が将軍に直訴したというのは作り話であろうが、佐倉城の城門で訴訟したというのはある程度の事実が含まれているのではないかと児玉氏は指摘する。あるいは、堀田家はもともと家光に近習として仕え（4〜5千石の旗本）寵愛されて老中（11万石佐倉城主）まで上り詰めた成り上がり大名の家柄であり、その子どもの代でのお家騒動はよくあることだ。そのような状況の中で「宗吾伝説」が生まれたのだろうか。

地元では「宗吾」と「佐倉城」を並べた場合、「城」は明らかに悪役であり、旧来、地元民の心情としては、城の再建など思いも寄らぬことであったろう。千葉県人は全体的には明るく楽天的で、かつ保守的である。房総半島には徳島や紀州から舟で来てそのまま住み着いた漁民も多く「安房」は「阿波」につながり「白浜」など同名の地名も残る。その大らかさをもって、佐倉城のもつ光と影を包みこんだ上で、将来、佐倉城天守再建にむけ、一歩ずつ前に進んでいって欲しい。

蘇った御三階櫓、そして天皇の信任厚く日本の敗戦処理を託された三河武士の血を継ぐサムライ総理

陛下に責任があるのは明白だし、責任をおとりになるのが至当だろう。しかし、この混乱している日本の現状において、他の何人が代わっても日本は復興しない。退位など考うべきではない…在位のまま責任をとり、国民とともに苦難の道を歩まれるべきだ。

鈴木貫太郎

かつて書店でよく売れた日本地図&情報地図が数冊書斎に残っている。頁をめくると、都道府県別総理大臣出身地というものが載っており、大阪府は「鈴木貫太郎」ただ一人が紹介されている（正しくは幣原喜重郎も臨時代理から44代総理大臣となっている）。千葉県はゼロ（のちに野田佳彦氏が総理となった）。確かに鈴木は大阪生まれだが、やはり彼は下総国（千葉県）関宿藩の藩士の子弟であり、大阪出身の総理というのには違和感がある。関宿藩の飛地が和泉国（大阪府）にあり、そこの陣屋（父が代官）で生まれたのであり、出生地にすぎない。徳川譜代久世氏に仕え、関宿城下に屋敷を構えた鈴木家は、明治維新で賊軍となり、後にその家柄の自分が侍従長として昭和天皇に仕える意味を、鈴木は十分理解していた。そして彼は天皇の強い希望により、絶望的な戦局に陥った日本の舵取りを任され総理となり、クーデターの危機に溢れる中、太平洋戦争を終わらせるという巨大プロジェクトを奇蹟的に成し遂げた。

関宿城小史

利根川と江戸川の分流点に位置する交通の要衝である関宿は、もともと古河公方の臣梁田（やなた）氏の居城があり、最後の古河公方足利晴氏（はるうじ）はここ関宿城にて隠棲し、死去した。城は小田原北条氏の属城をへて、家康関東入国で

関宿城博物館（模擬天守）

家康異父弟松平（久松）康元が入封（2万石のち4万石）。以後、松平（能見）氏・小笠原氏2代・後北条氏一門の北条氏重・牧野氏2代・板倉氏3代と城主が替わり、久世(くぜ)広之が5万石で入封し、子の重之（老中）が備中庭瀬に移ると、再び牧野成貞が入り、次の成春のとき三河吉田城に転封となると、久世重之が三河吉田城から再度関宿に復帰し（5万石のち6万石）、以後久世氏が8代続いて明治を迎えた。久世氏は松平清康に仕え

関宿城址碑

て以来の徳川譜代で、秀忠・家光・家綱に仕えた広之のとき旗本から大名となり老中、そして関宿久世初代藩主となった。久世氏はその後3人の老中を出し、特に7代広周（ひろちか）（老中）は開明派であり、安藤信正（老中）とともに公武合体を推進し、皇女和宮を14代将軍家茂の室に迎えさせた名君である。

江戸城富士見櫓を模して築かれたという三層天守（御三階櫓）は廃藩置県で取り壊され、現在、城の遺構は、実相寺境内の客殿（久世広周が蟄居した本丸新御殿、久世氏の家紋入り鬼瓦あり）、小林家の薬医門（現地の掲示板では「埋門」とされ、またかつては「四つ足門」とも呼ばれ、こちらも久世氏の家紋入り鬼瓦あり）、そして茨城県の逆井城に移築されている薬医門がある。平成7年（二〇〇五）には白亜天守が千葉県立関宿城博物館として復元された。本来の位置とは異なるが、一帯の整備がよく進み、天守のほか付属櫓や城壁・城門も建てられた。周辺の景観は良く、緑に恵まれ、中の島公園もよく整備され、「城」（博物館）を訪れる家族連れや若いカップルでいつも賑わっている。

関宿藩出身・鈴木貫太郎の足跡

鈴木貫太郎は、慶応3年（一八六七）12月24日、関宿藩久世家7代で老中を務めた久世広周の家臣・鈴木為之助の長男として和泉国久世村（大阪府堺市）の陣屋で生まれた。為之助は武術に長け、代官になる前は西洋砲術を学び、藩の大筒頭取であった。鈴木家は三河以来の徳川家臣で、一族の多くが譜代大名の家臣や旗本となっている。鈴木が生まれたとき鳥羽伏見の戦いがあり、間もなく幕府は崩壊した。

明治5年（一八七二、満5歳）本籍地の関宿町に戻り、関宿久世小学校で学ぶが、父が群馬県庁に職を得て前橋に移り（10歳）桃井小学校を卒業。このとき父は千葉県にも職を得たが、群馬県の方が教育熱心との理由で、息子のため群馬県庁を選んだという。群馬中学を退学し（16歳）、軍人を志して攻玉塾を経て、海軍兵学校に入学。兵学校卒業後、日清戦争に従軍（大尉）、明治30年（一八九七、30歳）会津藩出身の大沼とよ（18歳）と結婚した（とよは明治45年死去）。翌年、海軍大学校卒業。明治34年、留学のためドイツ駐在武官となる。日露戦争に従軍して（中佐）、日本海海戦で第4駆逐隊を指揮した（敵艦2隻を魚雷で撃沈）。その後、陸海軍大学校教官、水雷学校長を歴任する。海軍次官となったとき、シーメンス事件（海軍高官への贈賄事件、山本権兵衛内閣は総辞職）を担当した。大正4年（一九一五）足立たか（裕仁親王の哺育係、32歳）と再婚（48歳）。海軍兵学校長を経て、大正12年海軍大将となった（56歳）。「政治嫌い」から海軍大臣就任を断り、連合艦隊司令長官、そして海軍軍令部長に就任した（58歳）。その後、侍従長を8年間務め、2・26事件では麹町三番町の官邸で反乱軍に襲撃され、急所（頭部あるいは眉間・心臓・肩・左足付け根＝睾丸）に銃弾を4発あびたが、生存した（69歳）。銃弾を受け倒れた鈴木に対して「とどめ、とどめ」と連呼する兵士がいて、それに対して夫人が「とどめはどうかやめていただきたい」と言ったという。兵士が銃口を鈴木の喉に当て「とどめをさしましょうか」と下士官に問うと、そのとき部屋に中隊長の安藤輝三大尉が入って来て「とどめは残酷だからやめろ」と命令したという。あるいは、とどめを刺すため安藤が軍刀を抜くと、大量に出血し瀕死の状態になった夫を前にして「武士の情を！」と夫人が大尉に懇願したともいう。「老人ですからとどめは止めてください。どうしても必要というのなら私が致します」「とどめが必要であるというのなら妻である私が致します」「武士の情けです。それだけは私に任せて下さい」など様々この時の状況が伝えられている。因みに斎藤実内大臣はこの事件で40発以上銃弾を撃ち込まれ即死している。安藤大尉は、鈴木と面識があり、反乱軍に加わるか否か最後まで悩み、結局同志を裏切ることができず参加していた。事件後、死刑（31歳）。

昭和19年（一九四四）鈴木は枢密院議長となる（77歳）。日本の敗戦がいよいよ明白になると、昭和天皇の強いご希望により昭和20年4月7日、第42代内閣総理大臣となり、大局の決した戦争の終結に向けて舵取りを始める。鈴木の目指したのは天皇の意思を政治指導の礎とすることであり、機を見て終戦に導き、そして自分は殺されるというものだった。御前会議で天皇の聖断を2度仰ぎ（1度目は条件付でポツダム宣言を受諾することを決

実相寺客殿（二の丸新御殿移築）

定、その回答を元に、2度目は国体護持のはっきりした文面がない内容を受諾するか否かの聖断を仰いだ）、玉音放送（そのほとんどが2回にわたる御前会議で天皇が発言された内容）で戦争を終結させ、大役を成し遂げた（78歳）。

軍事クーデター危機の最中、開戦するより桁違いに困難な「終戦」（敗戦という言葉をあえて使わない）に日本を導き、総辞職し（昭和20年11月）、関宿（亡き父は町長をしていた）に戻った。晩年、隠居姿で地元周辺を、杖をついて穏やかな顔で散歩する翁の写真がある。いかにも呑気な風であるが、当時はまだ、鈴木を国賊とし、命を狙う過激派、元青年将校、極右集団が多数いたことを忘れてはならない。その後頼まれ半年ほど、再度枢密院議長を務め、昭和23年（一九四八）4月、関宿の自宅で死去（80歳）。

関宿城薬医門（城下に移築）

西郷のような男、その生き方

鈴木は政治嫌いで、生粋の海軍軍人であった。陸海軍の薩長閥勢力に対してはそれを批判し、反骨の、頑固な、そして西郷のような寛大な男であったという。将来の見通しをはっきり掴めば断固直進する信念の持ち主でもあった。山本五十六は「鈴木大将は、温厚慈愛の人格者なるも、その胸中烈々たる忠誠の赤心と剛勇不撓の胆力とを有せらるる余の最も尊敬せる先輩なり」と評している。軍令部長在任中、侍従長就任の依頼を受けるが、それが世俗的な栄転（宮中席次など）ならば辞退したが、席次も下であり、それが嫌で断ったと思われるのも性に合わず受けたという。同時に、賊軍の汚名を着せられた三河武士の血を引くサムライが天皇陛下にお仕えすることの意味を重んじたという。日米戦争の危機が迫る頃、鈴木はロサンゼルスで日系移民三百人を前にスピーチしている。「君たちは今アメリカの保護に委嘱している。その地にいる人はその地に尽くすという重大な責任がある。だから、日米戦争が始まったら、君たちは日本のために立ち上がろうなどと結論を急ぐべきではない。…ただ日米戦争が起こらないよう努力してもらいたい。…君たちがアメリカ軍に参加し戦ったとしても負ける日本ではない。それより、あの大統領は日本の血統だと言われる者をつくりあげるよう努めてほしい」

　対米戦争に対しては、山本五十六と同じく反対であった（海軍比率は英米日5・5・3であり、10対3で戦うことの愚かさは明白）。近衛内閣で松岡洋右を外相にしたことを批判し、東条英機を首相としたことを「大過誤」と断言した。しかし、一度開戦となると、周囲に弱音を吐いてはいけないと叱咤し、安易に戦争を終結させたがっている人々を当惑させたという。本格的な戦争終結内閣を任されると、当初「徹底抗戦内閣」を装い、戦闘は続けられ、沖縄決戦、本土爆撃、本土決戦、一億総玉砕へと日本は追い込まれていった。できればどこかで戦勝を収め、有利な和平に持ち込みたかったのだろう（鈴木は沖縄戦である程度先方を叩き、和議に持ち込もうとしていたとも）。無条件降伏は天皇の生命、あるいは国体護持の保証されない限り、受け入れられなかった。この点に関して、軍人で侍従長出身の彼にとって最後まで戦いたい、諦められない気持ちは心のどこかにあったようだ。その鈴木の態度が戦争を長引かせ、ポツダム宣言「黙殺」声明となり、本土爆撃は増し、原爆投下が行われ、犠牲者をより多く出してしまったという批判もある。

　一方で、ルーズベルト大統領の死に対するコメントでは大統領の指導力を高く評価し弔意を表した。同じ頃、ナチス・ドイツでは故ルーズベルトに対して第2次世界大戦を扇動した愚か者と非難したことと比べると、鈴木の見識の高さが窺える。しかし、そういった発言は命がけであり、当然青年将校に命を狙われ、クーデターによる軍事政権の生まれる可能性も高かった。本人は発言の真意を問いただされると「古来よりの日本精神の特性、敵を愛すということをいったまで」とコメントした。

　施政演説では、戦争をあくまでも遂行（すいこう）すべきと言いながら、天皇が平和を願っていること、日本人は決して好戦的な国民ではないこと、太平洋を軍隊の輸送に使うなら日米ともに天罰を受けるという、鈴木がかつてサンフランシスコで行ったスピーチを引き合いに出し「…連合軍は無条件降伏を強い、戦争を最後のひとりまで続けさせようという。わが国体を離れてわが国民は存在しない。無条件降伏とはわが1億国民の死ということ、われわれは一に戦うのみ…」と発言。これは、日本国民に対して発したものではなく、米国に対して発したメッセージであったが、議会では、大日本帝国に天罰が下るとは国体を冒瀆したものだと議会は大混乱となり、反逆者鈴木は辞職せよと、倒閣運動にまで発展した。クーデター危機の中、鈴木は少しずつ終戦への段取りを固めていく。鈴木の考えは、戦争をやめるにはまず、命がけで誰よりも主戦論を掲げ、軍の先頭に立ち、全体をひとつにまとめておいて、機を見てやめる。必ずその機会はくるはずだと信じていた。原爆が落とされ、ソ連を仲介者とする和平工作は一蹴され、ソ連は日本に宣戦布告した。1回目の聖断によって、ポツダム宣言受諾が決まったのではなく、正確には、国体護持＝天皇制の保証を条件にして受け入れるというものだった。それに対して連合国側でも、意見は割れ、結局、天皇制に関しては連合国最高司令官の制限下に置かれること、日本の政治形態は日本国民の自由意志に基づいて定められるべきという断定を避けた表現で回答してきた。天皇はその内容に関して改めて確認するのはよいが、それによって交渉の糸が切れては元も子も無いとして、それを受け入れていいのではないかと発言したという。

また、陸軍を代表して、御前会議で日本側の条件（国体護持）がはっきり保証されないかぎり玉砕しても徹底抗戦すべきという強硬論を論じた阿南惟幾(あなみこれちか)陸相も、陸軍を抑えるため表面的には主戦派を装い心の底では陸軍大臣を辞任せず鈴木総理と通じ、運命を共にする覚悟であったという説もある（のち阿南は陸軍を代表し、その責任をとって自決）。

屋敷跡に鈴木貫太郎記念館があるが、現在、展示品は非公開。

人間的魅力の根源は武士道精神

鈴木貫太郎の生き方を顧みたとき、指揮官としての底深い魅力を感じざるを得ない。勇敢で武勇に長け、同時に素朴な人柄であった。「公正無私、言行一致、議論より実践、易きことは人に譲り難きことは自らこれに当たるべし」と常日頃いっていたという。政治的な人間でなかったことが、国家存亡の危機にあって、国の元首たる天皇（「神聖にして侵すべからず」と規定し天皇を政治の圏外におこうとした政治家たちとは対照的）の裁断を仰ぐという離れ業をやってのけた。

居眠りして船から落ちて潮に流されても「助けてくれ」とは言えず自力でデッキに這い上がった「金剛」航海長時代のエピソードもある。敵味方から攻撃され、何度も死にかけたこと、そして常に、責任を取って自害するという道を選ばなかった。戦後、アメリカ側の天皇の戦争責任追及に関して、天皇に拒否権がなかったことなど、天皇がいかに平和主義者であったことなどを鈴木は主張し、鈴木が自害しなかった理由は、天皇を守りたかったからに他ならない。鈴木は、日本人として残したい美点について、それは本当の武士道だと言った。「武士道とは決して武を好む精神ではない、正義、廉潔（れんけつ）を重んずる精神であり、慈悲を尊ぶ精神である。これを失ったままにしておくことは日本民族の精髄を失うことになる。役人が国民に約束したことを破って平然としている、…こんなことでは、騎士道を重んずる連合国の人々にますます劣等国視されるばかりだ…民主主義の裏づけとなるものは、正義、人道、寛容、友愛その他、真に日本の武士道と共通するものである」と。

御子息の鈴木一氏によれば、戦争終結をもう少し急いで行えば、軍事クーデターによる新政権が生まれさらに犠牲者が増えたことになっただろうし、もっと遅ければ、ドイツや朝鮮半島のように日本が分断されたであろうということだ。菩提寺は城下の実相寺であり、その質素な墓は、生前の人柄をよく表している。

質素な鈴木貫太郎の墓（実相寺）

徳川文学が生んだ最高傑作『南総里見八犬伝』執筆の舞台裏
八遺臣が眠る館山城に馬琴は本当に訪れたのか？

…房総の国主たる里見治部大夫義実朝臣の、事蹟をつらつら考ふるに、清和の皇別、源氏の嫡流鎮守府将軍八幡太郎義家朝臣十一世、里見治部少輔源季基ぬしの嫡男なり。

『南総里見八犬伝』

江戸時代の文豪・滝沢馬琴（正しくは曲亭馬琴）の代表作は『南総里見八犬伝』である。そして千葉の館山城に行くと、城山公園に里見忠義の死に際し殉死した8人の家臣の墓があり、戒名には全員「賢」の文字が入り「…賢居士」となっており、長らく「八賢士の墓」といわれてきた。かつて、墓を見た馬琴が「賢」を「犬」に変え、あの壮大な伝奇小説を書いたのだと、まことしやかにいわれてきた。館山城を訪れる度、墓所に手を合わせ、いずれ一度、忠義や馬琴について調べてみようと思っていた。

新田源氏の流れを汲む里見氏

房総の名族里見氏は、伝承によると清和源氏新田義重3男義俊の末裔で、義俊が上州碓井(うすい)郡里見郷に住んだことから里見氏を名乗った。初代を家兼とし、その子の2代家基が関東公方足利持氏(もちうじ)に仕えた。家基は持氏の遺児を奉じて結城合戦（一四四一）で討死するが、嫡子義実(よしざね)を城外へ逃した。3代義実（安房里見氏の祖）は上州を離れ、三浦半島まで逃れ、小舟で海を渡り、房総半島の南端、安房白浜に上陸。そして白浜城を本拠とし、安房を平定、やがて上総・下総に勢力を拡大した。義実夫人は上総守護代・武田信長の娘で、この義実が、安房に上陸し、没するまでの話を馬琴の『八犬伝』はベースとしている。

一族間の家督争いを経て、6代義堯(よしたか)のとき、上総久留

八犬伝博物館（桃山風模擬天守）

里城を本拠に57万石を領し、房総全域を支配するに至る。父義尭、そしてその子義弘の時代が里見氏の全盛であった。天文7年（一五三八）北条氏綱・氏康父子（3万）が小弓城（小弓御所・千葉市）の足利義明（小弓公方）を攻めたとき、里見義尭は安房・上総の兵を率いて出陣、下総国府台城に小弓・里見連合軍7千が集結。激戦の末、義明は討死、義尭は敗走した（第一次国府台合戦）。弘治元年（一五五五）、義尭の子義弘は水軍を率い、相模に攻撃を仕掛け勝利する。その前年、駿

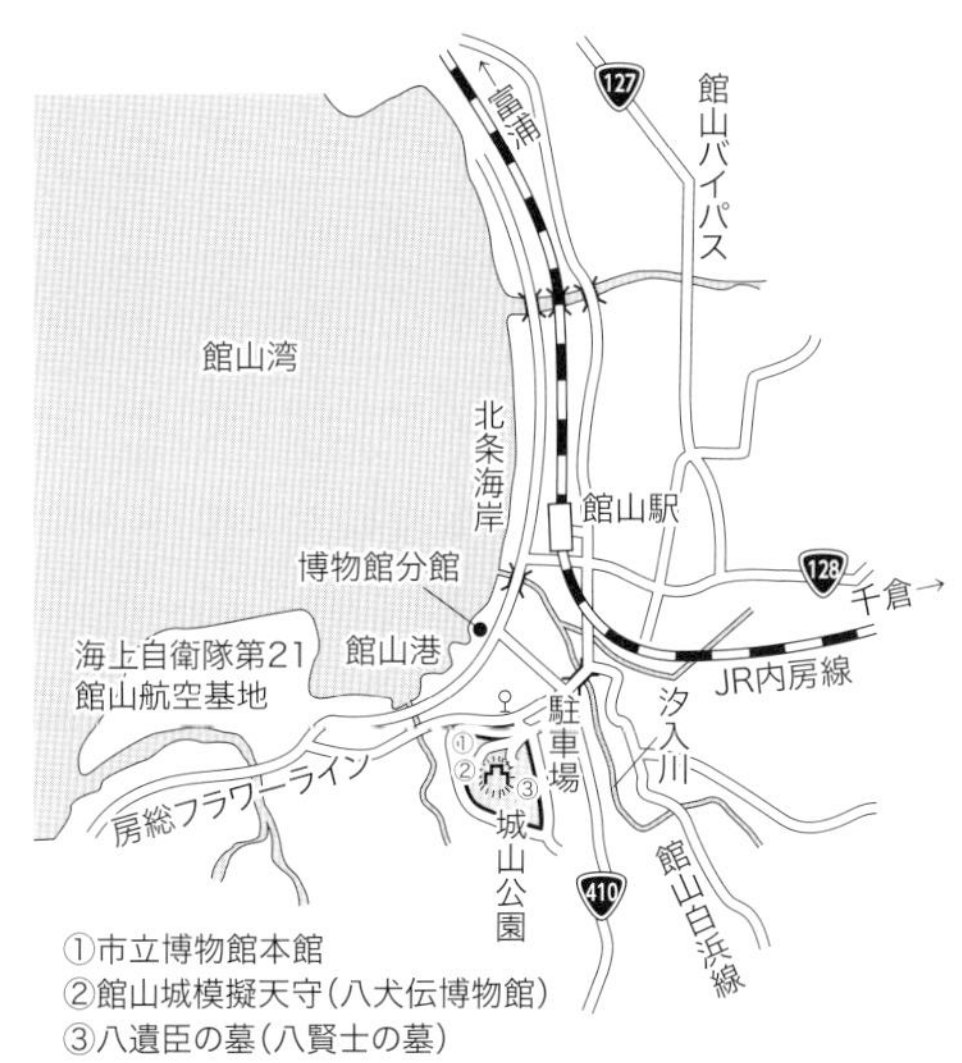

甲相三国同盟を結んだ北条氏康は、永禄3年（一五六〇）大軍を率いて久留里城を攻める。しかし、越後の長尾景虎（上杉謙信）の出陣を受け、氏康は撤退。越後勢は上州厩橋城（前橋城）で年を越し、翌3月から小田原攻めを開始。このとき義弘は再び水軍を率いて参陣、景虎と初対面した。景虎はこのとき鶴岡八幡宮で関東管領に就任し、上杉正虎となり、のち輝虎、入道して謙信となる。永禄7年、家督を継いだ7代義弘は里見軍6千を率いて、再度、国府台城に本陣を構えた。越後の謙信も関東に出撃し、厩橋城に入る。この南北で北条を挟み撃ちする作戦は、太田三楽斎（武蔵岩槻城主）の立案であった。三楽斎も2千を率いて参陣。しかし、北条氏康・氏政父子が、先ず、里見を討つべく2万の大軍で国府台城を攻めたことから、第二次国府台合戦となった。このとき謙信は常陸小田城まで進軍していた。緒戦で北条方を総崩れさせた里見軍が、合戦の翌早朝、闇に紛れて奇襲して来た北条軍に大敗。馬を射られた義弘に、家臣安西実元は自分の馬を差し出し、自らは討死した逸話が残る。戦死者は里見・太田連合軍2～5千、北条2～4千でほぼ互角であった。一度は後退した義弘であったが、永禄10年（一五六七）安房に侵攻する北条氏政を上総三船山で破り大勝。再び、上総を押さえ、下総まで勢力範囲を広げた。

義弘はその後も水軍を率い、たびたび相模に出撃。しかし、結局、関東の覇者北条氏に決定的な打撃を与えることはできなかった。一方で、北条一の名将と謳われた氏康でさえ、里見氏支配の房総を完全征服することができなかったのは、義弘がいかに戦（いくさ）上手であったかを示す証拠である。義弘は、鎌倉に攻め込んだ折り、太平寺の尼（青岳尼22歳）を連れ去って還俗させ、正室にした。青岳尼は国府台合戦で討死した足利義明の遺児で、義弘とは幼馴染であったという。義弘は天正6年（一五七八）久留里城にて死去（48歳）。

安房館山城築城と忠義の改易

かつて安房・上総・下総に版図を広げた里見氏だったが、二度にわたる国府台合戦の敗北以降、下総は次第に北条勢力下となり、以後、里見氏は久留里城に城代を置き、上総南部あるいは安房に本拠を後退させ、本城は上総佐貫城、そして安房岡本城へと移行した。9代義康は、天正16年（一五八八）から18年にかけ、館山湾に臨む城山（標高70メートル）に築城し、新たに本城とした。土塁、空堀、水堀、板屋根、掘立柱建物（一部礎石を用いる）からなる質素な城だったが、所々近世城郭の築城法を取り入れ、一部石垣造りで、山頂に三層天守が聳えた。山麓

八遺臣の墓（城山公園）

に城下町も形成され、堅牢な平山城となった。しかし、館山城築城の最中、秀吉の小田原征伐が開始され、義康は小田原に遅参、戦後、上総・下総を没収され、安房9万2千石の豊臣大名となる。関ヶ原の戦いでは東軍に属し、宇都宮城を防衛、戦後、新たに本領安堵され、常陸鹿島3万石を加増され、12万2千石となる（城の東南に、記念に掘られた「鹿島堀」が残る）。

慶長8年（一六〇三）義康が31歳で没すると、子の梅鶴丸（10歳）が家督を継ぎ、10代安房守（あわのかみ）忠義（将軍秀忠の一字を賜る）となる。しかし、忠義は慶長19年（一六一四）、大久保忠隣（ただちか）（忠義夫人は忠隣の孫娘）改易に連座して、伯耆国（ほうきのくに）（鳥取県）倉吉3万石に減封される。さらに忠義は田中村、堀村に移され、最後は百人扶持となり、元和8年（一六二二）29歳で死去（一説に自刃）、10代百七十年間続いた名門里見家は断絶した。

館山城は里見氏改易後、大多喜城主本多忠朝、佐貫城主内藤政長によって破却された。旧領は細分化され、天領や旗本の領地となったほか、東条藩（1万石）や安房勝山藩（1万2千石）、北条陣屋（館山市北条）を構えた北条藩、館山陣屋（城山の南麓）を構えた館山藩など成立した。北条藩には屋代氏3代（1万石）・水野氏（信濃松本藩主忠清4男系）3代（1万2千石）、館山藩には稲葉氏（山城淀藩主正親3男系）5代（1万石）が世襲、幕末を迎えるが、4代正巳は陸軍奉行、海軍総裁などを務めた名君である。太平洋戦争中に軍事施設を築くため、城山は削られ、天守台はコンクリートで固められ、縄張りは変容した。現在、山頂には安土桃山風の模擬天守が建っているが、周囲の景観にとても似合っている。

大久保忠隣に連座して、館山城12万2千石から百人扶持を与えられるだけとなった里見忠義の死に際し、8人の近臣が現地で殉死したことが伝えられる。分骨は里見家菩提寺慈恩院（館山市内）の和尚（あるいは里見氏の遺臣）が漁夫に身をやつし、蛸壷に骨を入れて持ち帰り、ひそかに城跡南に埋めたといわれ、それが現在の「八賢士の墓」だという。8人の戒名に「賢居士」の文字が刻まれていることから、そう呼ばれるようになったという。忠義に嗣子は無かったが、正室との間に女子2人、配流先で3人の男子をもうけた。子孫はのちに他家に嫁ぎ、あるいは他藩の家老や家臣、旗本となった。『房総軍記』『里見代々記』『房総里見記』では、忠義は暗君であり、その乱行が記されている。忠義は老臣を嫌い、成り上がりの家臣を重用し、城普請に明け暮れ、浪人を多数召し抱え、刀の試し切りで非人・乞食を数百人斬ったという。そのようなことから、家臣8人は殉死でなく絶望から集団自殺したという話もある。

馬琴住居跡井戸（千代田区九段北）

馬琴住居跡その２（千代田区外神田）

サムライ作家・馬琴の数奇な生涯

曲亭馬琴は、明和4年（一七六七）江戸深川（東京都江東区）の松平信成邸に生まれた。信成は大河内系松平家で石高1千石の旗本である。馬琴は幼名を春蔵のち倉蔵といい、15歳で元服すると滝沢興邦（おきくに）と名乗った。滝沢家は代々大河内松平家に仕え、馬琴の曾祖父興也（おきなり）

は「知恵伊豆」こと松平伊豆守信綱の小姓であった。そして信綱4男・堅綱が旗本として分家（1千石）した際に、その家老となった。松平家用人であった父興義（51歳）が酒災いで突然没し、長兄（17歳）が家督を継ぐが、家禄を減らされ長兄は主家を変え、戸田家へ仕える。馬琴は長兄に代わり10歳で家督を継ぎ、松平信成の孫を幼君として仕える童小姓となったが、無能な幼君に耐えられず出奔（14歳）。やがて天明元年（一七八一）長兄の紹介で戸田家徒士となる。この頃から俳諧・狂歌に傾倒し、和漢書を愛読した。天明5年、次兄の紹介により、赤坂の水谷信濃守（旗本）に仕える。その後、雉子橋の小笠原上総介政久（旗本）、桜田の有馬家（旗本）に仕えたが、病に倒れ、職を辞す（20歳）。寛政2年（一七九〇）銀座に住んでいた戯作者・山東京伝に弟子入りを乞い、その後、京伝宅に寄寓。さらに京伝の勧めで蔦屋（地本問屋）の手代となった。寛政5年、蔦屋主人の紹介で飯田町（千代田区九段北）の下駄商「伊勢屋」（会田家）に入婿となる（滝沢姓は変えない）。年上の妻お百は結婚歴があり無学、癇癪持ち、「眇」だった。この頃黄表紙6部等を刊行し、以後「曲亭馬琴」と名乗る。馬琴はこの間1男3女をもうけた。文化11年（一八一四）『南総里見八犬伝』5巻刊行（48歳）。文政6年（一八二三）長女幸に婿を迎え、その後、天保4年（一八三三）右目失明。下駄屋を婿に譲り、馬琴は神田明神石坂下（千代田区外神田）に住む息子の宗伯（興継）宅に移る（67歳）。

馬琴筆塚（荒川区・青雲寺）

両眼失明、そして滝沢家再興の夢

天保6年、もともと病弱だった宗伯が死没（38歳）。病のため学者になれず、画家にもなれず、文才にも恵まれず、医者とは言え、学術に疎い息子は、父馬琴の原稿校正の手伝いをしていたという。天保7年（一八三六）太郎（宗伯の子）のために、馬琴は蔵書を売り、御家人株（鉄砲組同心）を買い、四谷信濃坂に転居（70歳）。天保8年、娘婿が没し、その2年後、両眼失明（73歳）。さらにその2年後、妻お百没。失明後は嫁のお路（みち）（聡明で彼女が最終的に滝沢家を支えていた）に口述筆記させ、ついに28年を費やした長編大作『八犬伝』（98巻一〇六冊）が完成した（74歳、刊行は翌天保13年）。嘉永元年（一八四八）11月馬琴没（82歳）。嘉永2年、太郎（祖父と同じ名・興邦）が22歳で没したため、滝沢家（男系嫡嗣）は断絶し、馬琴の夢であった滝沢家再興は露と消えた。馬琴の墓所は深光寺（東京都文京区）にある。また、西日暮里の青雲寺に馬琴筆塚があるが、生前大量に使い古した筆を供養するため築かれたという。

馬琴は生涯にわたり膨大な作品を残した。その数は洒落本や滑稽本を除いた黄表紙・合巻（ごうかん）（読本より通俗的なもの）・読本（よみほん）だけで『八犬伝』を含め2百部に及んだ。原稿料で生計を立てた日本初の作家であったが、生活費の足しに、実際は様々な雑収入（家賃・売薬・揮毫など）を絶えず求めていた。若かりし頃、武士の身分を捨て、医者・儒者・俳諧師・狂歌師など目指したが、どれもなかなかうまくいかず、伊勢屋に養子となると、著述の傍ら、手習い師匠、売薬を始めたのだった。息子の宗伯は病弱であったが、松前藩老侯（美作守（みまさかのかみ）道広）と馬琴が文学を通じ交流していたことが縁で、宗伯は江戸在住松前藩主の出入り医者となった（3人扶持）。平戸藩主（松浦静山）や薩摩藩主、長州藩主、あるいは旧主君松平家も馬琴宅に使いを遣わしたが、馬琴は会おうとしなかった。その性格は几帳面、臆病、吝嗇、訥弁、「犬」を含め動物嫌いで、武家出身のプライドを最後まで捨てきれず、近所付き合いを嫌い、偏執、傲慢、尊大な態度で日々過ごしていた様子が、残された彼の日記からうかがえる。

馬琴は本居宣長や平田篤胤を尊敬し、渡辺崋山（三河田原藩家老、のち切腹）や葛飾北斎らとも交流があった（馬琴作品は北斎が挿絵を多数描いている）。ライフワーク（執筆中よく鼻血を出し手拭で頭を冷やしながら「俺はこれで死ぬ、これで死ぬ」と言っていた）となった『八犬伝』は、中国の『水滸伝』の影響を受けて執筆したもので、改易となり自害した里見忠義と殉死した8人の遺臣に対する馬琴の想い、作品との因果関係は不明である。たまたま殉死したのが8人であったのか、馬琴の『八犬伝』の名声によって「八賢士」の話が後から広まった可能性もある。基本的に人嫌いで他の戯作者らとは全く交

際せず、外に出るのも嫌いで（墓参りのほかには殆ど外出しなかった）、終日書斎に籠もっていた馬琴が、八遺臣の墓を見に行った可能性はゼロに等しく、本人が「八賢士」の話を聞いて「八犬士」としたという話もない。記録に残る馬琴の旅行は、34歳のときの相模・伊豆と、36歳のときの名古屋・伊勢だけである。じつは「八犬士」の名は槇島（まきのしま）昭武の著した『書言字考節用集』（『合類大節用集』ともいう）にある「尼子十勇士」などと共に紹介された「里見八犬士」から採ったと、のちに馬琴は言及している。

滝沢馬琴の墓（文京区・深光寺）

さらに『里見九代記』『里見軍記』『房総志料』を参考にしたようだ。もっとも、馬琴が知らなくとも、昭武が伯耆国で殉死した「八遺臣」の話を知っていた可能性はある。忠義の遺骨と共に家臣の遺骨は鳥取県の萬祥山大岳院に葬られ、8人の戒名に「賢」の字が入っていたのは事実である。そのことから地元では「里見八賢士の墓」と呼んでいた。

坪内逍遥は『小説神髄』で馬琴の『八犬伝』を勧善懲悪の通俗小説であり、到底優れた文学とは言えないと酷評した。ただ、馬琴の生き様と作品を総合的に解釈すれば、彼の「家」に対する失望と悲哀が、小説世界だけは力強く頼もしい理想を描きたかったのだとも言えよう。奇しくも漱石は『草枕』で「住みにくき世から住みにくき煩いを引き抜いて、ありがたい世界をまのあたりに写すのが詩である、画である」と言っている。馬琴にとって小説は非現実のありがたき世界であった。あるいは、馬琴の日記こそ、逍遥が好む近代日本文学の世界観であった。徳川文学の最高傑作は『八犬伝』であることは間違いない。日本の近代小説は馬琴を乗り越えることから始まった。日本の純文学を代表する作家芥川龍之介が馬琴を主人公にして短編「戯作三昧」を書いているのはきわめて象徴的であるのだ。

14 長野県

小諸城と島崎藤村

「小諸なる古城のほとり…」と詩人が歌った近世城郭は巨大な本丸のある甲州流穴城の名城

嗚呼古城なにをか語り　岸の波なにをか答ふ
過し世を静かに思へ　百年もきのふのごとし…
藤村『落梅集』

私の長野県人のイメージというと「読書好き」であり、長く厳しい冬に、囲炉裏を囲み読書談義する姿を想像したものだ。しかし、大学で長野出身の学生にそんなことを言うと「先生、冬はスキーかスノボですよ」と返される。本好きもいるだろうが、スマホやアイフォンを使って電子書籍で楽しむのだろうか。それにしても、岩波も筑摩も創業者は信州であり、そのほか長野県に本社を持つ出版社は多いと思う。やはり信州人はもともと本好き、哲学好き、教育熱心な人が多いのではないか。かつて小諸には島崎藤村などの大物が講師に招かれ、小諸義塾なるものが開校された。これはやはり偶然ではなく、信濃国のもつ風土の文脈でとらえたい。

小諸までは、大宮から新幹線で軽井沢まで50分、そこから「しなの鉄道」に乗り換え20分で到着する。関東圏に住んでいれば、旅情あふれる小諸の宿場町を歩き、ちょっとした城と城下町、文学散歩が気軽に楽しめる。

軍師山本勘助の縄張りによる甲州流城郭

小諸城の歴史は、もともと小室氏（鎌倉御家人）がこの地に館を構えたのが始まりである。南北朝時代になると、小室氏は南朝に属したため衰退し、館一帯は、長享元年（一四八七）大井光忠（北朝）の本拠地となり、光忠は館を本格的な城・鍋蓋城（現鍋蓋郭跡）を築き、さらに光忠の子の光安が出城として乙女城（現二の丸跡）を築いた。のちに小諸地方は信濃の戦国大名・村上氏

小諸城大手門（国重要文化財）

の圧迫を受けるが、天文12年（一五四三）鍋蓋城は甲斐の武田信玄支配となり、馬場信房（武田四天王の一人）と軍師山本勘助が新たに城地を整備し、甲州流縄張りとした。連郭式となった城郭は、深さ10メートルの空堀が何重にもめぐらされ、天文23年（一五五四）に完成した。かつては武田軍の名将

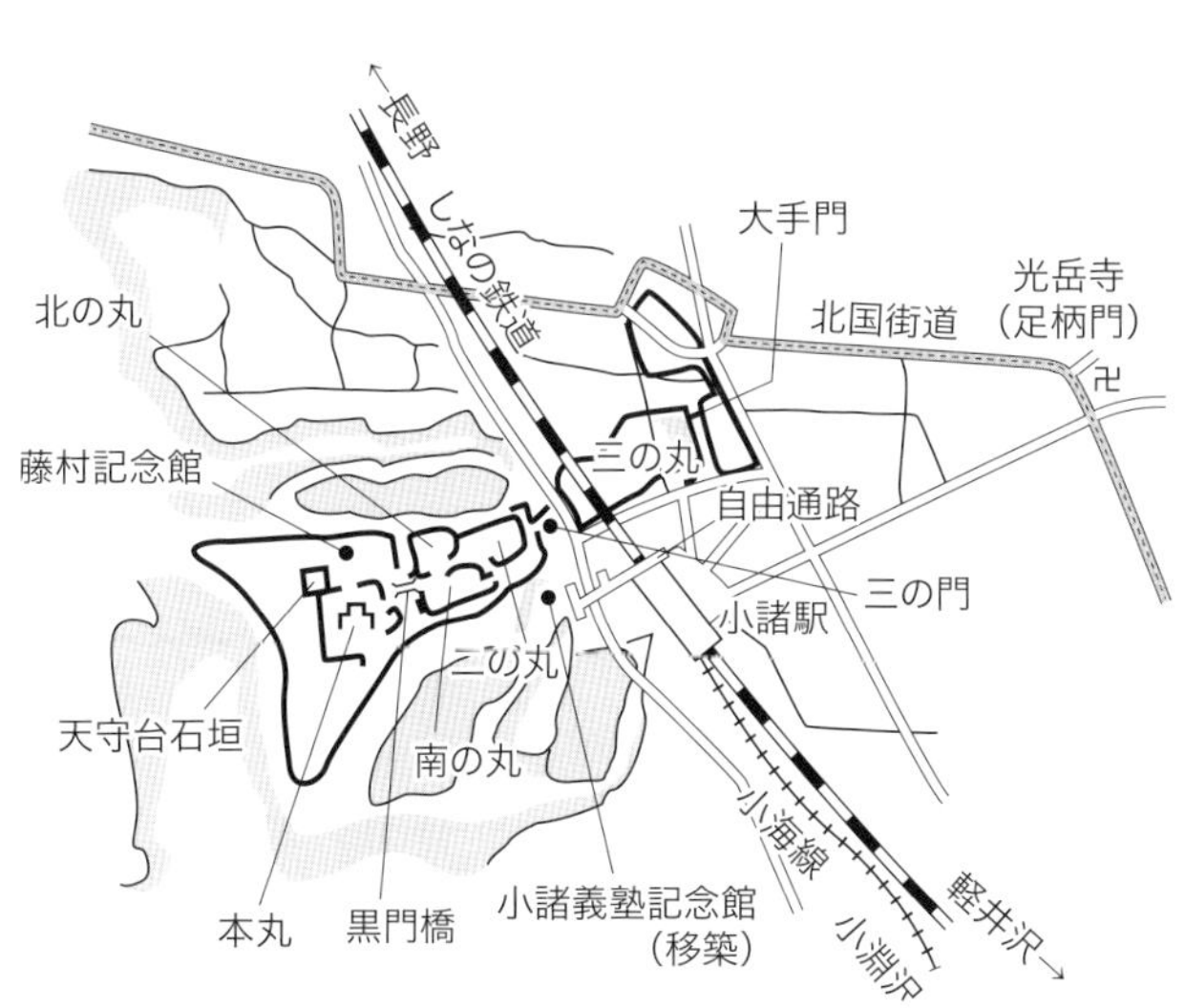

武田信繁（信玄の同母弟）が入城したと伝えられるが（小諸に信繁の墓所があるため）実際には、譜代家老や御一門衆が城代として入城した。武田家滅亡後（信繁嫡男の信豊は小諸城に入り自害あるいは殺害された）、織田家がこの地方を支配し、滝川一益の甥・道家正栄が城代として入城した。信長が本能寺で討死すると、依田信蕃（武田家遺臣）が入城するが、北条氏の攻略によって大道寺政繁が城代となる。やがて家康に攻められ北条氏は小諸城を放棄し、松平康国（依田信蕃の嫡男）の城となる。

天正18年（一五九〇）秀吉の命によって仙石秀久が5万石で入城すると、城は石垣と三層天守のある近世城郭に大修築され、城下町の整備がおこなわれた。関ヶ原の戦い（一六〇〇）では、徳川秀忠が二の丸に入って本陣とし、上田城の真田昌幸を攻めた。元和8年（一六二二）秀久の子・忠政が上田城に移封されると、甲府城主徳川忠長（家光の同母弟）の領地となり、城代が置かれた（忠長はのちに高崎で自刃）。寛永元年（一六二四）松平（久松）憲良が4万5千石で入り、以後、青山宗俊・酒井忠能・西尾忠成・松平（大給）氏2代を経て、元禄15年（一七〇二）牧野康重が入城すると、以後10代世襲し明治を迎えた（3万9千石）。牧野家というのは三河出身で、初め今川氏に属し、のちに家康に仕えた譜代大名で、京都所司代や老中を輩出した長岡城主の家柄であり、小諸藩牧野家は長岡藩初代忠成の次男が1万石分与され成立した藩である。小諸藩牧野家9代康哉が文武両道に優れた名君といわれる。康哉は殖産興業を行い、次々と善政をうちだす民政家で、天保年間に大凶作が続いたが、大規模な一揆は領内で起きなかった。彼はまた西洋砲術に長け、中央では若年寄となり、大老井伊直弼を補佐した。

五層天守築造を意図した巨大な天守台石垣

明治13年（一八八〇）旧小諸藩士らは資金を集め小諸城を払い受け、本丸跡に天神社と荒神社と歴代藩主を祀る「懐古神社」を建てた。大正15年（一九二六）に城址は「懐古園」となる。なお、明治2年の版籍奉還で城を引き取りに来た官軍の隊長は乃木希典である。

小諸城は「穴城」といわれ、城下町は城の中心部より高い位置にある。日本で唯一現存する、大変珍しい城である。三の丸、二の丸、本丸へと進むにしたがって次第に下がってゆく縄張りで、「見せる城」が主流となる近世城郭にあって、本丸部分が城の外側からは窺い知ることが出来ず、攻め手にとって不気味な構造の城であった。さらに、重要なのは、通常本丸部分に進むに従い曲輪のスペースは狭くなるが、小諸城の場合は、逆に広がっていることである。このことによって攻撃目標は分散され、攻め手は戸惑い、戦意を喪失する。

　本丸跡に残る、石垣造りの天守台はきわめて巨大である。本来、五層天守を想定して築かれたものではなかったか。そして、金箔瓦で飾られていたという巨大な三層天守（あるいは天守台の一部を使って小ぶりな天守が築かれたか）は、寛永3年（一六二六）落雷のため焼失し、以後再建されることはなかった。現在城址（懐古園）には、堅牢な断崖と深い空堀（浅間山火山灰のため水堀は不可）、迫力ある野面積み石垣、天守台、黒門橋（算盤橋・復元）、二層寄棟造り（よせむねづくり）瓦葺き「三の門」など残っている。三の門は元和元年（一六一五）の創建だが、寛保2年（一七四二）の大洪水で流失し、明和2年（一七六五）に再建された（国重要文化財）。矢狭間や鉄砲狭間が備わる「横矢掛かり」の漆喰土塀も見所である。しかし何といっても、この城門の最大の特徴は、寄棟造の屋根であろう。城郭建造物の屋根は99％、寺院建築と同様に、入母屋造（いりもやづくり）が基本である。財政的な問題で、簡略化された質素な屋根となったのだろうか。しかし、これがかえって最初に見る大手門の屋根と異なり、見る者の眼に変化をもたらせ、城見学の魅力を倍増させてくれる。

　江戸時代、藩役所や藩校（明倫堂）が置かれ城下町経営の中心であった三の丸は、しなの鉄道・小諸駅付近一帯および線路反対側となっており、前述の、堅牢な石垣と並んだ瓦葺き二層入母屋造の大手門（四の門）が残る。この大手櫓門は明治時代に民有となり、料亭となった後、明治27年から1年間小諸義塾の教室として使用され、その後、質屋となった。現在、一帯は大

三の門

天守台石垣

手門公園として整備され、櫓門も平成20年（二〇〇八）に完全修復された（国重要文化財）。大手門と三の門の間にあった足柄門（高麗門）は城下の光岳寺に移築され現存する。また、本丸入り口にあった黒門（一の門）は正眼院（しょうごいん）（小諸駅から車で15分）に現存する。黒門と二の門の間にあった柿葺き（こけら）屋根の「中仕切門」の柱や梁は、城下の町屋館休憩施設2階ギャラリーで見学できる。

城下町は全体にゆるやかな坂道が多い地形だ。北国街道（ほっこくかいどう）（中山道追分宿から越後に至る）沿いには、まねき屋根のある本陣問屋（本陣主屋は移築）、脇本陣その他商家が残る。また小諸義塾本館（洋館2階建）はもともと耳取町（小諸駅構内付近）にあったが、懐古園脇に移築され、記念館として公開されている。本丸跡には藤村記念館および詩碑があり、二の丸石垣上には若山牧水（本陣問屋に2ヶ月逗留）の歌が刻まれている。俳人・高浜虚子は疎開のため昭和19年（一九四三）から小諸を訪れ4年を過ごした。タレントの永六輔（二〇一六年83歳で死去）も小諸に疎開しており、名曲「上を向いて歩こう」は小諸時代「いじめられた」体験が生んだ歌という。

なお佐久鯉の由来は、延享3年（一七四六）伊勢神宮神官に鯉料理（鯉こく）が献上された記録が最古で、天明元年（一七八一）には大坂淀川から鯉を取り寄せ千曲川水系の流水で育てることに成功したといわれ、臭みがなく、肉の締まった調理用の鯉として知られる。うま煮、甘露煮、味噌煮（鯉こく）、味噌漬などで食す。城下には蕎麦屋も多い。酒盛りの後の蕎麦振舞といえばこちらでは御馳走であった。稲作に不向きな「のっぺい」と呼ばれる痩せた土地で、そばは高冷地信州に広まった代用

城下に移築された足柄門（光岳寺）

食だった。そば切りの最古の記録は16世紀、信州木曽である。兵庫県の「出石そば」は出石藩に国替えとなった小諸城主仙石氏が信州のそば職人を連れて行き広めたことに由来する。

藤村、馬籠から小諸への道のり

明治32年、小諸にやってきた島崎藤村は、信州木曽の馬籠村にて父正樹、母縫子の4男として明治5年に生まれた。島崎家はもともと相模三浦氏の末裔で、永正10年（一五一三）木曽に土着、木曽氏に仕え、のちに帰農した郷士である。江戸時代には木曽街道の馬籠宿の本陣・問屋・庄屋を務めた。父正樹は学問を好み、和漢に通じ、平田国学の信奉者であった。明治維新で世襲の職（17代目）を失い、名主（庄屋を改めたもの）や神社宮司を務めるが経済に疎く破産し、晩年は失意の中、精神病を患い座敷牢にて死去した。

藤村は満9歳で上京し、京橋の高瀬家（姉の嫁ぎ先）や吉村家（高瀬氏と同郷）に預けられた。芝の三田英学校、神田の共立学校に学び、15歳で明治学院に入学し、19歳で卒業した（その間に洗礼を受ける）。20歳で明治女学校の教員となり、その間、1歳年上の教え子・佐藤輔子を恋するが、すでに婚約者がいたことなどを理由に結婚を断念、辞職し漂白の旅に出た。24歳で仙台の東北学院の教師となるが1年で退職（詩集『若菜集』はこの頃の作品）。一時、上野音楽学校ピアノ科に入学し、助教授・橘糸重を恋する。明治32年、藤村（27歳）は恩師・木村熊二に招かれ、小諸義塾の講師となり、同年冬子（明治女学校出身）と結婚した（3女をもうける）。以後、小諸で6年間を過ごす。ここで詩集『落梅集』や散文（写生文）『千曲川のスケッチ』その他の名作を創作した。小諸時代はまた、詩から散文への創作転換期ともなった。小諸で美しい自然に接し、未知なる人々と出会い、もっと事物を実生活に即して正しく描くことを思い立ったのだ。

一世を風靡した藤村文学の本質

小諸義塾退職後は、上京して西大久保（新宿区）に居住（33歳）。末っ子の縫子が麻疹から急性脳膜炎を起こして死亡し、そして長男楠雄誕生。34歳（一九〇六）で部落出身の差別問題を主題とする『破戒』を自費出版すると『早稲田文学』その他に書評が載り、漱石に「明治の小説として後世に伝うべき名篇也」と絶賛され、作家としての地位を確かなものとした。同年、次女孝子（急性消化不良）、長女緑（結核性脳膜炎）が死亡。38歳のとき4女・柳子が生まれるが、母冬子は産後の出血で死亡（冬子は次男・3男も出産）。冬子の死んだとき、藤村は千葉稲毛の旅館で仕事中であった。41歳で渡仏し、帰国後、早稲田大学講師となり、フランス文学を講義し、翌年から、慶應義塾大学でも仏文を講じた。その後、家事手伝いに来ていた姪のこま子との愛人関係を綴った『新生』を上梓（47歳）、父をモデルに描いた歴史小説『夜明け前』などを発表する。昭和3年（一九二八）56歳のとき加藤静子（32歳・津田英学塾中退）と再婚。昭和18年（一九四三）大磯（神奈川県）の自宅にて執筆中、脳溢血で倒れ死去（71歳）。

小諸義塾記念館

「老獪な偽善者」（芥川龍之介評）、「小心、陰気、ひねくれ者、頭がよい、非常識、暗い性格ではあるが、奥底に火が燃えている」（精神科医・西丸四方評）、藤村のいいまわしは「僕は石というものを手にとってみたがねえ、君、石というものは重くて冷たいものだねえ」といったものに過ぎないとの酷評もされている。父への強い憧れと、母の面影の薄さ、母への不信、女性への復讐が諸作品の奥底に流れているともいわれる。三兄（母不義の子）の作品不在（父もまた異母妹との不義あり）もまた、頻繁に指摘されている。

小諸にやって来た志高き新進気鋭の講師たち

『千曲川のスケッチ』を読むと、その時代の空気というものが伝わってくる。藤村は小諸に赴任した翌年（28歳）から執筆を始めているが、その後、徳冨蘆花（作家）が藤村宅を訪れ、柳田國男（民俗学者）有島生馬（画家、のち藤村の葬儀委員長を務める）小山内薫（劇作家）青木繁（洋画家）田山花袋（作家）ら錚々たる顔ぶれが小諸の家にやって来ている。3人の女子も小諸で生まれた。懐古園の桜見のエピソード、広大な自然、美しい風景、生き生きと働く農家の人々、彼らの笑い声で作品は溢れている。千曲川流域の近隣散策の日々に明け暮れ、土地の人々と逢う楽しみが語られている。

当時、日本は未知なる世界に向かって力強く押し進んでいた時代であり、田舎も都会も活気に満ちていた。信州小諸の町につくった小さな塾（私立旧制中学）で、米英に留学して帰ってきた洋画家（三宅克己）が、東大（1期生）を卒業し、のち東京理科大の設立者のひとりとなる理学士鮫島晋が、町の商人や士族の子弟、農民の子らに絵や数学（物理・化学）を教えていた。英語と国語は、当時詩人としてすでに名声を博していた藤村が担当した。

島崎藤村胸像（小諸城内）

塾長の木村熊二は、かつて佐藤一斎に学び、12年間アメリカ留学したキリスト教徒であった。彼が、新進気鋭の志高き若者を招き教壇に立たせた。講演会を開けば、大物内村鑑三がやって来た。藤村が生まれてから小諸に来るまでの間に創立された学校は、同志社（明治8年）、札幌農学校（明治9年）、東京大学（明治10年）、東京専門学校（明治15年）、東京音楽学校・東京美術学校（明治20年）などあり、他に鹿鳴館落成（明治16年）、坪内逍遥の『小説神髄』発表（明治18年）、東海道線の全通（明治22年）、そして藤村が小諸にやって来る前年（明治31年）には日本映画が初めて製作され公開された。当時は、そのような時代であった。政治的には日清戦争に勝利し、明治35年に日英同盟締結、藤村が小諸を去る年に日露戦争に勝利し、ポーツマス条約が結ばれた。

小諸の生徒たちは、実業家を志し、あるいは学者、芸術家、軍人、教育者を目指して勉学に励んだ。しかし、現実は、やがて日露戦争勝利を契機に台頭してくる国家主義的教育が影響力を増し、藤村が退職した翌年、小諸町議会や北佐久郡会、有志らの支援も途絶え、財政難に陥った小諸義塾は13年間の歴史を終えて閉校してしまう。古き良き時代の、教育の理想の終焉であった。

「川中島の戦い」の舞台である甲州流城郭と幕末、その城下町に生まれ育った、忘却の英傑

大砲を打ちそこなってべそをかき、あとのしまつを
なんとしようざん　狂歌

現在「松代駅」という列車の駅名は存在しない。平成24年（二〇一二）屋代線廃止に伴い廃駅となったのだ。その城下町松代に行くために、ＪＲ長野駅からバスを利用することにした。「遠くとも一度は詣れ善光寺」と書かれたポスターが至る所に貼られている長野駅周辺は、この寺の観光で活気に満ち溢れていた。バスに乗り、市街を通り抜け、およそ30分で松代に到着。途中、謙信と信玄の一騎打ちの像があることで有名な「川中島古戦場・八幡原史跡公園」を通ったが、残念ながら、あの像自体、昭和44年（一九六九）大河ドラマ『天と地と』の放送記念として建てられたもので、史実としてあの場所で一騎打ちしたという事実は確認できない。バス停「松代駅」で下車すると、旧松代駅「駅舎」はバスの待ち合わせ場所に利用されており、今も地元の高校生で賑わっていた。城はそこから数分のところである。

甲州流築城術の代表格

松代城は、永禄3年（一五六〇）甲斐武田家の軍師山本勘助の縄張りによって対上杉の前線基地として築かれた。輪郭式で、広大な丸馬出しや三日月堀を備えた甲州流城郭の代表格である。当時は海津城や茅津城、川中島城と呼ばれていた。築城に関しては、天文22年（一五五三）との説もある。その名から、水城、沼城のイメージがあるが、江戸時代の縄張図を基にして描かれた復元図を見ても、広大な水堀に浮いた城郭という感じで、内陸の城ながら、浮き城を連想させる。城代として武田家譜代家老衆・小山田昌辰が入り、翌永禄4年「第四次川中島の

本丸太鼓御門（復元）

戦い」に際し、譜代家老衆・高坂弾正忠昌信が城将として入城した。上杉軍（1万3千）は妻女山に本陣を構え、武田軍（2万）は茶臼山に陣を張り、やがて海津城に入った。武田方は別働隊（1万2千）を編成し、上杉本陣を奇襲し、八幡原におびき寄せ、待ち伏せする武田軍本隊（8千）と挟み撃ちする「啄木鳥戦法」（勘助の案）を仕掛けるが、謙信がそれを見破り、全軍をもって武田本隊に突入、あと一歩のところまで信玄を追い込むが、結局、

武田軍別動隊が戦場に戻ってきて越後方は劣勢となり敗走した。両軍の戦死者数は、武田方4千（副大将武田信繁と山本勘助を含む）、上杉方3千であった。上杉方は名だたる武将は誰一人討死していない。

　元亀3年（一五七二）から高坂昌信が城主となり、2代昌貞のとき、武田家が滅び、織田家の森長可が城代として入り、信長横死後、上杉景勝の城代が入り、その後、太閤検地が行われ、田丸直昌が4万石で入城（一五九八）、このとき従来の土塁は野面積み石垣に変わった。2年後、森忠政が13万7千石で入城、二の丸、三の丸を整備し、三層天守を築いた。外郭もこのとき確定した。本丸には御殿のほか3隅に二層隅櫓があり、太鼓御門、東不明門、北不明門が築かれた。海津城と呼ばれていた城名は、このとき「待城」となった。その後、城主は家康の6男松平忠輝（城代・花井吉成）となり、このとき「松城」に改められた。結城秀康次男・松平忠昌（12万石）、そして酒井忠勝（10万石）を経て、元和8年（一六二二）真田信之が上田城（9万5千石）からこの地に入封（10万石）した。信之はすでに嫡男信吉に沼田領（3万石）を分封していたが、信吉の死後（42歳）、長男の熊之助が家督相続後、夭逝（7歳）したので、信之の次男信政が継ぎ、その後、信政が真田宗家（松代藩）を継いだため、信吉次男（信利）が沼田藩主となった。しかし、信利は江戸の両国橋普請遅延などで改易、出羽山形藩にお預けとなり死去（54歳）。真田宗家松代藩はそのまま真田家が10代世襲して明治を迎える。

真田邸（城下）

　松城城から松代城への改名は、正徳元年（一七一一）3代幸道のときである。7代幸専は彦根藩主で大老の井伊直幸の4男で真田家養子となり、8代藩主幸貫は松平定信（8代将軍吉宗の孫・老中首座）の次男であり、松代藩真田家養子となった。幸貫は当時兵学者として知られた佐久間象山を登用し、そのことから軍事・海防に明るい大名として、水野忠邦の天保の改革が始まると、外様大名で初めて幕府老中となり、海防担当となった（真田家は以後、準譜代となる）。松代藩では大砲2百門、小銃3千挺を鋳造し、諸大名にも大砲鋳造を命じている。

松代城本丸は近年復元整備事業が進み、現在、石垣、堀、土塁をはじめ、太鼓御門（平成16年）、搦手門である北不明門（平成16年）などが復元された。城址付近には9代藩主幸教が義母のため築いた真田邸（新御殿）、藩校（文武学校）、真田宝物館などがあり、城下を歩けば、松代藩鐘楼、象山神社（象山生誕地）、象山記念館、蓮乗寺（象山墓所）、また、多くの武家屋敷（旧横田家・旧樋口家・旧前島家・山寺常山邸）、豪商の屋敷（蟄居中の象山を経済的に支援した八田家）、寺町商家が残っており、歴史散歩に事欠かない。

武家屋敷（樋口家）

なお、第2次世界大戦末期、旧日本軍部は、大本営および政府各省庁を松代に移す計画を極秘に進め、松代にある象の形状をした山・象山の地下に壕（象山地下壕）を構築した（延長10キロ）。

敵が多かった天才学者、象山

信州松代藩士であった佐久間象山は、山田方谷（のちの備中松山藩家老）とともに左門（佐藤一斎門下生）の二傑と称せられた儒学者で、のちに「西に西郷、東に佐久間」と謳われた幕末の英傑である。文化8年（一八一一）、松代城下浦町で、下級武士である父一学（50歳）母まん（31歳）の子として生まれた。象山の家は、もともと平氏の流れを汲むという。父は剣術の達人で道場を開き、また、のちに藩主真田幸専の側右筆兼表右筆となった。象山は3歳で漢字をおぼえ、6歳で漢文を素読する、城下で有名な秀才となった。16歳からは、家老の鎌原桐山（江戸昌平坂学問所の筆頭教授佐藤一斎の門人）から経書を学び、18歳で家督相続。23～26歳の頃、特例により藩費で江戸遊学、昌平坂学問所に入門し、佐藤一斎に学び、藤田東湖や渡辺崋山と交わった。3年後、松代に戻ると象山は月に2回登城し、講義を行った。

学問を究めるため再び江戸に出て、そのとき神田で塾（象山書院）を開き儒学を教えるようになる。31歳（一八四一）のとき藩主幸貫は幕府老中となり、象山は江戸真田藩邸学問所頭取となる。翌年、藩主幸貫は老中首座・水野忠邦に呼ばれ幕府海防係となり、象山はその顧問となる（この頃、清国で阿片戦争勃発）。

象山は、伊豆韮山の代官江川英龍の塾に入門し、西洋砲術を学んでいる。英龍は開明的な人物として知られ、渡辺崋山や高野長英らとも交流し、江川塾で英龍は砲術のみならず、反射炉による大砲の造り方まで教えた。その門人には幕臣のほか、薩摩藩の黒田清隆・大山巌、長州藩の桂小五郎などもいた。しかし、象山は「自分は、江川から学ぶべきものは少なかった」と述べている。その間、象山は海防論「海防八策」を老中在職中の藩主に提出するが、幕府（水野忠邦）がそれを採用することはなかった。江川塾を退いた象山は、江川が翻訳書による蘭学習得であったことを批判し、自らは黒川良安に蘭学を学び、一日わずか2時間の睡眠で、8ヶ月で蘭語を修得、さっそく蘭語砲術書の精読を始めたという。松代帰国を命じられ土地開発を任されるが、保守的重臣らに足元をすくわれ、期待される実績は出せなかった。それと前後し、大砲数門を鋳造、松代で大砲を試射している。その後、江戸深川藩邸にて儒学・砲術を教授。さらに嘉永4年（一八五一）江戸の木挽町に砲術指南の塾を開く。その門下生に吉田松陰、橋本左内、勝海舟、坂本龍馬、武田斐三郎（五稜郭の設計者）、小林虎三郎（「米百俵」で知られる長岡藩士）、河井継之助（つぎのすけ）（長岡藩家老）、山本覚馬（会津藩士）らがいた。嘉永5年真田幸貫没。その半年後、42歳で勝海舟の妹・順子（17歳）を娶る。翌年、ペリー浦賀に4隻の黒船で来航、「急務十条」を老中首座の阿部正弘に提出するが、不採用となる。一年後、ペリーが7隻の黒船で再び来航。吉田松陰の米艦密航未遂事件に連座し、松代にて蟄居を命ぜられるが「法は人間

象山生誕地

佐久間象山像（象山神社）

がつくり、時代と共に変わるもの」と主張し、その非を認めなかった。49歳のとき、松陰処刑（安政の大獄）。翌年、井伊直弼が江戸城桜田門外で暗殺される。2年後、天下の逸材が埋もれていることを遺憾として長州藩主毛利敬親や土佐藩主山内容堂らが幕府に働きかけ、象山の蟄居（9年）が解除される。翌年、藩主幸教（幸貫嫡孫）に藩政改革を進言。そして、幕命により上洛、一橋慶喜や14代将軍家茂、二条関白に謁見した。また西郷隆盛にもこの頃会っている。天皇を彦根城に移す「彦根遷都」計画を進める中、池田屋事件（長州・土佐の藩士が新選組に殺害された事件）の黒幕は象山だと噂され、ついに寓居付近で河上彦斎（げんさい）（熊本藩士）ら過激派グループによって襲撃され、西洋鞍をつけた愛馬にまたがったまま、殺害された（一八六四、54歳）。桂小五郎などは象山に危険が及んでいることを恐れ、密かに帰国するよう勧めていた。一方、刺客に襲われたとき、背後から斬られたという理由で、松代藩は佐久間家の知行を召し上げ、子は蟄居、そしてその死（29歳）と共に佐久間家は断絶した。のちに「ぞうざん」か「しょうざん」かどちらか論議されるほど、地元でさえ、忘れられた存在となった。

　生前、西洋兵学者としても最高レベルであった象山は、その東洋人離れした容貌・身長（一七五チセン前後）から、よく西洋人と間違えられたという。また両耳はぴったり頭部にはりつき正面から見えない珍しい人相で、本人は、それを自慢した。儒学（朱子学）、蘭学、数学、兵学（砲術）、医術、科学を短期間で修めた頭脳明晰な秀才で、政治的には公武合体論者であり、積極的な開国（開港貿易）論者であった。西洋砲術を習得すると、特に海防に関心を示し、藩主幸貫に幕府海軍創建の急務を説いた。海軍編成を念願し、書斎に「海舟書屋」の額をかかげたが、この額は象山が江戸を去る際、弟子の勝麟太郎（のち「海舟」

と名乗る）に贈っている。象山は「世界で最も頭のよい人種は日本人であり、従って世界の盟主となるものは日本人でなければならない」と発言した。20代は藩レベルでものを考え、30代は日本レベルで考え、40代は世界を考えた（余、年二十以後、すなわち匹夫にして一国に繋ることあるを知る。三十以後、すなわち天下に繋ることあるを知る。四十以後、すなわち五世界に繋ることあるを知る）。そして「その日本人のなかで自分が最も優秀であるから、その胤を多く残すことが国家の利益になるから妾が欲しい」といって周囲にその斡旋を願う困り者でもあった。頭は良かったが、どうも紳士でなく、協調性に欠け、気性が激しく、傲慢無礼、たえず敵が多かった。唯一、松代藩主幸貫のみが「修理（象山）はずいぶん疵の多い男であるが、しかし、天下の英雄である」と評し、彼を庇護し、学問の便宜をはかり、重用したのである。

引き継がれ開花する象山の先駆的思想

外交上の艱難が次から次へと押し寄せ、すっかり権威を喪失した当時の江戸幕府にあって、象山のような自信過剰な男がいっそう頼もしく思えた可能性はあったのだろう。幕末、政治を引っ張る強いリーダーを幕府は必要とした。アメリカの、武力を前面に打ち出し開港を迫る恫喝外交によって屈辱的な通商条約を取り交わし、また、国内問題では、尊皇攘夷が盛んとなり、弱体化した徳川幕府を揺るがす浪士や志士が京の都を割拠するなか、象山のような居丈高な男が現れた。一部の人間はそれを歓迎し、また象山本人もそれを知っていた。そして、象山は殺され、西南雄藩下級武士らが軸となって倒幕を成功させた。象山レベルの人物が集結し、リーダーシップをとって幕政改革を断行していれば、その後の明治新政府と比べても遜色ない、世界に対抗できる力強い日本政府

象山墓所（蓮乗寺）

が誕生したかも知れない。もともと儒学者、文学者としての才能に秀でた象山が、軍事の専門家として注目されたのは、じつは藩主幸貫の意向であった。本来、象山は新井白石を尊敬し、その文体を見習った儒者であり、思想家だった。外圧により、象山の眠っていた武士（もののふ）としての本能が覚醒し、やがて実力ナンバーワンの西洋兵学者として一世を風靡したのだ。西洋の科学技術を導入し、軍事力を高めることによって、日本は生き延びる、象山は常にそう主張したが、彼は将来日本を豊かにするような、その先のさまざまなビジョンを持ち合わせていた。軍事のみならず、殖産興業にも明るく、関係する意見書、報告書も多数残している。ガラス製造や写真術、銅採掘、養豚業、馬鈴薯・人参栽培なども指導し、地震計や寒暖計、電池を作り、あるいは西洋菓子やワインをつくり、修得した西洋医術で医者に見捨てられた病人を救っている。葡萄を栽培してワインを松代の特産物にすべきだという意見書も藩に出している。学問芸術上の閉鎖性（秘伝）を廃し、公共性、情報の開放を唱え、日本人の誰もがオランダ語を学べるよう、辞書『増訂和蘭語彙』（全10巻）を著し、それを出版するよう藩や幕府に許可願いしている（結局幕府は危険視し不許可）。民政家の一面もあり、若い頃、飢えに苦しむ領民を救うため、藩の御用商人を口説き、一日2千人分の米や塩を調達させたこともあった。

象山死後、彼の本当の人柄は歪められ、闇に葬られた。そして、象山の先駆的思想、抜群な語学センス、あるいは西洋文明、科学技術に対する知識と考え方は、のちに勝海舟はもちろんのこと、加藤弘之（出石藩出身、のち東京帝国大学総長）、津田真道（津山藩出身、のち衆議院副議長）、西村茂樹（佐野藩出身、啓蒙思想家）、福沢諭吉（中津藩出身）らに受け継がれ、開花したと言ってよい。

なお、地元および長野県内では、名前をその山から取ったということで「ぞうざん」で読みを統一しているらしい。すべてのパンフレット、案内板、説明文の振り仮名を「ぞうざん」としている。しかし、関連書籍を読んでいて、たまたま彼の横文字署名を見つけたが、SHOUZANとあった。やはり正しくは「しょうざん」であろう。地元の人からこんな話も聞いた。松代を家族で訪れ、「ぞうざん」と読むことを知った他県の小学生が、その後、学校の試験で「ぞうざん」と答えたら×にされたというのだ。不正解としたのは採点した教員の見識の無さだろうが、願わくは、その子が、歴史嫌いにならなければいいのだが…。

戊辰戦争で灰燼に帰した徳川譜代の名城と城下町で生まれ育った連合艦隊司令長官の反骨精神

大君の御楯とたたに思ふ身は　名をも命も惜まざらなむ
　山本五十六「12月8日開戦直前の覚悟」

「今度、長岡に行きます」というと「花火ですね」といわれるほど、長岡といえば信濃川で打ち上げられる花火で有名だ。日本三大花火（ほかに大曲・土浦）の中でも知名度はダントツではないだろうか。ネットで市内のホテル予約をしようとすれば、季節に関係なく、どこのサイトも画面に花火の映像が映し出される。長岡で初めて花火大会が開催されたのは明治12年（一八七九）といわれるが、正確に言うと、天保11年（一八四〇）長岡10代藩主牧野忠雅のときである。当時、武蔵川越藩移封の命が下り、藩は騒然としたが結局、取り止めとなり、それを祝って花火が打ち上げられた。現在の「長岡花火」は昭和20年（一九四五）空襲で命を落とした約千五百名の長岡市民慰霊のため復活したもの。日本の花火はどこか物悲しいイメージがあるが、長岡花火もその典型だろう。慰霊・鎮魂・平和祈願のメッセージがあり、もののあわれを感じさせる日本独特の風物詩である。

八文字構えの浮島城

もともと領内に蔵王堂城（長岡市内）が築かれ、春日山城の上杉家支配下にあった。のちに堀氏を経て、越後高田城主松平忠輝の重臣が在城したが、忠輝改易後（一六一六）、堀直寄が8万石で再入城し、翌元和3年（一六一七）直寄は蔵王堂城を廃し、改めて近世城郭・長岡城の築城を開始した。同4年、直寄は越後村上城に移封されたため、替わって入った譜代牧野忠成（6万2千石）が築城を継承し、同8年にほぼ城下町を含め城郭が完成した。牧野氏は三河国牧野村（愛知県豊川市）出身の国人領主で、今川氏被官となり三河吉田城を築いたが、家康方に攻められ、落城後、家康に従い、のちに上野大胡城主、越後長嶺藩主、そして越後長岡藩主となった。9代藩主牧野忠精が名君といわれ、寺社奉行・大坂城代・京都所司代を経て老中となっている。以後、藩主は10代忠雅、11代忠恭ともに寺社奉行・京都所司代・老中を歴任し幕府を支えた。牧野家が三河在住以来守ってきた信条は「常在戦場」（山本五十六の座右の銘）であり、侍6百家、足軽千の大所帯で、城も20万石規模であった（実高15万石）。

城の縄張りは、大手口を西側（日本海側あるいは信濃川側）に構え、城と信濃川で城下町を守る形となっていた。外郭西側には町口門（一部石垣使用の櫓門）と高橋口門（薬医門）が外枡形で並んでおり、特に西側からの

長岡城本丸跡碑（JR 長岡駅前）

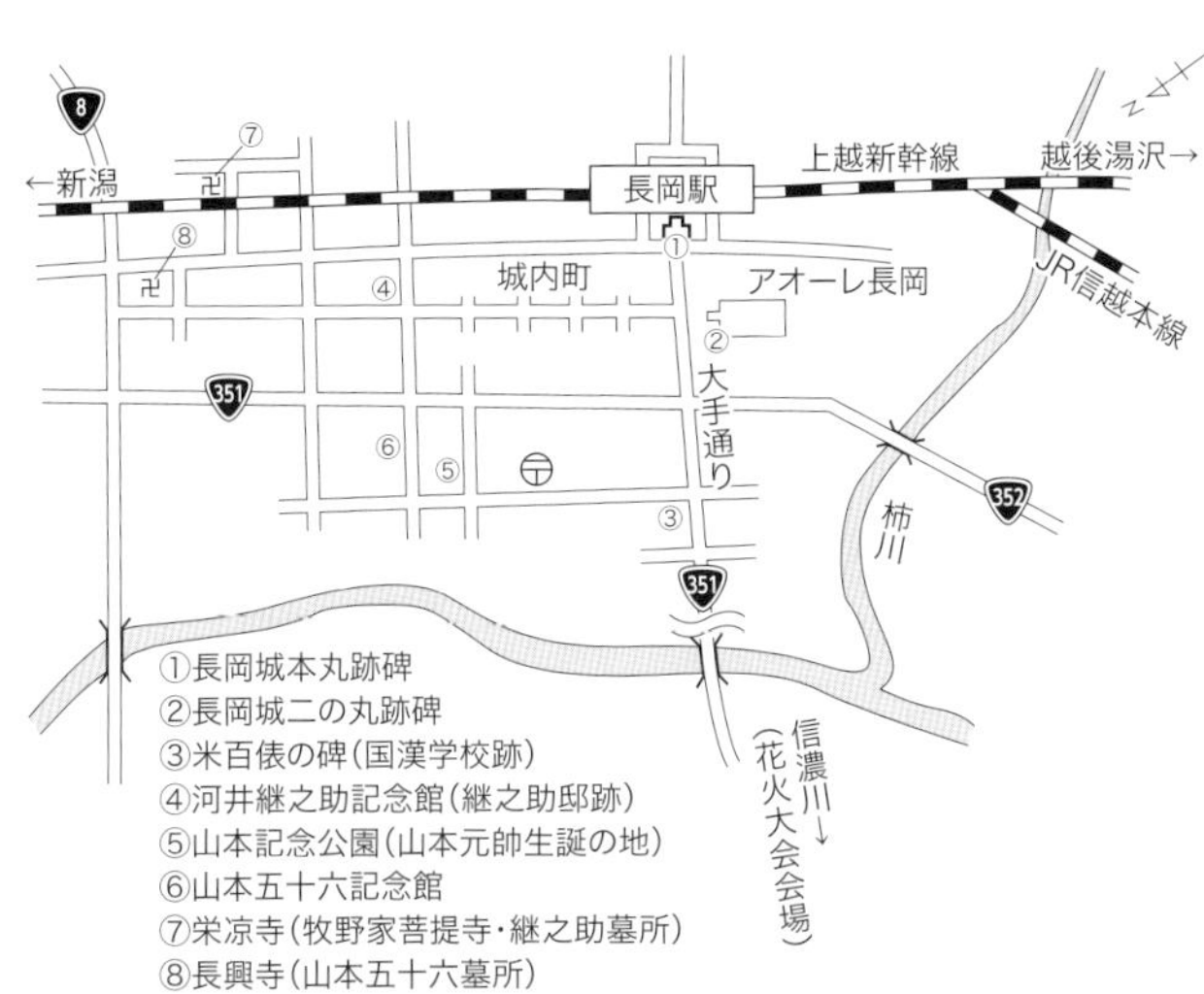

城攻めに十分対応できる縄張りであった（実際、戊辰戦争で官軍は信濃川を渡り、西側から攻めた）。三の丸西に大手門を構え、その内側に二の丸・本丸・詰め丸が連郭式で東西に並んだ。三の丸の外側には輪郭式で外郭が巡らされ、侍屋敷が並ぶ。町屋は外郭の外側に形成され、信濃川のみならず四方、自然（あるいは人工の）の河川によって守られた。寺院は南北に配され、城下町の周囲には深田や湿地帯（北東の八丁沖など）が広がり、これらも城の防衛力を高めた。城は水堀と土塁中心の造りで、天守は築かれず、本丸西北の御三階（櫓）が天守の代用となった。三階櫓のほかには城内に二階櫓が6基あり、櫓の窓はすべて土戸、櫓の多くが三角形の鉄砲狭間を備えた。千鳥破風は無く、櫓の構造は層塔型で、建物や漆喰土塀はすべて白亜であった。縄張りは直線を重視した造りで、本丸の表門（九間門）は総石垣の外枡形で、高麗門と櫓門が備わった。城は「八文字構え浮島城」あるいは「おびき形兜城」ともいわれるが、「八文字」の由来は、大手門と神田口門（三の丸北西）が八文字に開いていたから、あるいは東を背に、城門を南北西に開いたその城構えを称したものだろう。

長岡城主は牧野氏が12代続いて幕末維新を迎えた。戊辰戦争（北越戦争）では藩家老河井継之助率いる藩兵が官軍（長州藩兵のほか松代藩兵や尾張藩兵など）と長岡城攻防戦を展開し、敗退（落城・奪還・落城）。熾烈を極めた戦闘によって城下は灰燼に帰し（侍屋敷・町屋合わせて2千数百軒が全焼）、現在、城の遺構は何も残らず、本丸のあったJR長岡駅前広場付近と二の丸跡に城址碑が立つのみである。なお、牧野家分家の越後三根山藩から救援米として送られた「米百俵」を現金に換え国漢学校をつくった藩士小林虎三郎は、継之助と同じく佐久間象山に学んだ秀才だった。継之助を批判し、最後まで非戦論者であったという。

新潟の人は我慢強くよく働き、どこでも出稼ぎに行き、地道に成功する者が多かった。冬期、男女ともに江戸に出て働き「頼まれれば江戸まで餅つきに」といわれた。かつて東京で豆腐屋、銭湯、看護婦といえば新潟県出身者が多かった。「苦労をともにするなら越後女」ともいわれた。上杉謙信、直江兼続、良寛和尚、河井継之助、小林虎三郎、堀口大學（詩人）、小川未明（児童文学作家）、相馬御風（歌人）、山本五十六、田中角栄（第64・65代内閣総理大臣）らが越後人の代表格であろう。

軍師山本勘助とのつながり

「長岡藩が三百年かかって、最後に作り出した人間」

と称される山本五十六は、明治17年（一八八四）五十六の父高野貞吉が56歳のとき長岡本町で生まれた。高野家は藩で家禄一二〇石の儒者の家柄である。家は城下の北側、外郭の内側にあったが、現在付近一帯は山本記念公園となり、生家が復元されている。祖父貞通は、北越戦争で77歳という高齢ながら戦闘に参加し、戦死している。父貞吉も銃士隊として参戦し、維新後、小学校長など務めた。五十六が海軍士官に憧れる直接のきっかけは、長岡藩士の叔父が海軍高官で、軍艦高千穂の艦長であったことによるという。長岡中学を経て17歳で海軍兵学校に入学。兵学校時代は数学（特に統計数学）が得意で、また聖書を愛読したという。20歳で海軍兵学校を卒業（成績は一九二人中11番）。21歳で日本海海戦に少尉候補生として巡洋艦日進に乗船し参戦、敵弾を受け、左手指2本（人差し指と中指）を失い、右脚に重傷を負う。凱旋後、少尉。26歳、海軍大学校乙種学生となり、翌年、海軍砲術学校教官。30歳、海軍大学甲種学生となり、大正5年（一九一六）卒業。31歳のとき旧長岡藩上席家老山本帯刀（千3百石、屋敷は大手門付近）の名跡を継ぎ山本姓となる。山本家は三河出身で甲斐武田家の軍師山本勘助の末裔という（四竈孝輔著『侍従武官日記』）。帯刀は戦時、藩兵の大隊長であり、二度目の長岡城落城のとき殿を務め、味方を仙台や米沢に逃した。継之助の死後は、代わって指揮官となり藩兵を統率した。会津で遊撃隊として転戦し、最後は部下44名中42名が戦死、捕らえられ、恭順助命を拒否、斬首された（23歳）。山本家は明治政府によって逆賊の汚名を着せられ廃絶したが、のちに許された。しかし、再び無嗣断絶となったため、五十六が選ばれた。名跡相続は長岡城落城の5月19日に行われ、同年（一九一五）、五十六は海軍少佐となった。3年後、旧会津藩士の娘（三橋礼子）と結婚。それまで、

長岡城二の丸跡碑

山本五十六生家（復元）

海軍次官鈴木貫太郎（五十六が最も尊敬した上官）が何度も名家令嬢との縁談を勧めたが、五十六はまったく乗り気でなかったという。媒酌人は当時海軍大佐の四竈孝輔（仙台藩家老の家柄）が引受けた。筆者の大学院時代、同じ研究室にいた直原（四竈）典子氏（学術博士、早稲田大学講師）がそのお孫さんであることを知った時は驚いた。彼女の祖父すなわち四竈中将の書いた『武官日記』をいただき、五十六が結婚式前、四竈家を訪れ、山本というのは信玄の軍師山本勘助の末裔であると説明していることを知った。少なくとも、五十六本人はそう信じていたのだ。

世界最高水準の海軍航空隊生みの親

山本は35歳のとき、上司に軍艦の燃料に関する意見書を提出し、米ハーバード大学に留学（英文の専門書・論文、さらにシェイクスピアを読める語学力があった）。主な任務は石油調査であった。翌年5月、帰国。海軍大学校教官となり、軍政学（国の生産力・技術力・陸軍や政府との調整・国際情勢・外交など）を担当。39歳のとき、欧米諸国7カ国（米英仏独伊、オーストリア、モナコ）を1年間で視察、そのときモナコのカジノで山本があまりに稼ぐので、出入り禁止となった逸話が残る。同年、海軍大佐、翌年希望して、霞ヶ浦海軍航空隊副長兼教頭となり、のちに「海軍航空隊生みの親」といわれた。42歳、駐米大使館付武官として渡米。45歳でロンドン軍縮会議随員として渡英、帰国後、海軍少将となる。46歳、海軍航空本部技術部長となり、飛行機の改良と新機種開発に努めた。49歳で第1航空隊司令官。50歳（一九三四）ロンドン軍縮会議予備交渉の日本代表となる（条約存続派の山本は政府方針となった艦隊派の代弁をし、結局会議は決裂)。51歳、海軍航空本部長となり、この頃戦艦大和や武蔵を造ることに反対し、飛行機を中心とした軍編成を主張。52歳、海軍次官となり、翌年、米内光政(よない)(旧盛岡藩士子息)が海軍大臣、さらに翌年、井上成美(しげよし)が軍務局長となり、この3人で日独伊軍事同盟阻止を主張し、陸軍と対立する。右翼系の新聞に腰抜けと罵られ、国粋主義者からは命を狙われ、家族には「心配するな」と言いつつ、ひそかに遺書を残した。

55歳、母校・長岡中学にて講演。対ソ戦のためのドイツとの軍事同盟であったが、ドイツがソ連と不可侵条約を結んだことから、平沼内閣が総辞職し、山本は米内光政の配慮によって連合艦隊司令長官となる(山本を海軍大臣に指名した場合、殺害される危険性が高かった)。同年(一九三九)、独軍がポーランドに侵攻、第2次世界大戦が始まる。三国同盟締結、そして海軍大将(56歳)。東条内閣の成立した2ヶ月後、昭和16年(一九四一)12月8日、ハワイ真珠湾奇襲攻撃遂行。12月10日、マレー沖海戦で英海軍に勝利。58歳、ミッドウェイ海戦(本来は真珠湾で潰せなかった敵空母撃滅が目的であった奇襲作戦)で大敗(戦死者3千5百人)。両軍甚大な損害を被ったソロモン海戦を経て、6ヶ月続いたガダルカナル島攻防戦で敗退(千百機失う)。昭和18年2月、ガダルカナル島の生存将兵1万6百余名を、駆逐艦20隻の投入で救出。4月7日、航空作戦を自ら指揮するためラバウル基地に赴く。4月18日、将兵激励のため、前線航空基地(ブーゲンビル島ブイン基地、バラレ島基地)に向かう途中(2機の陸上攻撃機に護衛のゼロ戦6機)、ブーゲンビル島上空で米軍戦闘機(16機)に急襲され、空中戦の末、墜落、戦死(59歳)。通夜は旗艦武蔵で行われ、遺体はラバウルで火葬された。その死は5月21日大本営発表の臨時ニュースで国民に知らされた。葬儀委員長は米内光政大将、葬列のなかで柩のすぐ横を歩く軍人に鈴木貫太郎大将がいた。戒名は「大義院殿誠忠長陵大居士」だが「長陵」とは「長岡」の意である。山本五十六記念館に行くとブーゲンビル島のジャングルに眠っていた搭乗機の残骸の一部(左翼)が展示されている。

長岡が生んだ二人の名将・五十六と継之助

五十六は身長一五六センチ、体は皮膚移植などで傷だらけ、無口で非社交的、勲章をつけるのが何より嫌いだったという。睡眠は3時間。将棋やトランプが好きで、酒は一滴も飲まず、勧められると「お前のような頭の悪い奴は飲んでもよかろうが、俺のは少し良くできているから、そうはいかぬ」と笑いながら答えたという。英米での海外勤務はのべ8年以上に及び、語学堪能で世界がよく見えていた。石油無くして海軍は無く、これからは航空戦力中心になるというのが持論であった。陸軍はドイツの軍制を模範とし、海軍はイギリスを模範とし、その対立は著しく、陸軍は「真の敵は海軍なり」と言ったというが、実は海軍内部（特に薩摩系軍人）にも山本の敵対勢力は多く、彼らは日本海海戦の勝利を常に大原則に掲げ、巨艦主義に拘り、山本の飛行機主義と反目していた。作戦会議をすると、幕僚たちがいつも皆同じ意見であることに山本は失望していたという。兵学校、大学校と丸暗記中心の詰め込み教育で、思想統一されていることへの不満であったのだろう。

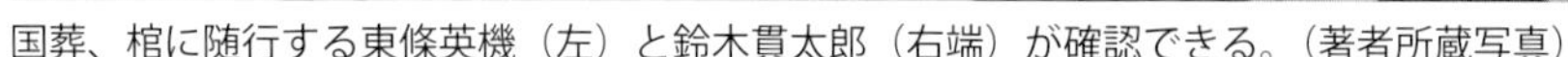
国葬、棺に随行する東條英機（左）と鈴木貫太郎（右端）が確認できる。（著者所蔵写真）

山本五十六の墓（長興寺）

河井継之助と五十六は二人とも長岡藩が生んだ名将だが、柔軟な思考、先見性、幅広い視野、悲劇性などその共通点は多い。継之助が江戸や長崎に遊学したように、山本も欧米諸国に出かけ、その見識を広めた（あるときは官費が無く自費でメキシコに行き石油を調査した）。山本は軍政畑の軍人であり、本来、海軍大臣が最も相応しいポストであった。しかし、大戦が勃発したとき、たまたま実戦の作戦を立案し、指揮を執る最高指令官であったのだ。山本は継之助をたいへん敬愛しており、山本の軍人としてのモデルが継之助であったことは間違いない。ロンドン海軍軍縮会議予備交渉に日本代表として参加する際、郷土の知人に「継之助先生が小千谷談判に臨んだ気構えで行ってきます」と話したという。新しい兵器、戦闘機、すなわちゼロ戦に敏感に反応し、取り入れるところも、継之助のガットリング砲購入と共通点がある。非戦論を唱えながら、結局、本意とは裏腹に、戦闘に突入して、それでも奇抜な作戦を立て、並外れた統率力を発揮しながら、最後は敗北し、多大なる犠牲者を出してしまう指揮官のイメージも、継之助とまったく同じである。もちろん二人とも戦死。五十六の国葬に関して、ミッドウェイ海戦の敗北などから反対意見も多かったが、東条英機（盛岡藩に仕えた能楽師の子）は陸海軍の協調を優先させ、それらの意見を退けたという。

五十六が軍人を志したとき、長州出身の多い陸軍か、薩摩の山本権兵衛率いる海軍か、ふと、どちらにするか迷ったであろう。元々長州主導で行われた北越戦争の犠牲となった長岡を顧みれば、五十六の叔父も長州嫌いで海軍を志願したのではないか。平沼内閣で米内海軍大臣のもと海軍次官を務めた五十六は親英米家、英米支持であり、ドイツ支持の陸軍と絶えず衝突していた。英米を敵に回すということは、石油をほとんどアメリカからの輸入に頼っていた海軍としては、絶対避けねばならない事態であったが、はじめから陸軍嫌いであった可能性もある。五十六の意識下において、反主流派、反権力、藩閥への嫌悪があったことは疑いない。そういった反骨思考が、五十六の先見性、進取の精神につながり、当時世界最高水準といわれた海軍航空部隊を作り上げた戦略思想に磨きをかけたといえるのではないか。

私の亡父は19歳で海軍に志願し、横須賀海軍砲術学校に学び、駆逐艦冬月に乗船した。天一号作戦に参加し、米軍機との交戦の末、戦艦大和の爆沈を見届け、大和乗組員の救助後（約一〇〇名）沖縄特攻作戦中止命令を受け、佐世保に帰港した。生前、山本五十六国葬の写真を多数所持しており、死ぬまで大切に、箪笥に保管していた。元帥慰霊のため、一度長岡の花火を見に行きたいと言っていた。

江戸時代を通して残った四層天守と総構え
俳聖芭蕉はなぜ、大垣で歴史紀行を終わらせたのか

…駒に助けられて大垣の庄に入れば、曾良も伊勢より来り合い、越人も馬を飛ばせて、如行が家に入り集まる…

芭蕉『おくのほそ道』結びの部分

大垣城のある美濃国は、古代においては東西文化圏の接点とされ、京と関東を結ぶ重要な交通路として栄えた。壬申の乱（六七二）を始めとして、歴史的に大規模な戦闘が多数繰り広げられた地域である。西美濃のほぼ中央に位置する大垣は、畿内にとっては東国（あずま蝦夷）に対する防衛ラインであり、同時に鎌倉幕府に象徴される東国政権にとっても、西国に対する防衛ラインとなった。名城岐阜城はもともと鎌倉時代、二階堂行政が西国勢力おさえの城として築城したことに始まった。大垣の地名由来は狭義では、洪水対策の輪中堤防の「囲い」、その「大」きな「垣」ということで「大垣」、広義においては、日本列島東西文化の境界線である大きな垣根であったと容易に想像できる。江戸時代、松尾芭蕉が「奥の細道」終焉の地に大垣を選んでいるのもきわめて象徴的だ。芭蕉は、若狭敦賀から彦根経由で大垣城下にたどり着き、そこで歴史紀行『おくのほそ道』を完了させた。

関ヶ原の戦いで翻弄された城

大垣城は天文4年（一五三五）宮川安定（美濃土岐一族）が築城したことに始まる。異説では応仁年間（一四六七〜六九）土豪の大垣氏が築城したとも、明応9年（一五〇〇）竹腰尚綱の築城ともいわれる。初期縄張りは連郭式に本丸と二の丸が並んだだけの規模であった。永禄2年（一五五九）氏家常陸介直元（入道して卜全）が城主となると、城は整備拡張され、のちの大手門口や南口門を含む外郭ラインが確定した。池田恒興・輝

大垣城四層天守（復元）。四層は死相につながるとして忌み嫌う城主もいた。

政父子の城主時代を経て、天正13年（一五八五）当時の城主一柳（ひとつやなぎ）直末が秀吉の命で、地震で被害を受けた城の大修築を行っている。そして3年後（天正16年）天守が完成したという。一説には慶長元年（一五九六）城主伊藤祐盛・盛宗父子によって初めて天守が完成されたともいうが、改築の可能性もあり、また、この頃、天守が四層であったという確証もない。

関ヶ原の戦い（一六〇〇）では伊藤盛宗は西軍に味方し、石田三成を始めとする西軍主力部隊（宇喜多隊・島津隊・小西隊ら）は大垣城に集結した（8

←米原
JR東海道本線
大垣駅
岐阜→
養老線
藩校敬教堂跡
水門川
ミニ奥の細道
東海道→
（熱田神宮）
212
本丸
円通寺 卍
（戸田家菩提寺）
大垣公園
牛屋川
総構え縄張り
美濃路大垣宿本陣跡
奥の細道
むすびの地
記念館
船町港跡と
住吉燈台
←中山道
（垂井宿）
美濃路
奥の細道
むすびの地
①大手門跡　⑤清水口門跡
②南口門跡　⑥辰之口門跡
③柳口門跡　⑦小橋口門跡
④竹橋門跡
以上大垣城総構え七口之門
Ⓐ東総門（名古屋口門）跡
Ⓑ西総門（京口門）跡

天守と本丸乾隅櫓（復元）

月10日）。小早川・毛利秀元・長宗我部らは大垣城には入らず、それぞれ関ヶ原を囲む遥か西方の山々（松尾山・南宮山・栗原山）に陣を構えた。8月23日、岐阜城が落城し、9月13日、家康が清洲から岐阜、さらに赤坂の岡山陣所（大垣城の北側でやや関ヶ原寄り）に到着すると、名将島左近率いる精鋭部隊が出撃し、杭瀬川の緒戦で東軍に勝利する（14日）。同14日の夜半には西軍本隊は東軍を迎え討つため、雨の中、関ヶ原に向け出発。大垣城に残った部隊（三成の妹婿・福原長尭ら7千5百名）はそのまま籠城し、のちに降伏する（伊藤盛宗は関ヶ原で討死）。

　三成は大垣城に籠城せず、関ヶ原で家康を迎え撃つ作戦に出た。一般的には、城攻めの苦手な家康が、三成の居城佐和山城を攻める、あるいはそのまま秀頼のいる大坂城を攻めるといった情報を三成方に流し、それによって三成は城から引きずり出され、野戦に持ち込まれ敗退したといわれる。しかし、じつは当時の大垣城は、のちに完成される四重総構えを有する大城郭と異なり、小さい城であった。とてもそこで長期にわたり籠城するのは得策ではなかったはずである。籠城戦は場合によって士気の低下を招き、疑心暗鬼で足並みの揃わない西軍にあって、家康は本陣をあえて大垣城と小早川隊・毛利隊のいる陣所の間に構え、両者を分断した。日和見の多い西軍にあって東軍との内応を恐れた三成は、家康以上に、一気に合戦で雌雄を決したかったに違いない。大坂城にいた西軍大将毛利輝元の出撃は期待できず、東山道を上る秀忠以下徳川主力部隊が到着する前に、家康を叩きたかったに違いない。そうでないならば、西に進むという東軍を背後から突くのでなく、わざわざ笹尾山で待ち構える戦法はとらなかっただろう。結局、東軍の大勝利で関ケ原は終わり、逃れた三成は4日後、近江で捕らえられ、10日後、京都六条河原で斬首（41歳）。そして、大垣城には、慶長6年（一六〇一）石川康通（石川数正の叔父）が5万石で入城。慶長12年、康通が54歳で死去したため、父家成（74歳）が2代城主となり、さらにその2年後、家成の死去で、大久保忠隣次男が養子となり家督を継ぎ3代目石川忠総（ただふさ）となった。忠総は竹橋口・清水口・辰ノ口を含む水門川に沿った外郭外堀を完成させ、さらに南堀等を広げ、広大な四重堀構えの城郭が完成した。続いて松平(久松)氏(元和6年＝一六二〇天守修築)、岡部氏、松平（久松）氏等を経て、寛永12年（一六三五）摂津尼崎城（5万石）から戸田氏鉄（うじかね）（夫人は松平康長の娘で家康の姪）が10万石で入城し、以後、戸田氏が11代城主を世襲し、幕末まで続いた。

戸田氏鉄による大修築と四層天守

戸田氏鉄は、築城・土木技術にきわめて優れた徳川譜代の大名として、その存在は際立っている。慶長6年、天下普請で築かれた膳所城(四層四階天守)の築城に、父・一西（かずあき）とともに参加し、元和2年（一六一六）膳所から尼崎に移封されると尼崎城天守（四層四階）を築いた。寛

水門川（総構えを形成する水源である）

永元年（一六二四）には大坂城再建で主要な役割を担っている。大垣城主となった氏鉄は、寛永18年（一六四一）京口御門（西総門）・名古屋口御門（東総門）を整備し、それぞれ巨大な外枡形石垣とした。同19年には大手門の枡形石垣を新造し、正保4年（一六四七）には二の丸石垣改築、慶安元年（一六四八）には、引き続き幕府の許可を得て、天守修築など大規模な城郭普請を続けた。氏鉄が生涯にわたって大垣城を大々的に修築したことは特筆に価する。関ヶ原の戦い後、徳川譜代によって大垣城は大修築され、その役割は大きく転換した。大手門は元々東側に構えられていたが、総構えが完成し、より重要性が高まったのは、新たに築かれた東総門（名古屋口門）と西総門（京口御門）であった。これは歴史的に大垣城が担った役割（＝東の東山道と南の東海道のおさえ）を強化させるものだった。従来、外郭（総構え以前のもの）は七口で守られていた。つまり、大手門・小橋口門（東側）、竹橋口・清水口（西側）、南口門・柳口門（南側）、辰之口門（北側）である。しかし、寛永年間の「大垣御城下図」を見ると、七口の外側にさらに、水堀（現在の牛屋川）で囲まれた大規模な曲輪（総構え）を確認できる。南外側にある外枡形は西総門といい、中山道の垂井（たるい）宿につながっている。北側東端にはひときわ巨大な外枡形・東総門が築かれ、東海道の熱田宮宿に通じていた。東総門には中山道赤坂宿に向かう門が併設されていた。すなわち、大垣城は江戸時代、中山道と東海道をつなげる街道として整備された美濃路おさえの城となったのだ。脇街道（美濃路）は商業的に重要な流通路となり、大垣城下は美濃路に沿って町屋が並び、賑わいをみせた。軍事的には、西総門の先には近江彦根城があり、東総門の先には尾張名古屋城があったわけで、大垣城は、両城を結

大手門跡（大手の位置はその城の築城目的を表す）

ぶ防衛ラインでもあった。東海道筋から大軍を上洛させるときには、名古屋城から彦根城経由の進軍を容易とし、逆に、西国から敵方が中山道経由で東征し、さらに名古屋経由で江戸城に迫るときは、それを大垣城で阻止することができた。

江戸大名の築いた近世城郭は、当初総構えを築いても、やがて取り除き、あるいは築城途中で普請を中断し、放置するものが多かった。そんな中で、関ヶ原後、大垣城外郭の縄張りは拡大され、戸田氏鉄の時代に、美濃路を外堀で包み込むという大規模な城郭完成を成し遂げたのだった。戸田家の菩提寺円通寺・八幡神社・全昌寺はすべて外郭の西側に配置されているが、江戸時代、大垣城がどこからの攻撃に備え、完成された城であったかを如実に物語っている。大垣城は幕府の意向により、徳川譜代によって西からの攻撃に備える総構えのある大規模な城郭へと改造された城であった。

大垣城と言えば「四層天守」を思い浮かべる人も多い。では一体、いつ誰によって築かれたのかというと、それはいまだ不明である。ただ、氏鉄の父の居城近江大津城を始め、彼の関わった膳所城、尼崎城などすべて四層四階天守であった。幕府の意向で、大垣城を大規模な総構えの城郭に改修した戸田氏鉄が、そのとき四層天守を築いた可能性はかなり高い。なお「四層」は「死相」につながるとし、大垣城では、一層目の屋根を付け庇と見なし、天守は三層四階と表記された。しかし、四層天守は、復元された大洲城天守（愛媛県）からもわかるように、三層天守より見栄えが良く、五層天守より経費節減ができ、また幕府に対しても野心の無さを示すことができ、極めて使い勝手の良い天守であった。家康もかつて豊臣大坂城西の丸に四層天守を築き、秀頼と淀殿を挑発した。

昭和20年（一九四五）戦災により当時国宝であった天守は焼失したが、戦後（昭和34年）鉄筋コンクリート製天守が再建された。外郭七口跡（大手門・南口門・柳口・竹橋口・清水口・辰の口・小橋口）には、現在、案内版が立ち並び、一帯は市民のウォーキングコースとなっている。大垣は昔から「水都」であり、湧き水は今でも豊富に溢れ、三重・四重の水堀が、往時、豊富で透明な湧き水を十分湛えていたことを物語っている。

生涯を孤独、清貧で過ごした旅人

『おくのほそ道』の最終地点として大垣城下にやってきた松尾芭蕉は、元々伊賀上野出身の武士階級の俳諧師であった。父は伊賀の郷士で、母は伊予宇和島（かつて藤堂高虎の領地）の桃（百）地氏の出であり（母の父親は伊賀忍者・百地丹波とも）、その二人の子（次男）として正保元年（一六四四）伊賀上野の赤坂町で生まれた（柘植生まれ説もあり）。松尾家は平氏の末裔といわれ、代々柘植に住み、芭蕉出生前後に赤坂に移った。芭蕉は藤堂家の侍大将（5千石）の嫡男・藤堂良忠に10歳（13歳とも）で小姓として仕え、良忠が俳諧を嗜んだことから芭蕉も俳諧を始めた。14歳で「いぬとさるの世の中よかれ酉の年」と詠んでいる（異説あり）。23歳のとき主君良忠がわずか25歳で没すると郷里を出奔し京に行き本格的に俳諧修行をする。29歳のころ江戸に出て、34歳から神田上水の工事（普請）事務の仕事にたずさわり（4年間）生活の糧を得た。37歳、深川に住居（芭蕉庵）を移す。「古池や蛙飛びこむ水の音」はそこでの作品（43歳）。6ヶ月にわたる大行脚・奥の細道の旅は46歳のときであった。その後、伊賀上野や膳所・大津・京都で暮らし、2年半ぶりに江戸（日本橋のち深川）に下り（元禄4年）、元禄7年（一六九四）再び江戸を発ち5月に伊賀上野に戻る。9月、奈良を経て大坂の宿で体調を崩し（悪寒・頭痛・発熱・腹痛）10月死去（51歳）。九州を目指す旅の途中であったという。

「旅に病で夢は枯野をかけ廻る」（遺作）。

遺言によって近江の義仲寺（滋賀県大津市）の木曽義仲墓石の隣に埋葬された。なお、芭蕉には妻子はいなかったと考えられている。知人・門人に恵まれたものの、生涯、孤独閑寂、清貧の生活を堅持した、孤独な旅人であったのだ。

独立自尊のサムライ詩人

みちのくの旅においては、黒羽城下で城代（館代）家老（5百石）の邸に招かれ、白河、須賀川、白石、仙台を経て、壺の碑（多賀城碑）を見つけては「行脚の一徳、存命の悦び、羇旅の労をわすれて、泪も落るばかり也」と涙し、平泉では「夏草や兵どもが夢の跡」と詠んだ。出羽では山城を思わせる立石寺の山頂の堂にのぼり「閑けさや岩にしみ入る蝉の声」と詠み、さらに「五月雨を集めて早し最上川」、酒田では鶴岡藩士長山某の屋敷に迎えられ「暑き日を海に入れたり最上川」、金沢を経て小松の多田神社にて白髪を黒く染めてかぶった斎藤実盛の兜を見て「むざんやな甲の下のきりぎりす」、そして丸岡、福井を経て結びの地大垣に到着した。途中、賎ケ岳の古戦場、関ヶ原の古戦場を眺め、大垣藩の藩士ら多くの門人・知人の待つ城下に入ったのだ。また、大垣藩家老・戸田如水の屋敷に招かれ、皆で俳諧を楽しんでいる。2日後、芭蕉と曾良（元伊勢長島藩士）は水門川に面する船町湊から舟に乗って桑名に向かった。「蛤のふたみにわかれ行く秋ぞ」は奥の細道の結びの句であるが、「行く秋」は「行く春や鳥啼き魚の目は泪」（奥の細道第2句）の「行く春」とセットになっているのがわかる。「蛤」はこれから行く桑名の特産物であること、「ふたみ」は貝の「蓋」と「身」を表し、蛤のふたと身がはがれるように皆と別れることが名残惜しいという意味を含み、同時に伊勢の名所「二見ケ浦」にかけているというのは多くの研究者の指摘するところである。「わかれ行く」と「行く秋」も掛詞になっており、技巧的である。

芭蕉は早々に武士の身分を捨ててしまったようだが、俵木浩太郎氏（元玉川大学教授）も指摘するように「最後まで独立自尊のサムライ詩人」であった。その門弟（2千余人）には多く元禄武士を抱え、磐城平7万石藩主・内藤義泰などとの交流もあった。当時は、武断から文治へ政治が定着し、古戦場、古城址など、歴史ある地、いにしえの歌枕の地に対する関心が高まった時期でもあった。そういった時代の中で、下級とはいえ武士出身の詩人が出現し、一世を風靡したのだ。ちょうど後に、武士階級出身の読本作者曲亭馬琴が現れたように。芭蕉の美意識は、武士（もののふ）好みであり、その嗜好、理想とするものと相通じていた。その精神は、与謝蕪村（摂津国）に受け継がれ、小林一茶（信濃国）、そして明治になり、正岡子規（松山藩士長男）が俳句として完成させるものであったのだ。

奥の細道むすびの地を示す碑

京の都には五層天守より、絢爛豪華な二の丸御殿がよく似合う
そして、そこで、最後の将軍慶喜は、歴史的決断を行った

> 日本は慶喜の自己犠牲によって救われた、と竜馬は思ったのであろう。この自己犠牲をやってのけた慶喜に、竜馬はほとんど奇蹟を感じた…このふたりはただ二人だけの合作で歴史を回転した。竜馬が企画し、慶喜が決断した。　司馬遼太郎『竜馬がゆく』

司馬遼太郎の作品に『最後の将軍―徳川慶喜』というものがある。昭和42年（一九六七）に文藝春秋より刊行されたものだ。ところが最近、慶喜関連の歴史小説の中に、この司馬さんの小説とそっくりそのまま同じ文章が多々出てくる本を見つけた。最初、これはひどい剽窃だと驚いたが、「あとがき」を読むと、著者は丁寧にも、司馬氏とは深い交流があると、わざわざ記していた。まさかそれほど懇意にしている大作家の作品を大胆に借用するとはとうてい考えられず、おそらく、司馬氏もS氏も同じネタ本をもとに作品を書いたのだと、すぐに知れた。では一体、その元となった本は何であったのか、さっそく調べてみた。私は、それから暇を見つけては、慶喜という名の出ている書籍を探して、1冊ずつ精読した。ほどなく、

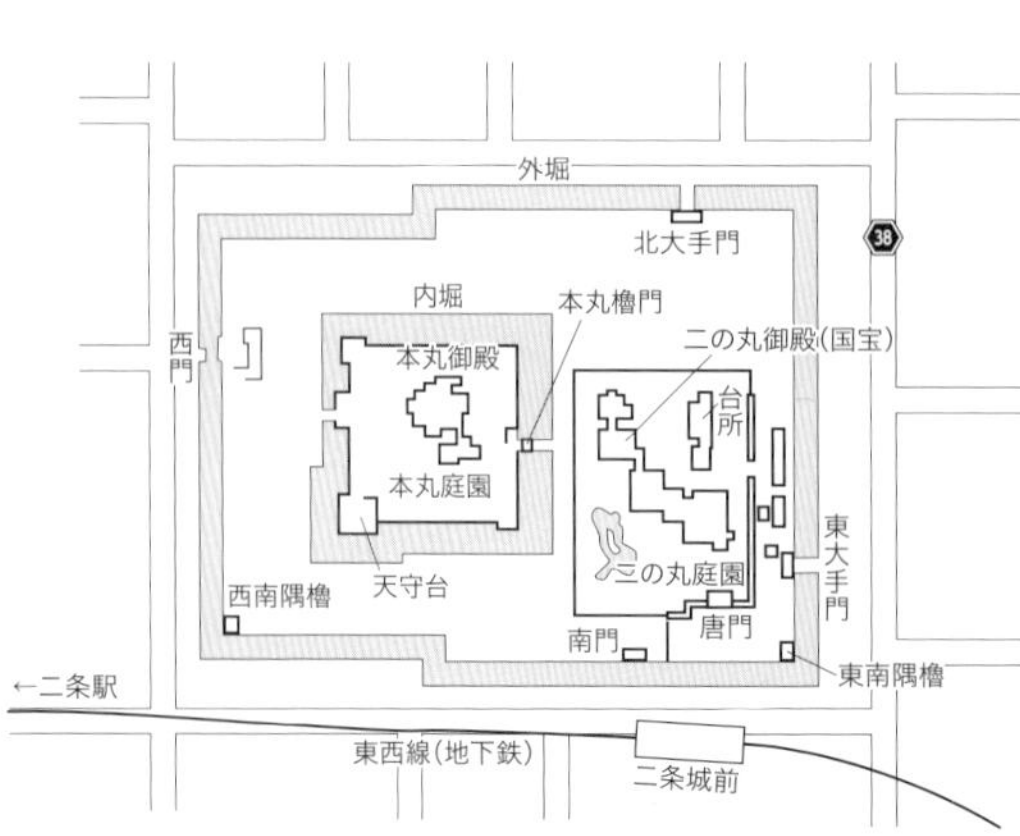

二の丸御殿（世界遺産）

東南隅櫓

それは『徳川慶喜公伝』（渋沢栄一著）であることが分かった。その時最初に思ったのは「なんだ、司馬さんもこんな風に書いていたのか…」ということだった。著作権はとっくに無くなっているので、もちろん、法的に何ら問題もないのだろうが、引用文ではなく、本文として延々と書き写す司馬さんの姿を想像するのは些か寂しい気がした。流行作家というのはこういうものかとも思った。

ところで、京都の観光名所、世界文化遺産に登録されている二条城といえば、今からちょうど百五十年前、幕末、ときの城主・将軍徳川慶喜が、諸藩重臣を二の丸御殿に集め、大政奉還の意向を表明した城であり、そのときの様子を描いた邨田丹陵の代表作「大政奉還図」が思い浮かぶ。この二条城とは一体いかなる歴史を歩んできた城なのか、そして、源頼朝から始まった武家政権の幕引きを行った最後の将軍・徳川慶喜とは一体どんな人物で、どのような思想の持ち主であったのか、それらを探るため、今回あらためて筆を執る。

京における将軍宿舎として築かれた二条城

最初に二条城を築いたのは織田信長である。永禄12年（一五六九）足利義昭（室町幕府15代将軍）のため、信長は京都御所の西側、現在の平安女学院大学の辺りに城を築いた（二条古城）。2重の堀に石垣造りのその城は三重天守が築かれたという。その後、信長が義昭を追放し、新たに二条城（二条新御所）を、旧二条邸（烏丸御池付近）を改修し築いたが、本能寺の変（一五八二）のとき、信長嫡男・信忠がここに籠城し、城は炎上、信忠は自害した。

現在の二条城は、徳川家康の築いた城である。京における将軍の宿所として慶長8年（一六〇三）西国の諸大名の天下普請によって築かれた。当初、城の規模は現在の東半分（二の丸）程度であった。慶長11年、五層天守（大和郡山城天守から移築）が築かれるが、寛永年間（一六二四—四四）に天守は淀城に移築される。慶長

東大手門

16年（一六一一）家康と豊臣秀頼との会見が加藤清正の働きかけにより現在の二の丸御殿で行われた。このとき清正が命懸けで秀頼を護ろうとしたエピソードが知られている。清正はこの会見後発病し、3カ月後に熊本で急死した。そのため秀頼の代わりに清正が毒饅頭を食べたのではないかと噂された。大坂冬の陣（一六一四）では、将軍秀忠が伏見城から出撃したのに対して、家康は二条城を本営として、そこから出撃した。寛永元年（一六二四）から同3年にかけて大修築が行われ、現在の輪郭式平城（正方形の本丸と長方形の二の丸）が完成（縄張りは藤堂高虎、作事奉行は小堀遠州ほか）。このとき本丸西南隅に五層天守が再び建てられた。じつはこの天守、伏見城から移築したものである。また二の丸には後水尾天皇（秀忠の娘和子が中宮）を迎えるため行幸御殿が築かれた。造営奉行は小堀遠州である。天皇は寛永3年9月に行幸し、大御所秀忠と3代将軍家光が迎え、二条城に5日間滞在した天皇は、このとき本丸天守に2回登ったとのことで、二条城天守は天皇が登った唯一の天守であるとされる（明治維新まで）。寛永11年（一六三四）家光は江戸より30万余の大軍を率いて二条城に入城したが、以後、幕末まで将軍が二条城に入ることはなかった。天守は寛延3年（一七五〇）落雷のため焼失し、本丸御殿は天明8年（一七八八）京の大火により焼失した。文久2年（一八六二）14代将軍家茂の上洛にともない、二の丸御殿が大修築され、家茂は2度、二条城に滞在している。慶応2年（一八六六）12月5日、徳川慶喜は二条城で15代将軍に就任し、翌年の9月から京都の若狭小浜藩邸から二条城に移り、宿舎とした（12月12日まで）。

慶応3年10月13日、将軍慶喜は二の丸御殿の大広間に在京諸藩（10万石以上）の重臣50余名を集め、大政奉還の意思を表明した（15日朝廷許可、慶喜が正式に将軍職を辞したのは12月9日の「王政復古の大号令」のとき）。『竜馬がゆく』によれば、大政奉還は龍馬が企画し、慶喜が決断したといい、このふたりだけで日本の歴史を「回転させた」と爽快に断言している。しかし、実際は、もともと横井小楠（福井藩政治顧問）や大久保一翁・勝海舟ら幕臣の発案であるのは間違いなく、龍馬のアイディアのほとんどは勝海舟から伝授されたもので「船中八策」や薩長同盟の立役者としての重要な役割も、今では後世の創作だとさえ言われる。

明治元年（一八六八）二条城は朝廷に引き渡され、所管は京都府、陸軍省を経て、明治17年（一八八四）宮内省所管となり、二条離宮と改称された。明治27年（一八九四）京都御所内の桂宮御殿が本丸に移築され、それが現在の本丸御殿であり、二の丸御殿と比べてきわめて質素な理由はそこにある。昭和14年（一九三九）二条離宮は京都市所有となり、元離宮二条城となった。2重の水堀と石垣、東大手門、北大手門、東南2重隅櫓、西南2重隅櫓、絢爛豪華な唐門、狩野派による襖絵や障壁画、欄間彫刻で飾られた二の丸御殿、二の丸庭園（小堀遠州作）、本丸櫓門、本丸御殿、本丸庭園、天守台など見どころは多い。昭和27年（一九五二）二の丸御殿6棟が国宝に指定され、平成6年（一九九四）二条城は世界遺産に登録された。

聡明で武術を好んだ最後の将軍

徳川慶喜は天保8年（一八三七）江戸小石川の水戸藩邸で生まれた。父は御三家水戸藩9代藩主・徳川斉昭で、母は正室、有栖川宮家6代目の織仁（おりひと）親王の娘登美宮吉子（とみのみやよしこ）である。生まれて半年ほどで、江戸の華美な生活は教育上良くないとして斉昭の意向により水戸城（茨城県）に送られ、質実剛健な生活環境の中に身をおき勉学に励むことになる。5歳から藩校弘道館（後の茨城大学）に通い、尊王水戸学の本質を徹底的に教育された。6歳の慶喜を見て、父斉昭は側近の藤田東湖に「天晴名将」の器量であると絶賛した。弘化4年（一八四七）12代将軍家慶の意向で、御三卿一橋家（10万石）を相続する（11歳）。以後「慶喜」と名乗ることになる。一橋家でも慶喜は個人授業を受け、無類の聡明といわれた。習字・漢学・国語・和歌・鉄砲・弓術・剣術・槍術・水術・馬術を学び、文武両道を目指したが、本人は「文」はあまり好まず「武」を好んだという。12代将軍家慶の子で13代将軍となった家定は病弱で、正室天璋院篤姫との間に子がなかった。そのことから将軍継嗣問題が浮上し、14代将軍の座をめぐり、頭脳明晰な慶喜を推す一橋派（老中首座阿部正弘・徳川斉昭・薩摩藩主島津斉彬・越前藩主松平春嶽・尾張藩主徳川慶勝・宇和島藩主伊達宗城（むねなり）・土佐藩主山内容堂）と、将軍家と血が近い紀州藩主の徳川慶福（のちの家茂）を推す南紀派（彦根藩主井伊直弼・会津藩主松平容保・高松藩主松平頼胤）が対立。しかし、一橋派の中心人物、阿部正弘（39歳）が急死し、斉彬（50歳）も急死（共に毒殺？）、斉昭はのちに永蟄居となり、春嶽・慶勝・宗城・容堂らは隠居となった。安政5年（一八五八）大老となった井伊直弼は14代将軍を家茂として、さらに日米修好通商条約を断行、朝廷軽視の直弼を面責するため登城した慶喜（22歳）を登城禁止、翌年、隠居謹慎とする。安政7年（一八六〇）江戸城桜田門外で井伊大老が水戸と薩摩の尊王攘夷派の浪士によって殺されると、文久2

西南隅櫓

年（一八六二）慶喜は一橋家を再相続し、14代将軍家茂が病身であったため将軍後見職となる（26歳）。元治元年（一八六四）水戸藩尊王攘夷派の藩士らが天狗党を結成、挙兵し、京都にいる慶喜に協力を求め進軍を開始するが、後見職を解かれ禁裏御守衛総督に就いた慶喜は、逆に彼らを討伐し、結局、天狗党350余名は敦賀で処刑された。慶応2年（一八六六）7月、第二次長州征伐の幕軍の敗戦が濃厚になった矢先、将軍家茂が大坂城で死去（死因は脚気衝心）。家茂は遺言で次期将軍として田安亀之助（4歳、のち16代徳川宗家を継ぐ）を指名したが、松平春嶽ら諸侯に担がれて慶喜が同8月、徳川宗家を継ぎ、12月、15代将軍となる（30歳）。将軍になる前、8月、慶喜は勝海舟を二条城に呼び、長州征伐の後始末（和平交渉）を頼み、広島に派遣するが、同時に朝廷から止戦の詔勅を出してもらい、それによって長州軍は撤退し始める。そして二条城に戻ってきた海舟に会おうとせず、海舟を失望させた。慶応3年10月、前土佐藩主山内容堂の意見書（龍馬から土佐藩参政・後藤象二郎を経て容堂に進言されたもの）を取り入れ、大政奉還を決断。同12月「小御所会議」で慶喜が内大臣の官位を辞職し、4百万石の領地を返納することが決まると、それを二条城の慶喜に伝えに来た春嶽らに即答せず、殺気立つ旧幕府軍1万の大半を引き連れて「我、大坂でなすことあらん」として二条城を出て、大坂城に向かった。慶応4年1月、幕軍が鳥羽伏見の戦いに大敗した後、決死覚悟の幕臣、会津桑名両藩士ら5千を残し、夜陰にまぎれて大坂城を脱出し、軍艦開陽丸で江戸に帰城した。慶喜は朝廷に対して恭順の意を示して2月、上野寛永寺にて謹慎、4月、勝海舟主導による江戸城無血開城があり、その直後、水戸弘道館に移り、ひたすら謹慎する。さらに7月、駿河の宝台院（静岡県）に移りさらなる謹慎（この間、駿府城70万石を田安亀之助に譲る）。明治2年（一八六九）ようやく謹慎

天守台より本丸御殿を望む

が解かれ、そのまま静岡で隠居生活に入った。日々、写真・狩猟・弓・自転車・油絵・投網・囲碁将棋・謡曲など行い過ごす。明治30年（一八九七）東京巣鴨に移り（61歳）、明治35年、大政奉還を断行し明治政権樹立に貢献したとして公爵となり、貴族院議員となる（66歳）。大正2年（一九一三）急性肺炎により死去（77歳）。墓は歴代徳川将軍の増上寺や寛永寺ではなく、公共墓地・谷中霊園（東京都台東区）にある。

皇国史観を重視した慶喜の功罪

慶喜は開国論者であり、考え方は公武合体による幕藩体制の再編成、親藩・譜代・外様による合議制であった。幕府を廃して、王政復古することも、早い時期から考えていたようだ。慶喜はもともと軍事好みであり、軍事的解決を検討していた可能性もある。しかし、薩長の軍事力、および、特に警戒していた西郷と大久保の実力を十分知っていたので、実戦で彼らと対抗しようとは思わなかったようだ。そのことによる国内の混乱や流血は回避させたかった。慶喜が家督を継いだ一橋家は御三卿であり、自らの譜代、家臣団を持たず、軍事的基盤が脆弱であったことも、全面戦争を避けなければならなかった要因のひとつであったかも知れない。二条城を捨て、大坂城を捨て、そして江戸城を捨てて、自らは恭順し、謹慎に謹慎を重ね、２６５年にわたって続いた江戸幕府の完全なる幕引きを図ったのだ。

慶喜は皇国史観の歴史を重視した。慶喜は、光圀に始まった『大日本史』の編纂を、藩の運命を賭けて行った水戸藩出身である。立派な城を築かず、その費用をほとんどすべて水戸学に費やした藩の出身である。足利尊氏を逆賊に仕立て、尊王の歴史観を築いた水戸学宗家の出身である。自分が尊氏になることだけは何より避けたかった。司馬氏はこう述べる「慶喜の自意識はつねに自分を歴史の人であると見、後世の目を意識しつづけた」と。しかし、そうだろうか。慶喜が本当に歴史を知っていたならば、歴史上のヒーローになりたかったのなら、武家政権最後の将軍として、悲劇的で華々しい壮絶な死を遂げることを選択肢として考えなかったのか。源義経や楠正成、大谷吉継、豊臣秀頼、真田信繁、大石内蔵助（さらには、のちの土方歳三、西郷隆盛、山本五十六など）彼らのような、人々に愛され惜しまれ続ける悲劇の英雄となることを考えなかったのだろうか。一般大衆は判官（ほうがん）びいきであり、非業の死を遂げた英雄の生きざまに心動かされる。大政奉還後の慶喜のふるまいは、大衆を興醒めさせ、失望させた。慶喜には、同志や部下を平気で裏切り、見捨てる、冷酷な殿様のイメージが付き纏う。駿府で旧家臣が貧窮していても、お構いなしであったという。しかし、もう一度、話を戻す。人の上に立つ者、いや政治や軍事に関わるリーダーが学ぶべき本当の英雄とは、被害者・死傷者をひとりでも少なくする、可能ならば少しも血を流さないで難局を乗り越える人物ではないだろうか。拍子抜けするような、期待外れの結末をも辞さない、一見凡庸な、影の薄い指導者というのが、実は、英雄かも知れない。真の英雄とは、人々の血を一滴も流さない、そう言い切ってもいいのではないか。

二条城における慶喜の大政奉還は、確かに劇的であった。そして、その後のアンチ・クライマックスのふるまいは、大局的に見て、実は間違っていなかった。歴史ロマンではなく、本当の歴史を知る者ならば、彼の正しさは理解できる。内乱が続けば、日本は欧米列強、たとえばイギリス（薩摩藩を支援）やフランス（幕府軍の軍事顧問）の植民地になってしまう可能性もあった。限りなく流血を避け、徹底して、逃げに逃げまくった将軍慶喜もまた、幕末日本を救った偉人のひとりと考えていいと思う。なお、歴代徳川将軍で天皇家の血統につながるのは、慶喜ただひとりである。そんな血筋も彼の思想に影響を与えたのであろう。

指月伏見城、木幡山伏見城、徳川伏見城と3度築かれた天下人の名城、そして暗殺から浮かび上がる英雄の真実

自分は寺田屋のごときことで、幕府を恨むことはしない。しかし幕府を恨むようなことになれば、幕府にとって心配なことになるだろう。なぜなら自分は関東以西の有力大名や幕府の要人を含めて親交があるからだ。勝海舟先生が、天下に重きを成しているのと同じである。　『龍馬の手紙』星亮一訳

伏見の旧城下、京都市伏見区南浜町に現在「寺田屋」が残り、日中は観光客で溢れている。付近に城の外堀（濠川）が流れ、月桂冠・大倉記念館などあり、一帯は酒どころだ。幕末の英雄坂本龍馬が逗留した船宿・寺田屋は、鳥羽伏見の戦い（一八六八）で焼失し、今の建物は明治38年（一九〇五）に再建されたものだ。伏見の町には、伏見奉行所跡、伏見薩摩藩邸跡などが残り、それぞれ碑が建っている。

現在そびえる伏見桃山城天守は、旧本丸が明治天皇御陵地となったことから、城郭内の御花畠曲輪に鉄筋コンクリートで建てられた復元天守で、三層五重の小天守、五層六重大天守が連結され、華麗な姿で桃山の空に聳えている。元々観光用に伏見の酒造会社が建設し、かつては、天守周囲に観覧車やプールその他の子供向遊興施設（伏見桃山キャッスルランド）があった。その後、写真を撮りに再び天守を訪れたときは閉園されており、立ち入り禁止であった。この度訪れてみると、伏見桃山運動公園となり、園内立ち入りは自由。写真はたくさん撮れたが、天守内部は非公開であった。

伏見城の歴史は、秀吉が文禄元年（一五九二）隠居屋敷として指月の丘（伏見区桃山町泰長老付近）に隠居城を築いたことに始まる。初めは小さな城だったが、ちょうどこの頃、朝鮮出兵が行われ、明の使節を伏見に迎え

伏見城模擬天守（御花畠曲輪跡）

るため、同3年、聚楽第の資材など転用し、城郭の拡張工事が開始された。しかし、慶長元年（一五九六）真夜中に伏見大地震が起こり、城は全壊してしまう。『当代記』では、城内で6百人以上が死んだと伝える。またこの時、石田三成の讒言で秀吉の怒りを買い伏見城下で謹慎していた加藤清正が、真っ先に駆けつけ、感動した秀吉はその勘気を解いた

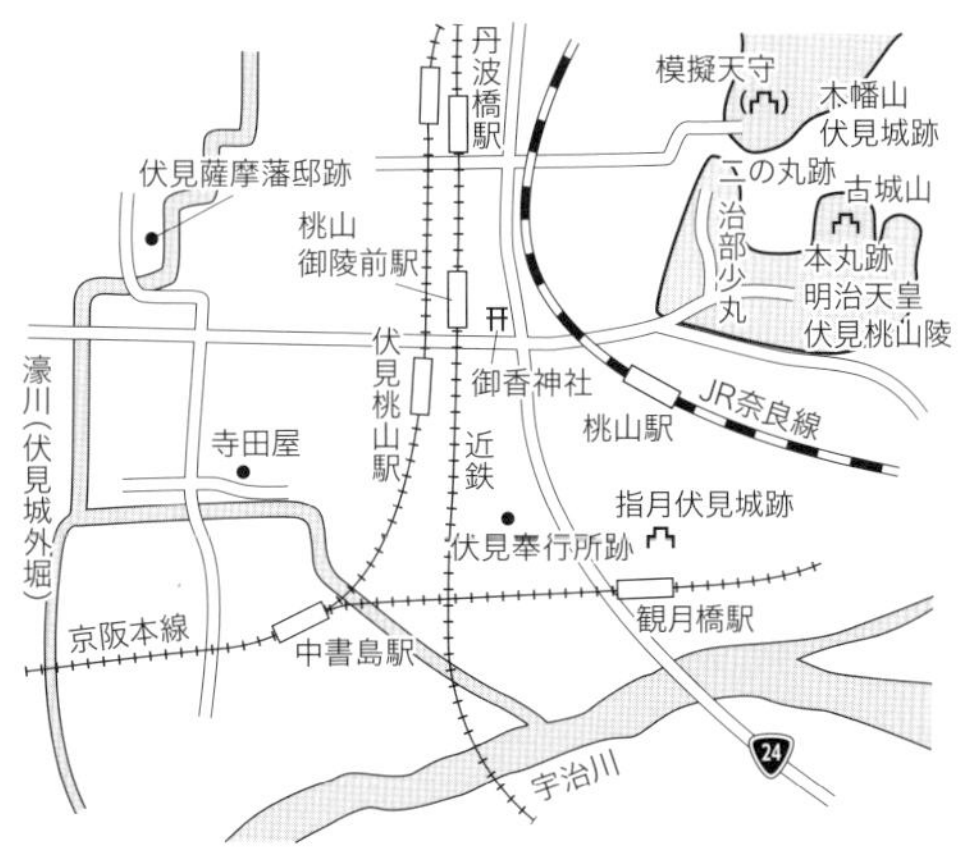

という逸話が残る。この「地震加藤」はかつて歌舞伎などで流行ったが、実は、このとき清正は大坂屋敷におり、史実でない。三成讒言の話も、江戸時代、三成を意図的に陥れるため捏造された俗説が多い。秀吉は同年、今度は指月の東北部にある木幡山に城を築き始め、規模も前回よりさらに拡大させた（慶長2年完成）。城が完全に落成されるまで、旧城・指月の城も利用されていたようで、この頃「伏見下の御城」（指月伏見城）「伏見山御城」（木幡山伏見城）という言い方が当時、大名間でされていた。慶長3年、秀吉（61歳）は伏見城で没し、五大老筆頭の家康が遺言によって伏見城に入城。関ヶ原の戦いでは、鳥居元忠（62歳）以下千八百人（当初は3千だったが元忠が一人でも多くの兵を会津攻めにと懇願し、家康を泣かせた）が死守する伏見城に

木幡山伏見城本丸跡（明治天皇御陵地）

西軍4万が猛攻を加え城は炎上、この時点で秀吉の築いた桃山風の豪華絢爛な建造物はすべて灰燼に帰した。家康はその後、新たに城を築き、京における徳川の拠点としたが、数回におよぶ二条城の改築、大坂の陣後の徳川氏による大坂城再興などにより、元和9年（一六二三）3代将軍家光が将軍宣下を伏見城本丸で行った後、城は完全に廃城となった。天守は二条城に移築され（一六二六）、その他の主な建造物は全国の城や寺院に移された。江戸城や備後福山城など「伏見櫓」の名が各地の城で見られるのはこのためである。二条城の行幸御殿、あるいは伏見城下にある御香宮神社の表門・拝殿や、西本願寺（聚楽第の遺構・飛雲閣あり）の唐門（聚楽第の遺構とも）なども伏見城遺構という。また、石垣の多くは、淀城あ

るいは徳川大坂城へ移され、再利用された。廃城後、付近一帯に桃の木が植えられ、辺りは元禄の頃より「桃山」と呼ばれるようになる。歴史用語「安土桃山時代」はここからきた。江戸時代、伏見は城下町から宿場町へと移り変わり、その賑わいは絶えることがなかった。城跡は伏見奉行所管理となり、桃山は立ち入り禁止となった。現在、伏見の町を流れ、旅情をそそる濠川は、伏見城惣構えを構成した外堀の名残である。

坂本家出自はやはり明智光秀ゆかりの近江坂本ではないか

坂本龍馬は、正しくは坂本龍馬紀直柔（りょうまきのなおなり）といい、才谷（さいだに）梅太郎の名としても知られる。天保6年（一八三五）高知城下上町（かんまち）で御預郷士坂本長兵衛の次男として生まれた。坂本家は明智光秀の水色桔梗紋を連想させるその家紋や、光秀の居城・坂本城と同じ坂本姓であること、さらには本能寺の変直前まで続いた光秀と土佐・長宗我部元親との友好関係などから、龍馬の先祖は明智一族と縁ある者ではないかとの説がある。坂本家が土佐藩に提出した書類では、本姓を「紀」とし、先祖は和泉国坂本郷の地名を名乗って「坂本」となったと報告している。そして戦国時代に畿内の戦乱を避けるため、土佐才谷村に移り住んだという。しかし、だからといって、龍馬＝明智説を完全否定はできないだろう。江戸時代、主君を裏切り殺害した光秀の末裔であるなどと公言できるはずはなく、公式文書にそう書いてあるからと言って、鵜呑みにはできない。近江坂本から逃れて、まず和泉に来て、そこから土佐にやって来たと考えても何ら不思議でない。地図を広げ、近江

ライオンズ伏見桃山指月城（指月伏見城跡）には出土した石垣が並ぶ

坂本と土佐才谷を線で結べば、その線上に和泉坂本がある。

いずれにせよ、土佐の才谷村の有力農民となった坂本家は、寛文6年（一六六六）高知城下に移住して質屋（屋号は才谷屋）を始め、さらに延宝5年（一六七七）に酒屋を始めた。のち呉服店を開き、城下屈指の豪商となったのだ。明和7年（一七七〇）6代目、坂本直益は新規郷士の募集に財力を投じて応じ「御免売郷士」に取り立てられた。直益は長男（直海・龍馬の曾祖父）に郷士職を、次男に才谷屋を継がせた（異説では郷士株を買った「譲受郷士」であったともいう）。そしてさらに多額の金を投じて、家老の福岡家の御預郷士に昇格する。豪商才谷屋の家運はしかし幕末に傾き、嘉永2年（一八四九）には酒造業を他家に譲っている。

平和主義者龍馬の虚実

長身（一七六センチ）であった龍馬は嘉永6年、剣術修行のため、私費で江戸に出て、北辰一刀流千葉定吉（周作の弟）の道場に入門し、のち「北辰一刀流長刀目録」を授けられる。同年、ペリーが黒船4隻にて来航、龍馬はこのとき臨時御用で品川海岸警備についた。文久2年（一八六二）土佐勤王党の武市半平太の使者として長州萩へ行き、久坂玄瑞と対面し同年、脱藩。その後、松平春嶽の紹介で江戸氷川の勝海舟邸を訪ね、その門下生となる。そして、神戸の勝塾に入り、海軍操練所修行生となり、塾頭格となる。元治元年（一八六四）、龍馬は京でお龍と出会い、彼女を伏見の寺田屋に預ける。このころ龍馬は勝の使者として西郷隆盛と会っている。そして、勝が軍艦奉行免職となると、龍馬は勝の斡旋で薩摩藩の庇護を受けるようになる。慶応元年（一八六五）薩摩藩家老小松帯刀らの援助で、龍馬は長崎に亀山社中を創設、これによって薩摩藩名義で軍艦や武器、兵糧米を購入し、薩摩の船を使い当時、武器購入をできなかった長州藩に運ぶことになった。

龍馬は慶応2年（1月19日）伏見寺田屋に入った。寺田屋は京と大坂を往復する船客取り扱いと旅籠を営んでいた。お龍はそこで女中として働いた。寺田屋は、文久2年（一八六二）島津久光の命で、京都挙兵を目論む尊王攘夷の過激派・薩摩藩士6名が殺害された宿屋でもあり、その殉難者たち（後に切腹させられた者を含め9名）を女将が薩摩藩に代わって手厚く供養したことで信頼され、藩の定宿となったのだ。その薩摩藩の紹介で、龍馬は寺田屋に度々逗留した。龍馬はその後、京都二本松の薩摩藩邸にて行われた「薩長軍事同盟」の密約の場に同席。翌日、寺田屋に戻ると、午前2時頃、伏見奉行所配下の捕吏（30～50人）が寺田屋を包囲した。入浴中（あるいは勝手にいた）お龍が龍馬のもとに急を知らせ、高杉晋作から貰ったピストルを龍馬が発砲（2名殺害）するなど乱闘の末、両手に傷を負うも、かろうじて伏見薩摩藩邸に龍馬は逃れた。事件後、西郷の勧めにより、京を出てお龍と鹿児島へ行き、各地温泉にて傷の養生をした。

慶応3年5月、いわゆる「船中八策」（龍馬が書いたものは存在せず、現在残るものは、海援隊士長岡謙吉が記したものを、他の者が体裁を整え更に記したもの）を、夕顔丸船内で土佐藩参政後藤象二郎に伝え、後藤がそれを山内容堂に示した。これが大政奉還・王政復古の原型となったといわれるが、もともと横井小楠、大久保一翁（いちおう）、勝海舟、赤松小三郎（こさぶろう）（上田藩士で勝の弟子）らの考えであるのは勿論、長岡の自筆文章も残っておらず「海援隊日史」にも一切掲載されていない。同年、11月15日午後9時頃、龍馬は京の近江屋（土佐藩邸に近い）で刺客（実行犯は会津藩出身の見廻組与頭（みまわりぐみくみがしら）・佐々木只三郎、今井伸郎（のぶお）ら7人）に襲われ死亡（32歳）。一緒にいた中岡慎太郎（陸援隊隊長）は17日に死亡（30歳）。龍馬には34カ所、中岡には28ケ所の傷があったという。

龍馬暗殺の黒幕

周囲の多くの者の忠告を聞かず、身の危険を顧みず、民間の宿に寝泊りしていた龍馬。薩摩藩邸、あるいは土佐藩邸に入っていれば安全であったのだが、生来、自由奔放な龍馬は窮屈な藩邸生活を嫌ったのか。幕府側、薩長側と、敵味方を問わず、幅広い人脈を持っていた龍馬に油断はなかったのだろう

御香神社（神社内には伏見城石垣が多数残る）

か。「亀山社中」から名を変え、土佐藩付属機関となった「海援隊」は、龍馬が殺害された時には船も無く、運営資金は底をつき、経営破綻していたという（「海援隊」は後に「土佐商会」として再生し、岩崎弥太郎によって「三菱商会」「三菱商事」に発展する）。龍馬は脱藩したものの、土佐藩とは深い絆で結ばれ、薩摩長州（武力による倒幕）とは異なる土佐藩の立場（内戦回避）、幕府との距離感を、龍馬はそのまま踏襲した。龍馬死後、一気に武力倒幕が加速されたのは事実であり、そのため龍馬は薩長にとって都合の悪い存在であり殺されたという説もある。箱館戦争後、取調べを受けた将兵のひとり今井伸郎（のぶお）が、自分が見張り役として龍馬殺害に加わったと自供している（他の6人はすべて鳥羽伏見の戦いで戦死）。実行犯しかわからないことなど知っていたことから、彼らが龍馬殺害の真犯人であることはほぼ間違いない。しかし、問題は誰が彼らに龍馬のいる場所を教えたのか、誰の命令で龍馬を殺害したのか、黒幕は誰かということである。ただ、今井側からすれば、龍馬は当時、指名手配中であり、慶喜が大政奉還を宣言した直後とはいえ、慶喜はまだ現役将軍であり、今井らの行為はなんら咎められる筋合いのものではなかった。龍馬は以前、捕吏2人を殺害した犯人であり、その捕縛が目的で、手に余るようであれば殺害しても構わないというのが本来の主旨だったのだろう。只三郎の兄の証言によれば、京都守護職松平容保（かたもり）の命令であったという。

暗殺の横行する現代史

小御所会議で酒に酔った山内容堂が暴走するとの報告を受け、休憩中、西郷がいざとなればこれしかないと大久保利通に短刀をちらつかせたというエピソードは、龍馬暗殺を示唆させるという。薩摩藩は、公武合体論者で討幕の弊害となった兵学者赤松小三郎（薩摩藩教授方）を殺害した。龍馬が薩摩藩邸に入らなかったのは、身の危険を察知していたからかも知れない。薩摩藩黒幕説も最近多くの好事家が指摘するところだ。しかし、だからといって薩摩＝西郷とはにわかに考え難い。もともと西郷は公武合体派で、大久保が討幕派であった。薩摩藩自体も藩論は二重構造で、西南戦争の始まりのごとく、西郷の知らぬところで事が進んだのかも知れない。箱館戦争後、西郷は今井に会ったといわれ、今井に対する恩赦も西郷が積極的に動いたというが、まさか隠蔽工作のためでもあるまい。西郷は江戸城総攻撃を止めさせようとした勝海舟を殺さなかった。西郷は勝の弟子龍馬を高く評価しており、その龍馬を、薩摩藩と意見が異なるからといって殺害するだろうか。龍馬は完全に平和主義であったわけではなく、じつは平和的な解決が不可能な場合、武力討幕もやむを得ないと言っている。

坂本龍馬の本質とは何か。犬猿の仲であった薩長を仲直りさせ、会社（海援隊）をつくり、ライフル銃を売り

現在の寺田屋（かつての寺田屋は鳥羽伏見の戦いで焼失した）

さばき、船中八策を上司に示し、そして殺された。龍馬の実像を探れば探るほど、政治に介入して殺されたビジネスマンのイメージが強くなる。彼の興味は明らかに商売であった。その彼が、幕末のギリギリのタイミングで殺されたことによって、その死が、幕末勤王志士のイメージを膨らませ、土佐の英雄のイメージを決定付けた。暗殺されたことによって、龍馬の仕事は命懸けのプロジェクトとして神聖化された。しかし、それにしても、暗殺ということから生じるもどかしさ、卑劣さ、卑怯さは、何とも遣り場の無い、後味の悪さを残す。それは英雄の最期が、討死から暗殺へと方向転換するターニング・ポイントでもあった。3年前に京で佐久間象山が殺された（2年前に米国でリンカーン大統領が殺された）。龍馬が運んだ飛び道具の普及によって、高く掲げられた英傑の理想や夢は、翳り、儚く消え去り、以後、凍りつくような、現代史が始まったといえる。後に、大久保利通も、伊藤博文も、原敬、犬養毅、高橋是清も皆殺された。アメリカでも、その後、JFK、弟のロバート、キング牧師、ジョン・レノンらがいとも簡単に銃で殺された。

そんなことを思いながら、カップルで溢れる寺田屋を後に、伏見の「竜馬通り商店街」を通り抜けた。さあ、これから伏見の城下町、その歴史散歩を楽しもう。

柳生陣屋と柳生宗矩(むねのり)

柳生新陰流を生み出した一族の城と陣屋 無刀とは護身術のみならず、平和主義への伏線であった

初手を車輪と云う。是は太刀の構(かまえ)也。まはるを以て、車と名付けたり。脇構(わきがまえ)也。左の肩をきらせて、きるに随って、まはりて勝也。ひきくかまゆべし。惣別かまへは敵にきられぬ用心なり。城郭をかまえ、堀をほり、敵をよせぬ心持也。敵をきるにはあらず。

柳生宗矩『兵法家伝書』

柳生の里（奈良市柳生町）は、JR関西本線奈良駅あるいは近鉄奈良駅から奈良交通バスで市街を通り抜け、山道を延々50分行ったところにある。バスを降り、10分ほど歩くと柳生陣屋史跡公園に着く。徳川将軍家兵法指南役・柳生宗矩が築いた江戸大名の城跡である。

宗矩は亡父石舟斎（享年80歳）の菩提を弔うため柳生家館跡（石舟斎塁城址あるいは柳生城址ともいう）に芳徳禅寺（開山は沢庵和尚）を建立した後、3年の歳月を費やし、寛永19年（一六四二）現在の地に陣屋を築いた。その後、宗冬（宗矩3男）によって拡張整備されたが、延享4年（一七四七）火災で全焼し、仮設の建造物が築かれ、そのまま明治維新を迎えた。その後、陣屋跡は小学校となったが、昭和55年（一九八〇）に史跡公園として整備され、現在に至る。付近には、幕末の家老小山田主鈴(しゅれい)の屋敷が保存されており、奈良県下では唯一の武家屋敷遺構とされる。主鈴は岩代（福島県）出身で、25歳のとき江戸で柳生家に仕え、その才を認められ、文政9年（一八二六）国家老として大和柳生に移り、藩財政の立て直しに貢献した。主鈴は、柳生の里の水温の変化を妻から知らされ、米価の相場を予想し、大坂で巨利を得たというエピソードが残る。弘化3年（一八四六）隠居し、当地に屋敷を構えた（一八四八）。昭和39年、作家の山岡荘八氏がその屋敷を気に入り購入。大河ドラマ『春の

柳生陣屋跡（柳生陣屋史跡公園）

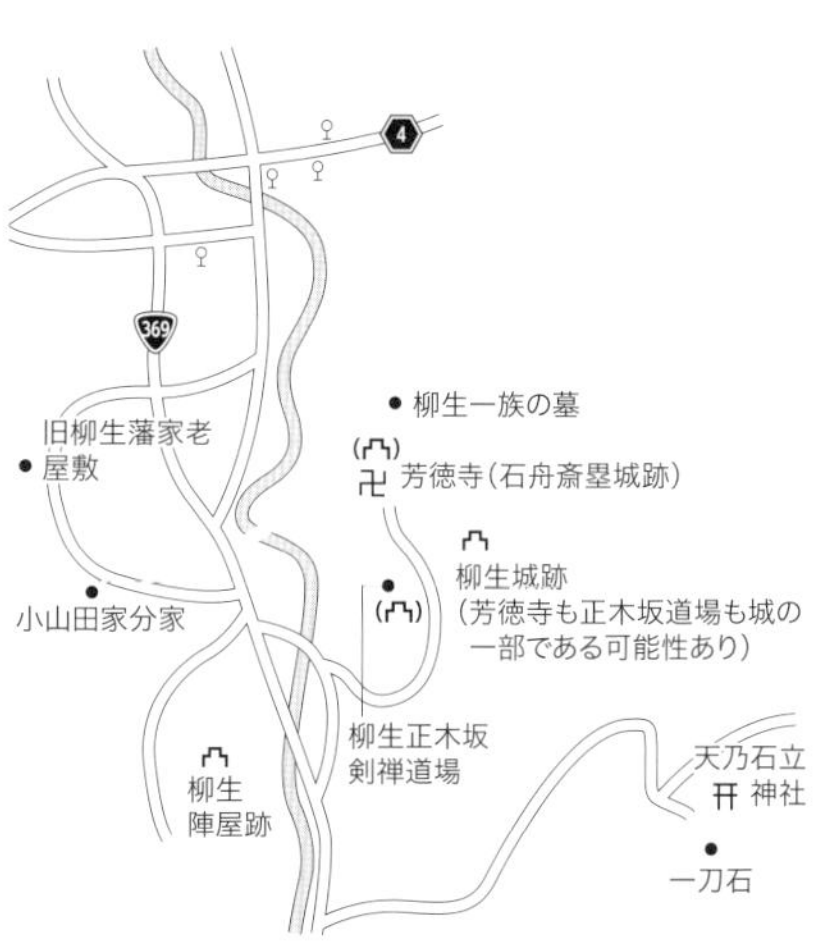

柳生正木坂剣禅道場

坂道』原作はその屋敷で練られたという。山岡死後、屋敷は遺族が奈良市に寄贈した。現地を訪れた時の見所は他に、小山田分家長屋門および石垣（柳生陣屋石垣は県

藩家老屋敷長屋門

が公売し、小山田家が購入）、一刀石（いっとうせき）（亀裂の入った7メートル四方の巨大な花崗岩、石舟斎が斬り裂いたと伝わる）、柳生正木坂（まさきざか）剣禅道場（かつて城の一部、十兵衛の時代は柳生陣屋内にあった）などがある。

将軍家兵法指南役となる柳生家

柳生新陰流を生み出した柳生石舟斎宗厳（むねよし）は、もともと大和の松永久秀に属していたが、その後、信長の弓自慢に対して、剣術に興味を持った家康に、子の宗矩を文禄3年（一五九四）2百石で仕官させた。それによって、柳生家が江戸大名となるきっかけが生まれる。

宗矩は関ヶ原の戦いの功により、柳生2千石を与えられ、さらに寛永13年（一六三六）将軍秀忠および家光の剣術指南役となり、大和柳生藩初代大名（1万2千5百石）となる。宗矩の死後、長男の十兵衛三厳（みつよし）が家督を継ぐが、弟たちへの分知により旗本（8千3百石）となった。十兵衛は、父を凌ぐ剣豪ともいわれたが、20歳の頃、家光の勘気に触れて蟄居、江戸城再出仕まで12年間その動向がはっきりしないため、隠密となって諸国を漫遊したとの説も生まれた。宗矩の次男・友矩は、将軍家光の寵愛を受けるが、27歳で死去。宗矩3男の宗冬（もともと読書好きで剣術嫌い）は兄十兵衛の急死（44歳）によ

り、その遺領を継ぎ（自らの所領4千石は返納）、明暦2年（一六五六）4代将軍家綱（16歳）の剣術指南となり（42歳）1千7百石加増され、1万石大名に返り咲いた（54歳）。以後、柳生家が10代世襲し、明治維新を迎える。ただし10人の藩主のうち、7人が一族あるいは他藩からの養子である。代々の藩主は将軍家の剣術指南役であったため、定府大名であり、国許に帰ることはほとんど無く、それが柳生陣屋の荒廃した理由のひとつだろう。

柳生藩は小藩であり、幕末には、家臣は江戸に65名、国元には32名という少なさであった。将軍剣術指南としては、宗冬次男・宗在（むねあり）が6代将軍家宣の指南役になったのが最後で、以後、実際には新陰流の上覧のみで、ときどき将軍の剣術相手を命じられる程度のものとなっていた。柳生家は他流試合も行わなかったため、剣術家として実戦的腕前は形骸化していったものと思われる。

柳生新陰流を生み出した石舟斎とその一族

大和国柳生藩1万石の藩祖・柳生宗矩は、元亀2年（一五七一）柳生宗厳（石舟斎）の5男として大和国の北東部、柳生荘に生まれた。柳生家は、藤原頼通が春日大社に寄進した大和国・柳生の荘園の管理を任された奉行の家柄で、南北朝争乱期に、柳生の里は、笠置山城の後詰となって後醍醐天皇を支持した。かつて、後醍醐天皇の見た「木の南の下に玉座がある」という夢に答え「楠（くすのき）多聞兵衛正成」すなわち「楠木正成」を推挙したという中坊（なかんぼう）は柳生一族である。戦国時代になると、柳生宗厳は筒井順慶、そして信貴山城主・松永弾正久秀の家臣となるが、その間、柳生の地を訪れた上州出身の兵法家上泉（かみいずみ）伊勢守信綱の門人となり、新陰流（無刀取り＝真剣白刃止め）を伝授される。その後、再び筒井順慶に属し、やがて太閤検地で隠田（おんでん）が露呈し、豊臣秀長に所領を没収されてしまった。当時の柳生荘園主は近衛家であり、宗厳はその荘官として年貢の一部を受け取っていたが、その権益も失った。文禄2年（一五九三）宗厳は頭を剃り、号を石舟斎（「石の舟を浮かせる」意か）とする。石舟斎の嫡男厳勝（としかつ）は、松永軍と筒井軍の戦いで腰を撃たれて剣術不能となり（20歳）、浅野幸長（よしなが）に仕えた嫡孫（久三郎）は朝鮮半島にて討死（21歳）、米子城主中村一忠に仕えた4男宗章（むねあき）も中村家内紛に巻き込まれ討死（20歳）、次男と3男は仏門に入り住職となっていた。唯一残った5男宗矩は、20歳のとき、細川興元（おきもと）（細川幽斎の次男）に従い小田原攻め（一五九〇）に加わるが、取り立てて大きな武功を立てていないかった。しかし、文禄

3年（一五九四）石舟斎（68歳）は、豊前中津城主黒田長政の仲介で、当時、京に来ていた徳川家康に「無刀取り」を披露する機会に恵まれた。石舟斎はこのとき、高齢を理由に、自分の代わりに宗矩（24歳）を徳川家旗本（2百石）として仕えさせることを懇願、家康はそれを認め、そこから柳生家の運が開けたのだった。

宗矩、惣目付となり全国大名に恐れられる

関ヶ原の戦い後、その功（大和にて後方撹乱）により旧領柳生2千石を与えられ、翌慶長6年（一六〇一）秀忠の剣術指南役として千石加増され、3千石となった。大坂夏の陣では、将軍秀忠の警固にあたり、木村主計（かずえ）（木村重成の一族）隊（35名の赤槍隊）と交戦し、素肌武者を7人斬りした（宗矩が人を斬ったのはこれが最初で最後）。津和野城主坂崎出羽守直盛とは親しく、元和2年（一六一六）の千姫事件では、坂崎家断絶に深く関与した。すなわち、直盛が大坂の陣で千姫を救出したにも関わらず、家康に面目を潰されたことから逆上、本多家に嫁ぐ千姫の輿を襲撃しようとした直盛を、江戸湯島の津和野藩邸で説得し、切腹（一説に謀殺）させた。柳生家の家紋は「地楡に雀」だが、この事件後、坂崎家の家紋「二蓋笠」を替紋として使用し、直盛の霊を鎮めている。元和7年、宗矩は家光の剣術指南役となり、寛永6年（一六二九）従五位下但馬守6千石の大身旗本となる。老中堀田正盛の補佐を任され、惣目付（諸大名と幕臣の監視役）となると、黒田騒動では、福岡城主黒田忠之には寛大な処分をし、熊本城主加藤忠広は、徳川忠長の陰謀に関わったとして改易処分とした（翌年忠長は自害）。寛永11年（一六三四）伊予松山城主蒲生忠知が死去すると、無嗣断絶処分とした。それより以前、将軍秀忠が生前取り潰した大名は、秀忠の実弟で親藩の越後高田藩主松平忠輝（75万石）を筆頭に、外様21家（広島藩主福島正則ら）譜代14家に及んだが、その中のいくつかは、宗矩が提供した情報が基になっているといわれる。

寛永13年には江戸城外郭修築工事に関わり、石垣・堀の普請奉行を務め、4千石の加増を受けて1万石となり、晴れて譜代大名となった。島原の乱では、家光が討伐軍の総大将として三河深溝城主板倉重昌（1万5千石）を九州に送ったことを知った宗矩は、すぐさま家光の元へ赴き、重昌のような少禄の大名では、九州の諸大名がその命に従わないと諫言したという。けっきょく家光はその後、結果を出せない重昌を更迭（重昌は責任を感じ総攻撃を仕掛けて討死）、すでに現地入りしていた老中松

平伊豆守信綱を総大将（副将は戸田氏鉄（うじかね））にした。信綱は一揆軍を兵糧攻めにし、原城は落城。のちに勝海舟は、宗矩のこの対応を高く評価している。

ライバルであった在野の武蔵とエリート宗矩

宗矩の代表的な書に『兵法家伝書（へいほうかでんしょ）』がある（62歳）。

小山田家分家

芳徳寺（石舟斎塁城跡）

この書は柳生家に伝わる原本のほか、熊本藩細川家、小城（おぎ）藩鍋島家などに伝わる。宮本武蔵の『五輪書』が剣術の一対一の個人戦について述べ、その技術、および「何が何でも勝つこと」に焦点をあてているのに対し、宗矩は、剣術とは人を殺すのではなく（殺人刀（せつにんとう））、生かすものでなくてはならない（活人剣（かつにんけん））とし、剣術の心構えや、大軍を動かす大将の心構え、政治の心構えなどを強調している。ただし「一殺多生」（一人を殺すことで多くを生かす）という、人をひとりでも殺すことを正当化する思想も含まれているのは、やはり時代の限界であった。宗矩はさらに、能や禅宗の精神を剣術に取り入れ、「無刀」の極意（無刀取り）なども解説している。また、若い頃より2歳年下の沢庵和尚（但馬国出石出身）と親しく、将軍家光に和尚を紹介したのは宗矩であり、それが縁で、沢庵和尚は品川の東海寺住職となった。和尚の存在無くしては『兵法家伝書』も生まれなかったといわれ、子の十兵衛も兵法書『月之抄』を執筆しているが、沢庵和尚の影響を大きく受けているといわれる。

時代小説において、柳生一族の最大ヒーローである十兵衛は、家光（16歳）の小姓となるが（13歳）、20歳のとき家光の勘気に触れ、国元に返された。十兵衛の辻斬りや、大酒飲みによる不始末など諸説あるが、以後柳生の里で謹慎・修行を積み重ね、32歳のとき書院番として家光のもとへ再出仕している。隠密として諸国を巡ったというのはどうやら史実ではなく、十兵衛は本来、学者肌であり、多くの著書を残している。また、十兵衛は隻眼として知られているが、肖像画として伝えられるものには両目が描かれている。

一世を風靡する柳生新陰流

もともと鎧を身につけて戦う合戦の武器は、鉄砲・弓矢・槍が中心であり、刀は補助的な武器に過ぎなかった。松永軍として戦った石舟斎も、当時は槍の名手として知られていた。しかし、戦国時代が終わり、平和な時代が到来すると、武士はその刀のみ携帯が許された。そのため、武士といえば刀、刀といえば武士というイメージが定着し、剣術は全国の武士に広まることになった。また、一方、戦国時代より、鎧を身につけていないとき、あるいは住居内で刺客に襲われたときなど、そのとき身を守る護身術のひとつが剣術であった。家康も、いよいよ自分が天下を取れるとなると、命

巨大な一刀石

を狙う者も多くなるだろうと予測して、あるいは側近に勧められ、護身のための剣術に高い興味を示した。柳生家はそのような経緯から徳川家に仕えるようになった。そして、江戸時代になると、柳生新陰流兵法は将軍家のみならず、全国大名の護身術となる。すなわち、将軍秀忠・家光にならい、紀州藩主徳川頼宣、熊本藩主細川忠利・光尚、佐賀藩主鍋島勝茂・元茂、薩摩藩主島津光久、松本藩主堀田正盛、関宿藩主久世広之などが続々と柳生新陰流に入門している。さらに、久保田藩・仙台藩・会津藩・水戸藩・加賀藩・福井藩・桑名藩・岡山藩・徳島藩・土佐藩その他多数の藩が新陰流を採用し、宗矩の門弟を指南役として藩に招いた。あるいは、これは柳生家による大名監視、諜報活動の一環だったのかもしれない。あるいは、諸大名は、将軍の側近である宗矩に媚び諂い、新陰流の指南役を依頼せざるを得なかったのだろう。

なお、大名となった柳生家を「江戸柳生」といい、宗厳の嫡男厳勝の次男・利厳の系譜を「尾張柳生」という。利厳は諸国遍歴後、元和元年（一六一五）尾張藩付家老成瀬正成の推挙で尾張藩主徳川義直に仕え（5百石）尾張柳生の祖となった。以後、尾張柳生は尾張藩の歴代藩主の剣術指南を務め、明治を迎える（こちらが柳生新陰流の家元ともいわれる）。

平和への礎、無刀、大和の人・宗矩

柳生宗矩が、大和国出身であるということは、宗矩の横顔を知るうえで多くのヒントが隠されている。東大寺（世界遺産）、藤原家氏寺・興福寺（世界遺産）などの大寺院がある大和の人々は、もともと保守的で、また学問好きである。かつては、奈良出身の若者が、大坂の豪商家に養子入り、あるいは番頭になるため、民間でも、学問や教育は大いに盛んであったという。柳生家の兵法は、究極的には平和主義を目指していることも、いかにも、本来、暴力を嫌い、不戦主義の、のんびりした人の多い、大和（奈良県）のお国柄だろう。大和とは「大きな平和」の意であろう。宗矩というと一見、冷血漢で利己的、合理主義的な諜報活動家のようなイメージが付き纏うが、案外、生粋の大和人であり、おだやかで無欲な人柄であったかもしれない。正保3年（一六四六）江戸の柳生藩邸で死去（享年76歳）。奇しくもその前年、熊本にて剣豪宮本武蔵が63歳の生涯を閉じている。

「無刀」とは、究極の護身術であるのみならず、武器の放棄、平和への道となりうる、きわめて示唆に富んだ用語のような気がしてならない。

21 三重県

松坂城と本居宣長

なぜ天守は復元されないか、天守再建運動の行方と日本人の心の本質を追究した国学者の遺伝子

花はさくら、桜は山桜の葉あかくてりて、ほそきがまばらにまじりて、花しげく咲たるは、又たぐふべき物もなく、うき世のものとも思はれず

本居宣長『玉勝間』

東京駅6時30分発、のぞみ5号博多行に乗車。車内で「幕内御膳」を食べる。畏友小林一成氏が死去したと知ったのは前日のことであった。私が顧問を務める埼玉城郭研究会の会長を15年続けられた方だ。かつて氏が、拙著『関東の城址を歩く』を書店で目にし「いきがい大学」講師を私に依頼したのが縁であった。私は学園において「埼玉の城と伝説民話」の研究指導を行い、修了後、有志と城郭研究会を立ち上げた。その後、研究会で書籍を四冊発行し、会員は現在「城」の講演活動を行っている。そういった活動を常に支えてきたのが小林氏であった。

「いかに死ぬか」とは「いかに生きるか」であるということを、身をもって教えてくれた人物であった…。8時11分名古屋着。名古屋から松阪まではJR特急や近鉄名古屋線特急でも行けるが、この度はJR快速みえを利用した。旧城下町側であるJR松阪駅(南側)で下車すると、町は「松阪祇園祭二〇一八」で賑わっている。さっそく、城下町を歩き、少しずつ城の中心部へ向かって行った。

蒲生氏郷によって築かれた伊勢の名城

伊勢湾に面する古城(松阪市松ヶ島町)は元々伊勢国司北畠具教が信長に対抗して築いた細首城である。永禄12年(一五六九)城代日置大膳亮が城に火を放ち退くと、一帯は信長次男信雄の支配するところとなった。天正8年(一五八〇)信雄は城を大修築して居城とし「松ヶ島城」と名付けた。信雄は清洲会議後、清洲城主(百万石)

松坂城入口付近の石垣（蒲生氏郷が築城名手であったことを窺わせる見事な石垣配置）

となり、松ヶ島城に津川義冬を城代として置くが、小牧長久手の戦い（一五八四）で、義冬が秀吉に内通したとして殺害され、新たに滝川雄利（かつとし）が入城した。が、秀吉方の猛攻を受け結局開城。同年秀吉の命で、近江日野城主（6万石）蒲生氏郷（がもううじさと）が城主となった（12万3千石）。氏郷は弘治2年（一五五六）日野城（滋賀県）で生まれた名族の出で、源平に並ぶ武家の棟梁藤原秀郷の末裔という。蒲生氏の支配した城下町日野は「近江日野商人の町」として知られ、近江商人発祥の地である。

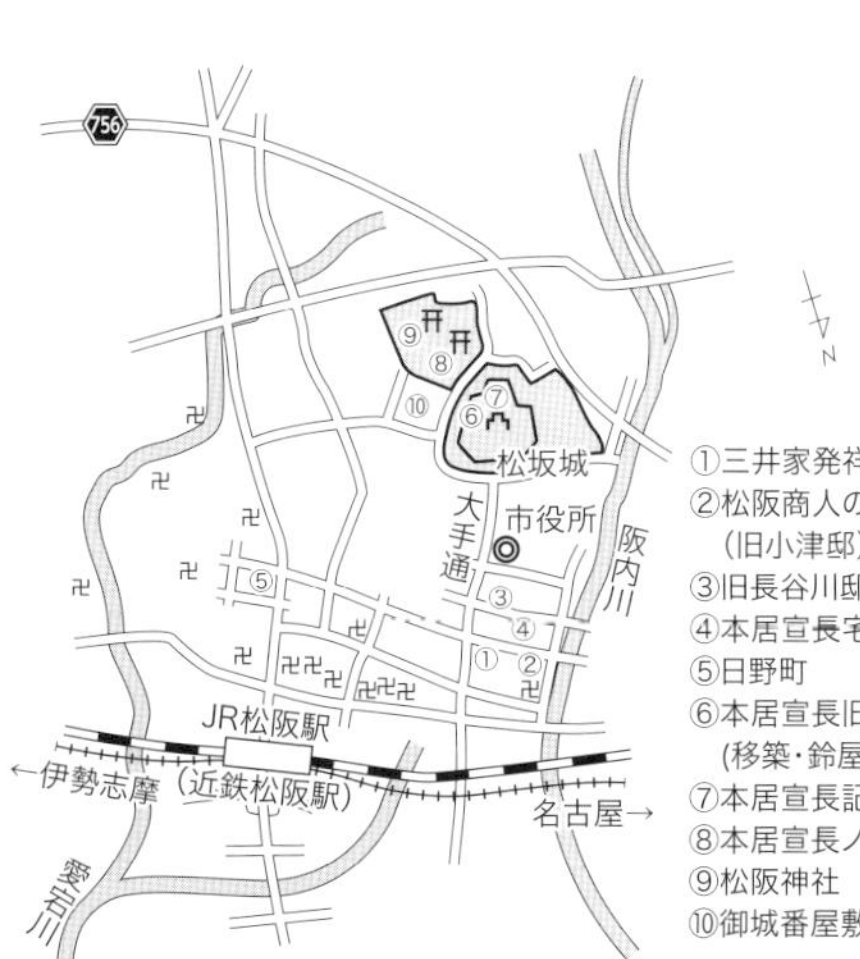

氏郷は12歳のとき信長の人質となり、信長次女と結婚、日野城に戻る。本能寺の変では、安土城にいた信長の妻妾を日野城で匿った。その後、秀吉に仕え、キリシタン大名としてその地位を確かなものにする。築城術に長け、配下の石工集団は、安土城や大坂城の石垣を築いた主力メンバーである。天正16年（一五八八）氏郷は松ヶ島城を廃し、南東4キロにある丘陵（標高30メートル）の古城跡に近世城郭を築き、松坂城とした。氏郷は「松」の字を好み「坂」は大坂城の「坂」で「松阪」と表記されるのは明治以降である。氏郷は築城の際、丘陵を分断し、大きめの北東の丘に城郭を築き、南西の丘はそのまま残して城の鎮守とした。大手を東に、搦手を南に配し、本丸に三層五階の天守が築かれた。本丸・二の丸を含む丘陵部分は総石垣で覆われ、その連郭を囲むように三の丸が輪郭式で築かれ、土塁と堀がめぐらされた。内郭の野面積み石垣は見事だが、その石材は松ヶ島城の旧材、あるいは大石村（石の産地）から運ばれた。不足した石は、付近の寺社の石材、古墳時代の石棺を転用した。

城下の道は屈曲させ、T字路を設け、軒先は突き出し、有事の際、兵を潜ませた。城下町の外側には防御の寺院を並べたが、現在は一帯にＪＲや近鉄の駅があるため、本来、町の外れの寺町は駅前の一等地となった。南北に流れる愛宕川と坂内川によって外郭が構成され、今でも総構えの規模を実感できる。

氏郷は松ヶ島城下の商人や旧領の近江日野商人を呼び寄せ、楽市楽座を発令し、商人を保護、兵農分離を徹底させた。現在も町の中心部分に「日野町」があるが、氏郷が連れてきた「近江日野商人」が定住した場所であり、やがて彼らは「松坂商人」と呼ばれ、そして「伊勢商人」となった。後に

城内に移築された本居宣長宅・鈴屋

江戸で活躍する「近江商人」も「伊勢商人」もルーツは同じ「日野商人」である。

氏郷が天正18年（一五九〇）会津黒川城（のちの若松城）42万石（のち92万石）に転封となると、服部一忠が3万5千石で松坂城主となる。一忠はのちに関白秀次に連座し切腹（一五九五）。翌年、日野城主古田重勝が入り、その後、元和5年（一六一九）松坂領6万石は紀州和歌山城主徳川頼宣（家康8男）の支配となり、以後、代官が置かれた。天守はのちに台風により倒壊。明暦3年（一六五七）城代が置かれ、三の丸に城代屋敷が建てられた（一六七二）。二の丸に紀州御殿（徳川陣屋）が建てられるが（一七九四）、それは紀州徳川家が参勤交代で使用したもの。「御城番屋敷」の名で知られ、現存する同心長屋（搦め手口通路の両側）は江戸時代末期、松坂詰めとなった紀州藩士20名の長屋であり、現在も住居として使用されている。隠居丸には、魚町から移築された本居宣長旧宅（鈴屋）が本居宣長記念館に管理されている。映画監督の小津安二郎は本居一族の末裔で、また、伊勢商人の代表格・三井高利（三井財閥の祖）は、松坂で質屋・酒屋を営んだ武士出身の三井高俊の4男である。江戸に出て越後屋三井呉服店（のちの三越）を開くが、このとき高利が同時に開業した両替店が、のちの三井住友銀行である。

豪商の町に天守閣は似合わぬか

松坂城は、築城4百年、市制施行55周年（さらには60周年）に合わせ、昭和57年（一九八二）より、市議会で天守再建計画が盛んに議論された。しかし、結局、十分な市民の同意を得られず（市民アンケートの結果は賛成55％、反対30％）実現に至っていない。『松阪城と城下町・天守閣再建をめぐって』（一九九四）という本は、天守を再建したいという当時の保守派市長に対する再建反対運動の記録である。筆者の久松倫生氏（当時市議会議員）は静岡大学史学科を卒業した人物で、いかに市長の復元計画が思いつきで、杜撰、税金の無駄使いであるかを論じていた。また、いわゆる城の専門家といわれる学者の発言の怪しさも述べている。「天守閣はたった57年しか建っていなかった」「松坂が江戸時代栄えたころ天守閣は存在しなかった」「御城番屋敷と天守閣は同時代のものではなく、誤った歴史認識を生む、だから天守閣再建は意味がない」「復元するのに十分史料がない」等々主張する。しかし、全国には観光用の模擬天守も多いし、本来天守台のみの場所に堂々天守を復興したり、中世の城砦跡に白亜の大天守を建設したりするところもある。私は、それはそれで城文化だと思っている。それに比べ、三重天守が60年近く存在したという明白な事実があるのに、それは意味がないというのは彼の主観だろう。築城年代が分かれば、凡そどのような形式の天守であったか分かると三浦正幸氏（広島大学教授）もよくコメントしている。松坂城の総石垣は素晴らしい。平山城であり、周囲に高層ビルもない。この高石垣に覆われた城跡に、安土桃山風の三重天守が復元されたらどれほど美しいか。かつて庁舎一階に展示されていた「松阪城模型」を見ると結構いい感じであった。どうやら復元推進派側に論客がいなかったのだ。20年前、松阪を訪れ、その本を地元の書店で手にしたとき、違和感を覚えたものだった。しかし、今になって思うことは、松阪のような町もあっていいということだ。この度、久しぶりに松阪を訪れ、まつりで賑わう情報センターなどでスタッフや地元の方々と言葉を交わし、天守再建に関してさりげなく彼らの意見を聞くと、やはり、商人を多数輩出した町だなぁと感心した。皆さん、考え方が合理的で、一般の方々がふつうに「きちんとした史料が無いのだから再建は無理」「そりゃ、天守でも建てれば観光客は喜ぶでしょうが、歴史ある石垣の趣が損なわれる」「先日私は小牧山城に行ったが、あの建物はひどかった」「お金の使い道はもっと他にあるでしょ」…私は松阪市民に脱帽する。

もののあわれを唱えた豪商の子息

松阪が生んだ最大の偉人本居宣長は、享保15年（一七三〇）本町にある木綿商・小津定利の子として生まれた（母はかつ）。父定利は宣長が11歳のとき没した（46歳）。本居家は桓武天皇の子孫尾張守平頼盛を祖として、代々伊勢国司北畠氏に、のちに蒲生氏郷に仕え、氏郷に従い会津に移住し5百石を食んだ家柄である。ところが、本居武秀は南部家一族九戸氏攻めで討死、身重の妻は伊勢に帰り小津村（三雲町）に身を寄せ、やがて松坂に移り住んだ。宣長は小津家の別家の出であるが、家は江戸大伝馬町に木綿店3店を持つほど栄えた。16歳で上京し、さらに江戸に下り、叔父の店に逗留、商売見習いをした。19歳のとき近江・京・伏見・宇治・大坂を旅し、22歳のとき、義兄が江戸で病死したため再び江戸に下り家財を整理し、家督を継いだ。翌年上京、漢学や医学を修業した（5年7ヶ月）。上洛を機に、小津姓から先祖の本居姓に戻し、26歳で宣長と名乗る。28歳で小児科医を松坂で開業。昼は医者、夜は古典研究を続けた。31歳で友で魚町の「みか」と結婚するが3ヵ月後離婚。33歳で友人の妹「たみ」と結婚（2男3女が生まれる）。34歳のとき、松坂の宿で万葉集研究の権威賀茂真淵（67歳）と対面する機会を得る。このとき真淵は御三卿の田安家に和学御用として仕えていたが、徳川宗武の命で江戸から奈良・京都の遺跡調査をするため上京し、その帰り伊勢神宮に立ち寄ったのだ。古代研究を極めようと思っていた宣長に、老学者真淵は基礎研究の大切さを説き「土台をつくってから一歩一歩高く上り最後に目的に達する」という研究姿勢を諭したという。その後、手紙のやりとりによる指導を受け（真淵没まで6年間）、宣長は「古代日本人の心」を捜し求め、『古事記』研究に着手した。そして、日本人の思想的原点が「もののあわれ」にあることを唱え、日本文学の本質も、仏教や儒学とは異なるものだとした。宣長は『源氏物語』を「物のあはれを知るといふ一語にてつきぬべし」と言い切った。63歳、紀州侯徳川治宝（はるとみ）に5人扶持で仕え、随筆『玉勝間』執筆開始。65歳、御針医格（10人扶持）となる。翌年、松坂にやって来た国学好きの浜田藩主松平周防守家12代松平康定に謁見。69歳、真淵に入門した翌年から執筆を始めた注釈書『古事記伝』（全44巻）完成。同書は今も古事記を読む上で、最重要基礎文献となっている。70歳、当時44歳だった稲懸太平（おおひら）（松坂の町人の子、13歳で門下生）を養子（本居太平）にする。72歳（一八〇一）2月、奥医師。

この頃、門弟は四八七人に及んだ。同年9月、風邪が原因となり他界。死に際し、墓のデザインまで指示する詳

御城番屋敷（国重要文化財）

細な遺書を残したことでも知られる。跡目は太平が継いだ。長男春庭（はるにわ）は29歳のとき眼病となり32歳で失明、その後、針医を開業した。春庭は盲目の身でありながら、妻や妹の助けをかりて研究を続け、66歳で死去するまでに『詞八衢（ことばやちまた）』『詞通路（ことばのかよいじ）』２冊を上梓している。宣長次男は津京町口の小西家養子となった。

異国の感性・思考ではなく、日本古来の精神を追究する

宣長は、当時の儒学に代表される中国的思考に違和感を持ち、古代日本の文学研究を通して日本人の心の本質を見定めようとした。「もののあわれ」とは「物のおもむき心ばえ」であり、喜怒哀楽のすべて、物の刺激による感動が「あわれ」であるという。悲しいことに接すれば、人目を気にせず泣く心、自己制御することなく対象に即して反応する柔軟な心だという。女々（めめ）しさは否定されるべきものでなく、物のおもむき、心映えをわきまえ知る心として評価すべきである。その心とは、物の存在の本質を認識する心であり、単に月花に対してだけでなく、すべて世の中にある、ありとある物事に及んで表れるものだとした。その本質は、感動による認識の価値であり、仏教・儒教的思考に影響された賢（さか）しさを捨てた素直さであり、この世に起こるすべてのことを神意と見なし、私意臆断を立てず、素直にすべてを受け入れるべきという。物のあわれを知る心は神意に基づいている。真淵は素朴な心映えを日本固有の道としながらも、それを古代人の素朴な力強い精神として捉え、「女々しさ」でなく「を々しさ」に価値を求めたが、宣長は、善悪の併存こそ人間の必然であり、この世のすべて、悪人が栄え、善人が滅ぶ非道さえ「神」の御所為（みしわざ）と受けと

本居宣長宅跡（魚町）

め「神」への絶対的帰依に方向を展開させ、それが日本人の本質であると主張。また『古事記伝』においては『日本書紀』と比べて『古事記』こそもっとも日本の古の実のありさまを示す最良の書「最良(カミ)たる史典(フミ)」であるとした。日本のカミ（神）については「尋常ならずすぐれたる徳のありて、かしこき物」と定義し、「すぐれたる」とは「尊き」ことや「善き」ことのみを指すのでなく「悪しき」ものや「あやしき」ものも含まれるとし、善であれ悪であれ、人に畏怖の念を引き起こす超越的な存在であるとした。尋常でない威力をもち、畏怖される存在はすべてカミであるというのだ。

現実的な側面をもつ宣長

天明7年（一七八七）宣長（58歳）は紀州藩主徳川治貞に『秘本たまくしげ』を献上した。法を犯したからといい軽々しく死刑にすべきでないなど、宣長の現世的な考えを示し、また彼の政治的関心の高さも示唆している。宣長は同年『国号考』を刊行するが、その中で日本の別称として瑞穂国、夜麻登、倭、和、日本などを挙げた。当時「国」といえば「藩」であった時代、宣長の歴史認識は斬新であった。一方、48歳のとき著した『馭戎概言』では皇神崇拝主義、皇国至上主義、自国中心主義に徹した主張がなされ、幕末には攘夷派の愛読書となり、太平洋戦争では国策に沿う良書として利用された。

私の学問上の恩師は、英文学者の出口保夫先生（早稲田大学名誉教授、二〇一九年没）である。公私にわたり30年以上薫陶を受けた。先生は伊勢松阪のご出身で、酒はやらず、英文学研究者でありながら、その精神は、本居宣長の美意識に通じていた。ある時、私の書く文章を褒めてくれたので、実は物書きになりたい…、と相談すると、それはいかん、まず経済的に安定しなくてはいけない、教師になりなさい、第一、君、無職じゃ、世間の信用がないよと諭され、大学院進学を勧めてくれたのも先生であった。本を出すようになってからは、出版社の紹介、原稿内容の相談なども付き合ってくださった。いま思うと、すべてがいかにも「松坂人」らしいアドヴァイスであった。極めつけは、大学院時代「ニシノ君、基礎が大事だ、土台をしっかり作って一歩一歩高く上り云々」と言われたが、後に宣長のことを調べて知ったのだが、これは真淵が宣長に初めて会った時伝えた言葉と全く同じであった。

瀬戸内海の監視と西南雄藩おさえの城
町割りは剣豪武蔵が担当した

世々の道にそむく事なし　われ事において後悔せず
道においては死をいとはず思ふ　こころつねに道を
離れず　仏神は貴し仏神をたのまず

宮本武蔵「独行道」

「明石」とは古代においては「赤石」であったという。播州には「赤穂」「英賀(あが)」「赤松山」や名族「赤松氏」明石海峡の「赤潮」など「赤」を連想させる名が多い。また、山間部には平家の落ち武者も多く、源氏の「白旗」に対する、平家の「赤旗」さえ連想する。なお、余談だが、仏前に供える水を閼伽(あか)というが、これはシルクロードを通って西洋の aqua（英語で「水」の意、本来はラテン語）
が東洋に伝わり定着した言葉である。東京には赤穂藩浅野家藩邸のあった明石町（東京都中央区）があるが、これは佃島を淡路島とみなしてその島を望める場所として明石となったとも、明石出身の漁師たちが多数この地に移住したことからとも言われる。

小型の姫路城築城の理由

かつて播磨国（兵庫県）明石郡は、赤松氏の一族・別所氏の支配を受け、のちに高山右近が6万石で船上城(ふなげ)（明石市）を築いた地域である（天正13年＝一五八五）。右近は天正15年、禁教令によって改易（前田利家に招かれ金沢城に滞在するが、のち国外追放）。その後、慶長5年（一六〇〇）池田輝政の8男（利政）の所領となったが、元和3年（一六一七）大坂の陣の功により、信濃松本城主小笠原忠真(ただざね)が船上城（10万石）に入城。忠真は、慶長元年（一五九六）小笠原秀政（信濃守護の末裔）の次男として下総古河にて生まれ、徳川秀忠の諱(いみな)を与えられ忠政、のちに忠真となった。元和元年、大坂夏の陣・天王

明石城本丸巽櫓（右）と坤櫓（左）

寺口の戦いで、父秀政、兄忠脩(ただなか)を失い、自らも7ヶ所の傷を負った。父の遺領・松本城を相続することを許されたが、元和3年、2万石を加増され、船上城に移封となった。忠真は将軍秀忠の命により、同年、幕府から銀千貫を拝領し、赤松山の台地に築城を開始、同5年（一六一九）に明石城を完成させた。幕府の資金援助によって築かれた新城は、瀬戸内海を幕府がしっかり押さえようとする秀忠の政治的意図がはっきり見える。明石城の

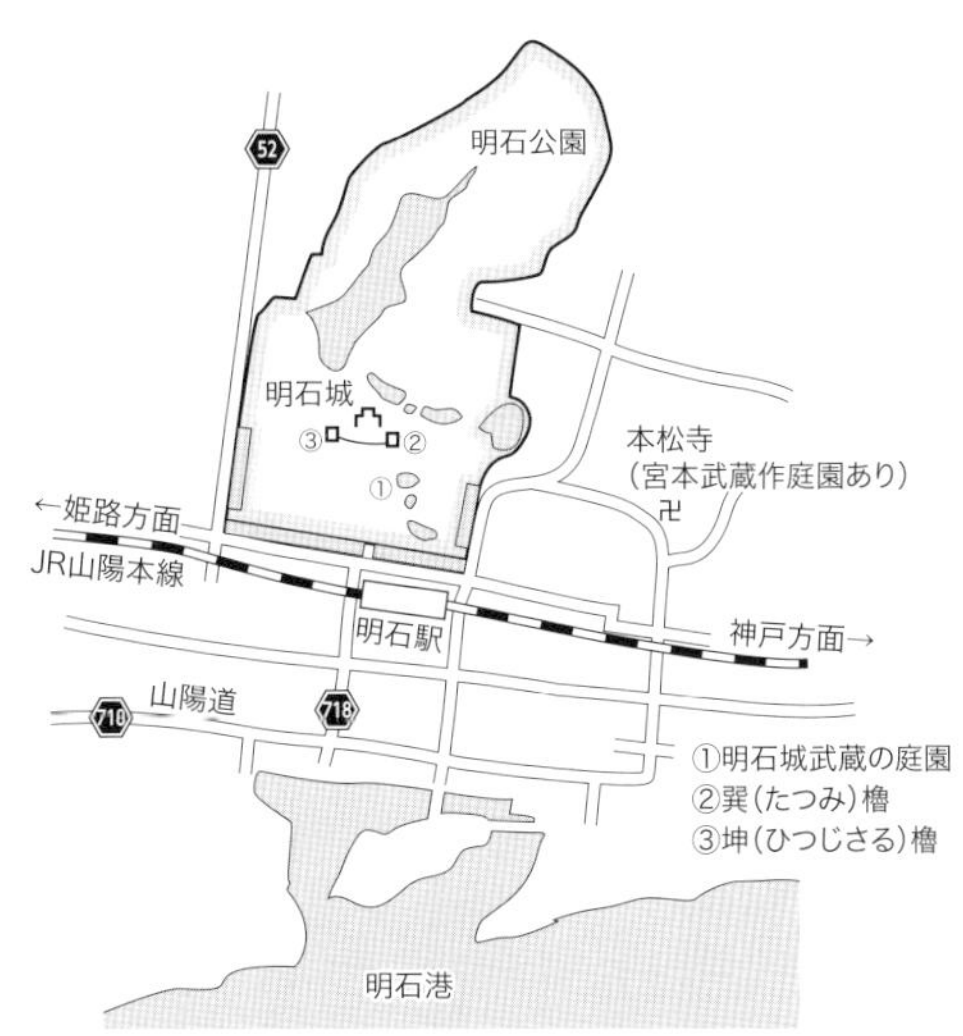

役割は、西南雄藩おさえの本城・姫路城を補佐する播磨の支城であり、また瀬戸内海（明石海峡）海上交通の監視役であった。明石城はまた、白亜の櫓や塀、扇の勾配のある石垣など、どこか小型の姫路城のイメージがあるが、それは義父である姫路城主本多忠政（本多平八郎の長男）が、明石城の縄張りを直接指導していることが影響している。天守台は本丸の西側石垣に沿ってやや南寄りに築かれたが、天守建造物は築かれなかった。この天守台の本丸内の位置も、他の城郭に類を見ない独特なもので、本多忠政の面目躍如といったところだろう。本来は本丸四隅に三層櫓が築かれていたが、現在そのうち巽（たつみ）櫓（南東・船上城からの移築）と坤櫓（ひつじさる）（南西・伏見城からの移築）の2基が残る（ともに国重要文化財）。特に、巽三重櫓は大手門を抜けると、正面に凛々しく、そして優美な姿でこちらを向いて聳えており、おそらく天守の代用、御三階櫓の役割を果たしていたことが想像できる。二の丸・三の丸石垣や、三の丸水堀も、その高さや広大さが見事である。

寛永9年（一六三二）、譜代名門小笠原一族筆頭の忠真が九州探題として九州外様大名を監視する役割を担い豊前小倉城（15万石）へ移ると（同年、兄忠脩（ただなか）の子長次は豊前中津城8万石、忠真の弟忠知は豊後杵築城4万石、弟の松平重直は豊後竜王陣屋3万7千石を与えられた）、明石城には、松本城から松平（戸田）氏（7万石）が入り、その後、大久保氏・松平（藤井）氏・本多氏と続き、天和2年（一六八二）、松平（越前）直明（なおあきら）（家康の曾孫）が6万石で入ると、以後、10代世襲して明治維新を迎えた。7代藩主斉韶（なりつぐ）は、11代将軍徳川家斉（いえなり）の26男を養子に迎え8代藩主斉宣（なりのぶ）（8万石）としたが、20歳にて死去したため、実子の慶憲（よしのり）を9代藩主とした。慶憲は洋式砲術を導入し、舞子の浜（神戸市）に砲台を12基築くなど海防に努めた。また第2次長州征伐に出兵し、鳥羽伏見の戦いにも出陣したが、幕軍敗走によって帰国。その後は新政府軍に恭順、藩兵は北越戦争に参戦した。明石藩の財政は他藩同様に、慢性的な赤字であったが、豪農や豪商に献金させ、彼らに苗字帯刀を許し、その危機を乗り越えた。

播磨は良質の米が取れたことから、明石地方（西灘）には酒造業が栄え、多くの銘酒を生んだ。江戸時代には、明石地方に61軒の酒蔵があった。明治時代、30軒となり、現在は、太陽酒造、茨木酒造などわずか6軒である。

播州出身者といえば、先ず、黒田如水、別所長治、大石内蔵助の名が浮かぶ。民俗学者柳田（やなぎた）國男も播州姫路の出であり、司馬遼太郎の先祖は、秀吉の播磨侵攻に際し、三木通秋に従い英賀城に籠城した一族である。そしてもう一人、忘れてならないのが、剣豪宮本武蔵（高砂市米田が最も有力な生地）である。

天守の代用・御三階櫓を思わせる美しい巽櫓

剣豪武蔵による町割りと造園

小笠原氏の明石城築城に際して、町割りは、当時、本多忠刻（忠政長男）小姓三木之助（武蔵の養子）の後見人として姫路城主本多家に仕えていた宮本武蔵が担当したといわれる。武蔵のもう一人の養子（伊織）は明石城主忠真の近習として仕え、のちに小倉小笠原家・筆頭家老（4千石）となっている。町割りは、東西の本町、魚町、樽屋町、信濃町、細工町、鍛冶町、明石町など十ヶ町で、現在でもいくつかその名は残っている。城下町東西の入り口には大木戸と番所（京口御門と姫路口御門）が配され、付近一帯に寺院が並んだ。そのなかで、本松寺（明石市上ノ丸）雲晴寺（明石市人丸町）円珠院（明石市大観町）福聚院（神戸市西区）などの各庭園は武蔵作と伝えられる。私は、本松寺の庭園を実際見学したが、枯山水の庭園は小さく、ごく普通の配置で、現在の庭園からは、武蔵らしさはどこにも感じられなかった。一方、現在、明石城三の丸には「武蔵の庭園」（本来の位置とは多少異なる）が整備され、一般公開されている。こちらは広々として開放感があって良い。この造園は、小笠原家に伝わる『清流話』に武蔵が三の丸樹木屋敷（山里曲輪）を1年がかりで造ったと記録されていることによる。

冷徹な勝負師、何よりも名誉を欲した武蔵の生涯

宮本武蔵の出自は、美作国吉野郡讃甘庄宮本村（岡山県美作市）というのが従来の説であった。しかし『五輪書』には「生国播磨の武士、新免武蔵守・藤原玄信」とあり、小倉碑文（手向山公園）にも「播州」とあり、現在では、武蔵は播州出身というのが定説になっている。父は美作の名門新免家の兵法指南役・平田武仁（無二斎）で、母は新免某の娘於政、あるいは於政の死後、後妻に入った播州作用郡平福村生まれの別所某の娘よし子（武蔵を産んだ後、離婚、播州に戻った）、あるいは、武蔵は養子・伊織と同じ播州米田村（高砂市）の生まれで、平田武仁の養子になったのだともいう（加古川市の泊神社伊織起草の棟札による）。さらには、旧宮本村は当時播州領であったのではという説もある。江戸時代の地誌『播磨鑑』では、武蔵の出自は揖東郡鵤ノ庄宮本村（兵庫県揖保郡太子町）としている。なお、武蔵が育った新免家というのは剣術のほか、築城（縄張り）の術に長けていた家柄であり、このようなことから、武蔵は明石城のみならず、姫路城（西の丸の作庭、城下の町割り、寺院の作庭）、大和郡山城、備後福山城の縄張りや築城、町割りに関われたのではないかと思われる。

武蔵は身長5尺8寸の大男であった。13歳で有馬喜兵衛（諸国を巡っていた兵法修行者）に試合を申し出て有馬を撲殺。17歳で関ヶ原の戦いに宇喜多隊の足軽として参戦し、敗れて主家新免氏とともに豊前中津城主の黒田如水を頼った、あるいは、初めから東軍黒田家に従い、九州で戦ったという。慶長9年（一六〇四）京にて名門吉岡家（足利将軍家の兵法師範をした家柄）の清十郎・伝七郎・又七郎（10歳～17歳？）と試合して勝利、二人を殺害している。24歳のとき、伊賀で鎖鎌の宍戸某に勝利し、翌年には江戸（明石とも）で棒術の夢想権之助を倒した。27歳のとき、江戸で柳生一門の大瀬戸隼人と試合して勝利する。慶長17年、小倉城主細川忠興の許可によって舟島（下関市）にて巌流佐々木小次郎（小倉

藩剣術師範）と試合して勝利。このとき、舟の櫂で木刀を作り、小次郎の「物干し竿」（長太刀）に備えたという。

武蔵の庭園入口（三の丸）

武蔵の遅刻は2～3時間といわれるが、これは潮の流れが変わるのに合わせ、試合が終わり小次郎の弟子たちの追撃から速やかに逃れるためであったとも。小倉藩門司城代の沼田家に伝わる『沼田家記』や小倉碑文によれば、武蔵は遅刻しておらず、一度は気絶したものの蘇生した小次郎を隠れ潜んでいた武蔵の弟子たちが、皆で叩き殺したという。小倉藩細川家に正式な記録は残っておらず、『五輪書』にもこの試合に関して何も触れていない。このようなことから、細川家の意向で武蔵が利用され、小次郎が謀殺されたのではないかという憶測もある。本来「舟島」という島の名が「巌流島」となったのは、巌流小次郎の怨霊を鎮めるためだった可能性もある。地元では元々小次郎びいきだともいう。佐々木一族というのは、英彦山の修験者（僧兵数千とも）を率いた九州の国人で、一揆を扇動する首謀者であった。その一族との融和政策の一環として、小倉藩は小次郎を剣術指南役に召し抱えたが、厄介者となったので武蔵と戦わせた。あるいはまた、この剣術の試合は、細川家内部の代理戦争、あるいは単なる弟子たちの優劣争いが発端であったとの指摘もある。

　武蔵は、34歳のとき大坂の陣にて大坂方で参戦し敗れ、一時、消息不明となった。ただし、譜代大名水野勝成の部隊出陣名簿に「宮本武蔵」の名があり、近年では、武蔵は大坂方ではなく、勝者、徳川方に属していたのだろうといわれる。そして、35〜36歳のころ明石城築城に際して、庭園を造り、城下の町割りを担当した。その後、姫路城下に住み、西の丸庭園の作庭、城下の縄張りや寺院の作庭に関わった（養子三木之助は本多家小姓頭7百石）。寛永3年（一六二六）、三木之助は本多忠刻の死に際し、殉死。51歳のとき、小倉城主小笠原忠真に仕えていた伊織を頼り、寛永11年、忠真の食客（しょっかく）となり、小倉に逗留した。島原の乱が勃発すると藩主忠真が参戦し、原城二の丸を落としたが、武蔵は伊織（侍大将）とともに小笠原隊の軍監として出陣していた。記録によると、武蔵は籠城軍に投石され、負傷している。57歳のとき、熊本城主細川忠利（夫人は小笠原忠真の姉）の客分（きゃくぶん）（お伽衆）となり、熊本城の東北部に位置する千葉城跡に屋敷を構えた。待遇は17人扶持米3百俵（2百石相当）のち堪忍分之御合力米3百石であった。兵法好きの忠利のために「兵法三十五箇条」をまとめる。60〜62歳（一六四三〜四五）熊本の霊巌洞（れいがんどう）にて『五輪書』を執筆（熊本藩主細川家2代光尚（みつなお）の命による）。完成後、死去（享年62歳・64歳没説もある）。なお武蔵は死の直前、遺言状ともいえる「独行道（どっこうどう）」を執筆した（武蔵直筆の「21か条」は現存）。

『五輪書』は武蔵が執筆し、3人の弟子が推敲に協力し、藩主光尚に献上されたが、原本はのちに熊本城炎上で焼失した。あるいは、下書きのまま武蔵は死去し、弟子が完成させたともいう。現在伝えられる『五輪書』はすべて弟子が書き写した写本であり、その内容はそれぞれ微妙に異なる（10種類以上あり）。また、序文は武蔵の死後、付け加えたものというのが有力な説である。武蔵は遺言により、甲冑姿で埋葬された（熊本市北区龍田町弓削（ゆげ）・武蔵塚公園）。ただし、埋葬地には諸説あり、小倉碑文（2度移転された）の下に遺骨が眠っている可能性もあるという。

柳生宗矩のような大名になりたかった武蔵

「生死を賭けた60余の試合は13歳より28・29歳までのこと」と『五輪書』に記されている。以後、大名への仕官を望むが、千石以上を要求したとも、50万石以上の大名にしか仕官を望まなかったとも言われ，その基準が高かった。10歳以上年上の柳生宗矩の出世を武蔵が知らなかったはずはなく、忸怩たる思いがあったのではないか。一度、徳川御三家、尾張名古屋城主徳川義直に召され、剣術の試合を披露するが、仕官の声はかからなかった。新免家の縁で福岡藩黒田家にも仕官（3千石）の可能性があったが、その異相・異形・異臭（茶黄色の瞳、月代（さかやき）を剃れない頭部の腫れ物跡、風呂に入らない等々）によって黒田家の重臣が反対したという。以後、自らの仕官を諦め、養子を大名のもとに仕官させては、自らはその後見人となり藩政に影響力をもつ道を模索した。なお3人目の養子・与右衛門は武芸の素質が抜群で、のちに尾張藩の剣術指南役となっている。

武蔵は書画（水墨画・古木鳴鵙図（こぼくめいげきず）など）・彫刻・作庭・縄張りなどの才能のほかに、武具刀剣制作の技術もあり、それらを売り、長い流浪生活にも困ることは無かったようだ。また、自らを「宮本武蔵守藤原義恒（義経）」と名乗るなど、自己宣伝術にも長けていたようだ（晩年は「新免武蔵玄信」と署名）。武蔵は姫路城主に1番目の養子の後見人として仕え、名古屋城主の剣術指南役を自ら望み、不採用となると3番目の養子をそのポストに就かせ、そして晩年は、小倉城主小笠原藩の家老となった2番目の養子・伊織の人脈で、熊本城に招かれ食客となり、『五輪書』を執筆した（おそらく『兵法家伝書』の影響大）。冷徹な勝負師・武蔵、同時に、名誉を誰よりも欲した武蔵が、姫路城・明石城・小倉城・名古屋城・熊本城など天下の名城に深く関わることになったのは、まったくの偶然であるとは思えない。

本松寺庭園（宮本武蔵作）

海水が引かれた近世城郭最大規模の海城
そして、才能を持て余した天才学者の非業なる死

硯の海のふかきに残るすみだ川の流、清らにして、武蔵と下総のさかいなれバとて、両国橋の名も高く、いざこと問はむと詠じたる都鳥に引かへ、すれ違ふ舟の行方ハ秋の木の葉の散り浮かぶがごとく…

平賀源内『根南志具佐』

高松の街は四国で一番賑やかで活気があると思えるほど、JR高松駅周辺はモダンで、街は広く、繁華街は人で溢れ、大都会のイメージが今も昔も変わらず健在であった。城と温泉、「坊ちゃん」「坂の上の雲」で有名な伊予松山と互角、あるいは、ここ高松の方がむしろ優っているのではないかとさえ思えた。もともと四国に来るには、国鉄時代、宇高（岡山県宇野港・香川県高松港）連絡船に乗って高松にやって来たのであり、高松は四国の玄関であった。瀬戸大橋が出来てからは、愛媛に行くときなど、坂出から西に曲がってしまうので東の高松へは寄らず、この度、ほとんど20年ぶりにやって来たが、依然、高松は企業の四国支店、四国の本社が集中して、四国最大の政治経済の拠点として君臨していた。岡山からはJRのマリンライナーで57分、快速扱いなので特急券はいらない。現在（令和2年）高松市の人口は42万6千人で、四国最大の松山市（50万8千人）に及ばないが、それでも、四国を代表する都市であることは間違いない（因みに、さいたま市は130万9千人）。

讃岐高松城と歴代藩主の歴史

讃州高松城の歴史は、天正13年（一五八五）秀吉の命によって美濃出身の古参仙石秀久（淡路5万石・洲本城主）が四国攻めの功により讃岐国（10万石）を与えられ、聖通寺城（香川県綾歌郡宇多津町・丸亀城の近く）に入

月見（着見）櫓と水手御門

城したことに始まる。しかし、翌年、九州征伐で島津軍に敗退し、その責任を問われ、秀久は改易されてしまう。なお、秀久はその後、家康の斡旋で、小田原征伐に出陣、その功により信濃小諸城主5万石、子孫は信濃上田城主・但馬出石城主となっている。天正15年、新たに讃岐（15万石のち17万2千石）に封じられたのが、豊臣政権の中老生駒親正であった。親正は新城の築城にあたり、黒田如水、小早川隆景、細川

艮櫓

忠興、さらには藤堂高虎に縄張りの助言を求めている（城自体は高虎好みか）。親正は、天正16年から18年にかけて、海の要塞・高松城（玉藻城）を完成させた。築城当時の天守は三層四階であったといわれ、本丸を中心に二の丸、三の丸、東の丸、桜の馬場、西の丸（薬園）と時計回りの渦郭式縄張りとなっていた。現在も内堀まですべて海水が引かれており、近世城郭最大規模の海城である。

親正は関ヶ原の戦いで、嫡孫正俊（後の3代藩主）とともに西軍に味方し、嫡男の一正が東軍に属した。戦後、親正は隠居し高野山に入って剃髪したが、のちに許され、高松城にて没した（78歳）。元和7年（一六二一）正俊が36歳で死去すると、11歳の高俊（母の父藤堂高虎・その子藤堂高次が後見人）が生駒氏4代藩主となった。しかし寛永17年（一六四〇）重臣らの対立が激化、お家騒動を引き起こして、高松17万6千石から出羽矢島1万石（秋田県由利本荘市矢島町）に減封された。高松城は西条藩一柳氏の預かりとなった後、寛永19年、水戸藩主徳川頼房（家康11男）の長子松平頼重（水戸光圀兄）が常陸下館5万石から12万石で入封した。のちに、弟光圀のはからいで兄頼重の次男が水戸徳川家を継ぎ、光圀の長男頼常が高松藩主2代となっている。3代藩主頼豊は頼重の孫にあたり、以後、水戸徳川系松平氏が8代（計11代）続き明治維新を迎えた。

松平家初代藩主頼重の時代に高松城は大改築され、寛文9年（一六六九）三層五階、南蛮造りの大天守が新たに完成された。頼重は天守造営にあたり、豊前小倉城と姫路城を参考にして築かせたといわれる。このとき三の丸に政庁および藩主住居（披雲閣）が建てられ、現在の艮櫓（旧太鼓櫓跡）付近に旭橋・旭門（内枡形）が築かれ、従来の「桜の馬場」南西隅にあった大手門にかわって大手筋となった。本丸と二の丸を結ぶ屋根付き橋・

鞘橋は江戸時代中期に造られたものだ。

歴代藩主は降水量の少ないこの地域に溜池を4百以上築造し、また甘蔗の栽培と砂糖生産と塩田開発に力を入れた。5代藩主頼恭は、本草（薬草）学者・平賀源内を起用し、「御林」と呼ばれていた栗林荘（現在の栗林公園）で薬草（朝鮮人参など）を栽培させた。高松藩の学問は、水戸学の影響を強く受けていると言われ、9代藩主頼恕（7代水戸藩主徳川治紀の次男）は9代水戸藩主徳川斉昭（治紀3男、15代将軍慶喜の父）と兄弟であり、崇徳上皇行宮跡に碑を建立させ『歴朝要紀』を編纂し、朝廷に献じている。

天守は明治17年に破却。17基あったといわれる櫓のうち、現存するのは三層三階の着見櫓（および水手御門）と艮櫓（太鼓櫓跡に移築）だが、これらは共に頼常の時代に築かれたもの（艮櫓は頼重時代とも）。

かつては「讃岐に大将なし」といわれ、香川県人は利に聡く、何でも卒なくこなすが、独創性に欠け、大成する者が少ないといわれてきた。それでも、県出身者には、古く平安時代に弘法大師空海（多度郡生まれ）がいて、その後は、鳴かず飛ばずで、明治以降、作家の中河与一、菊池寛（高松藩儒学者の家柄）、歌手の笠置シヅ子、68代・69代総理大臣大平正芳（農民出身）が出た。そして、もうひとり、忘れてならないのが平賀源内（高松藩家臣）である。

さまざまな顔を持つ平賀源内

平賀源内は、享保13年（一七二八）讃岐国寒川郡志度浦（さぬき市志度）に生まれた。父は高松藩の御蔵番・白石茂左衛門で足軽であったが、農業を営み裕福な家庭だった。源内は幼少時代、志度の神童といわれ、やがて藩儒に儒学を学び、さらに本草学・物産学を修め、藩の薬園関係の仕事に関わった。当時の藩主松平頼恭が、藩の殖産興業に力を入れており、本草学や博物学にも関心が高かったことが影響している。

22歳のとき父の死により家を継ぎ、白石姓から平賀姓に復姓する。25歳のとき、本草学の知識を深めるため長崎に遊学（約1年間）。これは藩の内命を受けたとも、医師某の供で同行しただけともいわれる。ただ、長崎から戻ると藩の命で、方位磁針器や量程器（万歩計）など製作しているので、藩と何らかの関わりがあったようだ。27歳で、御蔵番を辞し、妹に婿養子を迎え、相続を放棄した。29歳のとき江戸へ出て、朝鮮人参栽培や甘蔗栽培、砂糖製造などを学び、さらに林大学頭家に儒学を学んだ（3年間）。また、賀茂真淵の門下生となり、和

天守台石垣（ここに天守が蘇るのは一体いつになるのか）

歌や国学も学ぶ。このころ日本橋に開業した町医者杉田玄白と知り合う。30歳、源内の発案によって物産会を湯島で開催し、動植物、そして鉱物を展示した。その後たびたび開催し好評を博す（計5回開催）。源内の名が世間で知れ渡るようになると、高松藩主頼恭の求めに応じ、随行を命ぜられ、また貝の採集のため全国各地を探り、領国の薬草発掘に尽力した。身分は薬坊主格、4人扶持銀10枚であった（本来、学者の相場は2～3百石）。34歳（一七六一）、正式に高松藩から去るため、辞職を願い出るが、他藩への仕官を禁止され（奉公構）、その結果、収入を得るため様々な仕事をすることになる。宝暦13年（一七六三）36歳のとき刊行した戯作小説『根南志具佐』前編（5巻）は好評で、風刺本の古典として現在も読まれる。同年刊行された『風流志道軒伝』（5巻）は日本全国から大人国、小人国、天竺、女人国など遍歴する風刺戯作であり、スウィフトの『ガリヴァー旅行記』（一七二六）を連想させる。『根無草後編』（5巻）は5年後に出版されている。37歳のとき、秩父で石綿を発見し、火がついても焼けない布という宣伝にもかかわらず、実用性にほど遠く、需要はなかった。41歳（一七六八）寒暖昇降器（寒暖計）を製作。46歳、秋田藩に鉱山技術指導と調査のため赴く。このとき角館の宿泊所（酒造業五井宅）にあった屏風絵に感心し、その作者の小田野直武に西洋画の遠近法や陰影法を教え、直武はこの画法を藩主佐竹義敦（曙山）に伝え、のちに秋田蘭画として知られるようになる。それが縁で直武はのちに『解体新書』の挿絵を担当した。源内は鉱山調査指導の報酬金百両を与えられたが、源内の指導によって、秋田藩は年間2万両の利益を得ることになった。

その後、秩父での鉱山事業（鉄の精錬）に失敗し、炭焼き事業を行うが、利益が得られず休業。かわって木炭の江戸積出し事業を開始する。49歳（一七七六）の時、菅原櫛（別名、源内櫛）などの細工物をつくり、高価な品物として売りさばいた。同年、エレキテル（摩擦起電機）の復元製作に成功する。火花を見せ、大名らに電気衝撃（医療効果があるといわれた）を経験させる見世物であった。上麻布の松代藩真田邸で行った時は、火花が出ず、失敗したと記録にある。52歳（一七七九）神田橋本町（馬喰町とも）の家を購入したが、そこは切腹現場、そして、井戸に落ちて二人死んでおり、幽霊が出るという噂があった。そんなある日、ふとしたことから源内（酒に酔っていたとも）は自宅を訪れていた町人（大工の棟梁とも、門弟とも）を斬り殺してしまい、小伝馬町に投獄され、一ヶ月後、獄中で破傷風（切腹未遂による傷が原因とも）によって死去してしまう（絶食して死んだとも）。享年52歳であった。

多芸多才の野心家の末路

平賀源内は陶器（源内焼）を製造し、毛織物（国倫織）を製造し（国倫は自己の名）、本草学者、物産学者、科学者、地質学者、発明家、油絵画家、博物学者（『物類品騭』6巻）鉱山師、炭山師、細工人、からくり師、殖産事業家、投資家、戯作者、浄瑠璃作家（作品9編）と様々な顔をもった天才学者であった。また、その著『放屁論』では放屁と褒美をひっかけ、放屁男が江戸の見世物となったのはあっぱれとし、『放屁論後編』では、自らを銭内として登場させ、結局、エレキテルをつくったにもかかわらず「山師」と侮蔑されることの憤りや弁明を綴った。

下級藩士の家に生まれた源内であったが、江戸に出て、老中・田沼意次に近づき、幕府への仕官を望んでいたという。その野心はいったいどこからきたのか。源内が、国内生産できるものは国内で栽培、製造し、金銀が国外に流出するのを抑え、国家の利益をはかることを何よりも優先するという田沼政治の理念に符合する、大局的なものの見方のできる人物であったことは間違いないようだ。長崎で中国やオランダとの交易において日本の金銀が海外に流出することを憂い、陶器や朝鮮人参などを自ら製造することを考えた。先祖は信濃源氏・大井氏の流れを汲む平賀三郎国綱で、『太平記』にも登場する英雄(南朝の忠臣)であった。その子孫(平賀源心)はやがて信濃に海野口城を構えたが、武田信玄に滅ぼされ、その源心の曾孫が奥州伊達家に仕官し、白石に居住したことから、白石姓に変わったのだ。伊達秀宗が伊予宇和島藩主となると一族はともに四国に渡ったが、讒言によって追放の身となり、讃岐の牟礼に土着、帰農した。やがて高松藩の志度浦の御蔵番の職(一人扶持切米3石)を得たのだった。源内は立身出世を望み、一方、誇大表現、粉飾・虚飾癖、虚勢を張ることも多かった。仕官の道を閉ざされ、生きるために戯作、浄瑠璃を執筆する戯作者、浄瑠璃作者となり、あるいは、奇石や珍石を大名に高額な値で売りつけた。源内画(西洋画の模写か)といわれる「西洋婦人図」の表現力には、その非凡な才能の片鱗を窺うことができる。家紋は梅鉢であり、一生独身であった。男色であったともいわれる。

墓所は浅草橋場(白髭橋付近)にあった旧総泉寺跡(現在は歩道に碑が建つ)と、香川県さぬき市志度の自性院にある。また、志度駅から歩いて10分程度のところに平賀源内旧邸が残されており、付近には平賀源内記念館が

平賀源内旧邸(さぬき市志度)

エレキテル(萩・明倫学舎)

平成21年に開館した。源内生存説もまことしやかに伝えられており、櫻田常久の短編「平賀源内」（一九四一年）はそれを題材にして書かれた芥川賞受賞作品である。

源内はまさに多芸多才の野心家であった。どの分野においてもその道を究めれば、それなりに名を残すことはできた人物であった。しかし、結局、どれも、その才能をもてあました。ただ、源内がそういった多種多様な分野に手を出さざるをえなかった事情は前にも触れたように「奉公構」によって学者として有力大名家や幕府に仕官できなくなったことによるのだろう。生活するため、何より収入を得なければならなかった。また、源内を蘭学者であると記す書もあるが、彼はオランダ語ができなかった。若かりし頃、儒学も古典も学んだが身につかなかったらしく、どうやら語学が弱いのは苦手だったようだ。今も昔も、学者として語学が弱いのは致命的である。源内は語学を修めること、理論的、系統的に研究を極めることを避けて生きてきた。その結末、溢れんばかりの才能を無駄使いし、自画自賛を繰り返し、虚勢を張り、世間に八つ当たりし、最後は獄中死した。源内と長年親しかった蘭学医で若狭小浜藩医の杉田玄白（『蘭学事始』『解体新書』などの著で知られる）は、源内の死に際し、墓碑銘（結局碑は建てられなかった）に刻む言葉を送り、以下のように結んでいる。

「嗟非常の人　非常の事を好み　行いも是非常　何ぞ非常の死なるや」

平賀源内像（さぬき市志度）

なお、最後に城の話に戻るが、高松城天守の古写真が残っていることから、天守復元の話は現地では今でも盛り上がっている。高松市のホームページを見ると、天守復元資料収集懸賞事業なる項目があり、天守復元に必要な古写真をはじめ設計図面など懸賞金3千万円で募集している。タクシー運転手などは「お客さん、城ですか、あと20年もしたら、必ず復元されますよ！」と嘯いていた。伊予松山城への対抗意識もあるのだろうが、天守復元に関して市民の期待、思い入れもひときわ強いようだ。

瀬戸内海おさえの水軍基地に、高虎自慢の層塔型天守が初めて出現
城下の教会では、もうひとりの文豪が英語を教え青春を謳歌した

伊豫（今治）に來ると間もなく、英語の初歩を教へて月々二三圓收入が出來ることになつたので敬二（徳冨健次郎）は例の無分別から直ぐ郷里に月々五十銭の送金を辞した。　蘆花『黒い眼と茶色の目』

四国の今治というと、タオルの製造日本一という産業都市のイメージがあるが、今はどうやらそれだけではないようだ。平成28年（二〇一六）に「日本最大の海賊の本拠地、芸予諸島―よみがえる村上海賊」として、文化庁により日本遺産に認定され、また、来島海峡大橋、多々羅大橋を渡り、広島県尾道市までつながる「瀬戸内しまなみ海道」によって今治は現在、サイクリストの聖地であり、駅構内・観光情報センターでは、サイクリングマップ、ツーリズムマップ（自転車用）など魅力的な地図が無料配布されている。「地図が好きなので」と言って私も今治に関わる地図をすべて頂き、そして、さり気なくスタッフに蘆花のことを訊くと、何も知らないようで、また、その後、タクシー運転手も「初めて聞いた名前ですよ」と言った。

四国、いや日本を代表する最先端の海城

今治城は、讃岐高松城と共に代表的な四国の水城（海城）だが、両城は藤堂高虎が築城に深く関わっている。ちょうど四国の東西、共に瀬戸内海の隘路に位置し、船舶の移動を監視するに適した要衝の地である。高虎が伊勢の伊賀上野城22万石（のち32万石）へ転封となり、後を継いだ養子の高吉（丹羽長秀の3男）が今治を去った後は、今治城主に親藩の松平（久松）氏、高松城主は水戸徳川系の松平氏が務め、幕府がいかに両城を重視したか想像できる。また、高虎が今治に入る前に、豊臣大名

今治城模擬天守と山里櫓（復元）。本来の天守位置とは異なる。

として統治した宇和島城や大洲城は、明らかに、豊後水道おさえの城であった。徳川の時代になり、高虎はまた新たな使命を担って今治城を築いた。高虎の築く城というのは、領国経営の要というのではなく、豊臣政権下、徳川政権下といった、絶えず最高権力に関わる、政治的に重要な全国支配の要として築かれたものが多い。

　村上水軍の本拠地であった来島を含む東伊予は、秀吉の四国平定後（一五八五）その指

鉄御門（復元）

揮官であった小早川隆景が湯築城（道後温泉付近）に入り、伊予35万石領主となって支配した地域である。その後、福島正則が伊予今治（11万石）で入封、新たに今治の南に位置する標高106メートルの唐子山に国分城（国府城）を築き、領国経営した。正則が尾張清洲24万石領主となると、池田景雄（7万石・慶長の役で討死）、小川祐忠（7万石）の支配を受け、祐忠が、関ヶ原で東軍に寝返り勝利に貢献したにも関わらず、改易されると、藤堂高虎が宇和島城・大洲城合わせた8万石にさらに12万石加増され、20万石大名として入封した。慶長7年（一六〇二）、宇和島城天守が完成すると、高虎は徳川家城郭ネットワークの一環として、瀬戸内海を監視する目的で、国分城にかわる新たな水軍基地の築造を開始、国分城の廃材・石垣を多数転用し、同9年、今治城を完成させた。普請総奉行は渡辺勘兵衛で、関ヶ原の戦いのとき、籠城した大和郡山城を高虎に完璧な段取りで明け渡したことが縁で、2万石で迎えられたが、大坂夏の陣で高虎と意見が対立し、藤堂家を去った人物だ。実は、その配下にいた木山六之丞が土木技術に長けた人物であった。

　広大な堀には海水が引かれ、我が国最大級の船入り（軍港）があった。また、隅櫓には大砲用の狭間も作られていた。縄張りは直線を基本とした正方形を輪郭式に配置するもので、普請は容易で、また、防衛ラインを見渡せ、戦時、守り易かった。正方形の天守台をもつ層塔型天守が日本で初めて築かれ、徳川将軍家の天下普請による城郭（江戸城・名古屋城・篠山城など）築造に多大なる影響を与えた。徳川天守は破風の省略が特徴だが、それは従来の望楼型天守ではなく、今治城天守から始まる層塔型天守が主流となることによって必然的に生まれたもの。また、高虎が築いた津城や篠山城などに共通する「犬走り」といわれる石垣と堀の間に残る平面部分も、今治城の大きな特徴である。「犬走り」というのは本来、中世城郭の帯曲輪だろうが、その言葉が持つイメージ、直線性、その幅の狭さを強調する意味合いがあった。この「犬走り」導入によって、脆弱な地盤に積み上げる石垣の崩れを防止し、石積みと堀を掘る作業を同時にできるメリットも生まれ、さらに修復工事もきわめて容易となった。因みにヨーロッパの城にも、この「犬走り」の構造をもつ城郭を多々目にすることができる。しかも防衛上この構造の方が守り易いと評価される。高虎は天正15年（一五八七）さらにその翌年、秀吉の命でキリシタン取り締まりのため長崎に出向いているが、そのとき宣教師から、西洋城郭の知識を改めて得た可能性もあるだろう。

高虎が築いた宇和島城（宇和島湾）、大洲城（大洲はもともと大津といわれ、瀬戸内海にそそぐ肱川に接する川港）、膳所城（琵琶湖畔）、津城（伊勢湾）、江戸城（江戸湾）などに共通する港（湊）の城、船入りを備えた海城の典型が、この今治城であり、それは機動力を備えた水軍基地の代表例なのだ。

「正保絵図」を見ると、今治城の櫓はほとんどが海岸線側に築かれている。また、枡形虎口が多用され、三の丸の西門、辰ノ口、二の丸の北門、東門、厩（蔵屋敷）の桜門、新門、本丸の鉄門など、そのほとんどが枡形である。さらに注目すべきは、隅櫓に、古写真ではっきり確認できるが、鉄砲狭間のほかにひときわ大きな大砲狭間が備わっている。これはたいへん珍しく、

山里櫓（右）と武具櫓（左）（共に復元）

今治城は、のちに稜堡式城郭として日本にも紹介される五稜郭のような軍事要塞の先駆けでもあったのだ。

直線の縄張り、層塔型天守、犬走り、枡形虎口の多用、船入り、機動力、海城、大砲狭間、軍事要塞、これらが高虎の築いた今治城のキーワードである。高虎の築城思想は、江戸幕府を開き、天下を治めることとなった家康の意向を如実に反映させた。それは、全国に領地をもらい築城に精を出した慶長年間（一五九七―一六一五）の江戸大名の目指す城の模範となった。

なお、今治城の五層天守（および天守台）は高虎が丹波亀山城の天下普請を担当したとき、高虎の意向で解体され、亀山城天守として移築された。本来、伊賀上野城天守を高虎が築くことになったとき、今治城天守を移築する予定であったのが変更されたのだ。亀山城天守の古写真を見ると、破風がない層塔型であることが確認できる。

寛永12年（一六三五）松山藩主松平定行の弟定房（家康の甥）が3万石（のち3万5千石）で今治に入封、以後10代松平（久松）家が明治維新まで続いた。家康の母は於大の方であり、その子久松定勝は生後間もなく家康の異父弟にあたることから松平姓を与えられ、松平定勝となり、後に（一六一七）伊勢桑名藩（11万石）松平家初代となった。その子の定行（次男）は伊予松山藩主（15万石）となり、5男の定房が寛永12年、伊勢長島7千石から今治3万石の大名となった。桑名藩には3男の定綱が同年、藩主として返り咲き、この系列から寛政の改革で有名な老中松平定信（養子）や幕末に活躍する京都所司代・松平定敬（さだあき）（養子）が出た。なお、久松家は菅原道真の末裔を名乗り、家紋は梅鉢である。それが影響しているのか、久松系松平家は、伊予松山藩に代表されるように、学問重視、文人肌の藩士が多い。

今治藩主松平家3代定陳（さだのぶ）は名君といわれ、兄が松山藩主として招かれたため10歳で家督を継ぎ、藩の財政改革、農政改革などを次々と成功させた。10代藩主定法（さだのり）は、戊辰戦争が勃発すると新政府を支持し、西洋式に改められた今治藩兵を、京都御所警備、甲府城警備、そして会津攻めのため奥羽へ従軍させている。また姓を久松に戻し、明治2年（一八六九）の版籍奉還で今治藩知事となった。昭和55年（一九八〇）に市制60周年を記念して、鉄筋コンクリートの五層六階天守、および武具櫓（二層）・御金櫓（＝東隅櫓二層）が復元され、平成2年（市制70周年）には山里櫓（二層）が再建され、平成19年、鉄御門（くろがねもん）や多聞櫓5棟も忠実に再建された。

なぜ、復元天守は本丸中央部でなく、隅櫓跡に建てられたか

本来、天守の本丸内の位置は現在復元されている位置でなく、本丸中央に独立して築かれていた。しかし、もし宇和島城や伊賀上野城の天守のように今治城も本丸中央に独立して高虎が天守を築いたのであれば、なぜ、今治城本丸に天守台が残っていないのかという疑問が残る。そのことから、今治城には元々天守は築かれなかったのではないかとも言われてきた。この件に関して、藤田達夫氏（三重大学教授）は、高虎は「天守だけではなく天守台ごと解体した」と指摘する。あるいはまた、水戸城御三階櫓のように地面に直接礎石を敷き建造した可能性もあるだろう。実は、昭和の天守復元に際して、本丸中央に築けなかった直接の理由は、現在そこに、明治5年以来、吹揚神社が鎮座しているからだ。今治城の城地は浮揚神社の所有であり、いわば、天守は神社の横の隅に建てさせて頂いたということなのだ。復元天守には破風が入っているが、一層目の切妻破風、二層目・三層目の大小入母屋破風など、明らかに層塔型で造られた天守に反するものであり、仮に百歩譲って今治城天守に破風が備わっていたとしても、それは江戸城天守のような千鳥破風であっただろう。現在では、もし破風など付けず再建していれば「これが高虎の築いた日本初・層塔型天守」として、かえって話題性があり、観光の目玉になっただろう。現在、今治城において目にできる、藤堂高虎の合理的精神溢れる築城センスの本質を堪能できる箇所は、

今治教会跡（盧花はここで英語を教えた）

広大な海水の水堀で仕切られた矩形の縄張り、犬走りのある直線の石垣、そして古写真を元に忠実に復元された山里櫓、御金櫓、武具櫓、多聞櫓、鉄御門（くろがねごもん）である。それらの櫓に破風は無く、大砲狭間が備わっている。

漱石だけでなく、蘆花も伊予の城下町で英語を教えていた

徳冨蘆花は、明治元年（一八六八）肥後葦北郡水俣に生まれた。本名は健次郎で、兄は明治から昭和にかけて活躍した評論家、徳冨蘇峰である。徳冨家は代々水俣の郷士で惣庄屋兼代官を務めた。父の一敬（かずたか）は横井小楠の筆頭門弟であった。小楠というのは、家禄１５０石の熊本藩士であったが、のちに福井藩の松平春嶽に招かれ政治顧問となり、公武合体推進派として一世を風靡した論客であった（のち暗殺される）。一敬の三男（次男は夭折）・蘆花は熊本洋学校を経て、京都の同志社英学校に学ぶ。明治18年3月、熊本のメソジスト教会で洗礼を受け、伊予今治で牧師をしていた伊勢時雄（横井小楠の長男、のち同志社第3代総長・衆議院議員）とともに今治に赴き、今治教会にて伝道活動を手伝い、また教会がつくった英学校（教会のすぐ近くにあった郡立越智中学校跡校舎を使用）で英語教師をした（生徒は20人程度）。

その後、再び同志社に復学するが中退し、熊本英学校の教師となる。明治22年上京し、兄蘇峰の経営する民友社で働き、何冊かの本を出版。明治27年原田愛子（熊本県隈府の酒造家の次女、東京女子高等師範学校卒の才女）と結婚。明治29年蘆花は、伊豆、房州、相州、上州を訪ね、明治31年、国民新聞に長編小説『不如帰』を連載、明治33年同作品を出版するとベストセラーとなった。一方、蘆花はロシア文学の文豪トルストイを愛読し、明治38年ロシアに赴きトルストイに会っている。明治39年に刊行された『順礼紀行』はその時の副産物である。明治40年、北多摩郡千歳村粕谷（東京都世田谷区粕谷）に移り、そこが終の住処となる（この地は都立公園・蘆花恒春園として整備され、旧宅が残る）。昭和2年（一九二七）療養のため出かけた上州の伊香保温泉にて死去（狭心症、58歳）。代表作は『不如帰』のほかに『トルストイ伝』（明治30年）、随筆『自然と人生』（明治33年）、京都時代の青春を綴った告白小説『黒い眼と茶色の目』（大正3年）、自伝的小説『富士』（全4巻、愛子との共著、大正14年から昭和3年）などがある。『蘆花の青春・その京都時代』（河野仁昭著、一九八九年刊）によると、蘆花が漢詩を作り始めたのは今治時代であり、「蘆花」という筆名もそのころ用いたのが最初だということだ。また、蘆花に

とっての今治時代（1年4ヵ月）は、割合、楽しいものだったようだ。

なお、蘆花は大正7年（一九一八）51歳のとき、33年ぶりに愛子夫人（実は、文才豊かな彼女の協力無しでは、蘆花文学は成立しなかった）と共に今治を訪れ、3日間滞在している。

徳冨蘆花文学碑

現在、今治港第一桟橋の周辺（今治海上保安部航行援助センター、みなと交流センター「はーばりー」のすぐ手前）に徳冨蘆花の文学碑がある。碑文には「伊豫の今治　今治は余に　忘れられぬ追憶（おもいで）の　郷（さと）である」とある。また、かつて今治城を訪れたとき、復元天守内部の展示室には「蘆花コーナー」があり、その時初めて蘆花に興味を持ったのだが、今はもうなくなっていた。しかし、館長に声をかけると、彼がたまたま今治における蘆花研究に携わったことのある方で、東京では手に入らないような貴重な書籍を紹介してくれた。また、ごく限られた関係者しか知りえないような蘆花に関わる情報もご教授頂いた。蘆花が世話になった今治キリスト教会（蘆花文学碑から徒歩5分程度）は空襲で全焼し、現在は今治城外堀沿いの一角にその石碑が建つのみである。現在ある今治教会は、JR今治駅近くの南宝来町1丁目にあるが、館長曰く、そこに、非公開の、蘆花関係の資料が豊富に残っているという。

四国・伊予松山で、夏目漱石が中学校の英語教師をしていたように、ここ伊予今治にも、明治の文豪・徳冨蘆花が若かりし頃、おとずれて、教会で英語を教え、その青春を謳歌していたのだ。

25 愛媛県

大洲城と中江藤樹

平成に、本格的な木造四層天守が蘇る
大洲藩士であった近江聖人は日本陽明学の祖

武なき文は真実の文にあらず、文なき武は真実の武にあらず。陰は陽の根となり、陽は陰の根となるごとく、文は武の根となり、武は文の根と成なり。

中江藤樹『翁問答』

伊予大洲を訪れたのは、平成30年（二〇一八）7月17日、ちょうど西日本で豪雨が続いたわずか5日後であり、土砂災害による死者が二二〇人を超えたと報道されていた。高松駅ではJR四国の職員曰く「松山から先は、列車は運行していません、復旧の見込みはたっておりません、おそらく8月いっぱいはだめです」、この一点張りで埒が明かない。この度の旅行を逃すと、しばらく四国まで来られないため、何とか大洲まで行きたかった。とにかく行けるところまで行く、あとはどうにかなるだろうと、まずは松山までやって来た。松山からタクシーを使おう、そう考えていた。ところが、松山までやって来て、調べてみると、松山市駅から高速バスが宇和島方面に向かって運行されていた。通行止めの車道を迂回し、バスは走っているという。さっそく手続きを済ませて高速バスに乗車。そして、夕刻、予定通り、伊予大洲に到着。人通りのない大通りを歩き、予約しておいた市内のビジネスホテルに向かうと、作業服の男性が多数、宿泊客としてロビーに集まっていた。フロントに「こんなときに、ホテルの利用客はけっこう多いんですね。僕は今日どうしても大洲に来たかったけど、JRも止まっているし、ホテルはキャンセルだらけだと思っていましたよ」と言うと「いいえ、あの方々は、水害被害の調査員の方たちですよ」。なるほどと思った。こんな時に、埼玉から西日本の被災地に城を見に来るもの好きは、やはり自分のほかにはいないのだろう。

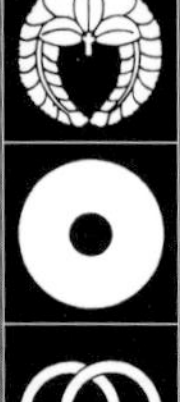

大洲城天守（復元）

今や、大洲の町のシンボルともいうべき大洲城の歴史は、源平合戦の頃、河野氏（伊予の豪族で鎌倉御家人となる）によってこの地（比高20メートル）に初めて城が築かれたことに始まる。その後、14世紀（鎌倉時代末期）伊予国守護に任じられた宇都宮豊房（下野国宇都宮氏の末裔）によって本格的に築城された。やがて戦国時代、宇都宮氏8代豊綱のとき、長宗我部氏と内通した家臣の大野直之に城を追われたが、秀吉の四国征伐（一五八五）によって直之も小早川隆景に滅ぼされ、城は隆景の持ち城となった（本城は湯築城）。天正15年（一五八七）戸田勝隆（秀吉家臣）が城主となり、文禄4年（一五九五）には藤堂高虎（宇和島城主）の持ち城となり、慶長14年（一六〇九）脇坂安治が5万3千石で入城し、このとき四層四階天守が築かれた（淡路洲本城

①中江藤樹座像（二の丸）
②苧綿櫓（二の丸）
③三の丸南隅櫓
④中村修二博士顕彰碑
⑤中江藤樹立像
⑥中江藤樹邸跡（至徳堂）
JR伊予大洲駅
大洲街道
天守
肱川
肱川橋
市民会館
大洲小
市役所
大洲高
外堀跡
大洲南中

天守の移築とも）。安治は近江浅井郡脇坂荘出身、16歳で明智光秀に仕え、家紋に桔梗紋を使用していたが、後に「輪違い」に変更している。秀吉に迎えられ「賤ヶ岳の七本槍」のひとりとして活躍し、洲本3万石を拝領。九州征伐、小田原征伐、朝鮮出兵、関ヶ原の戦いを経て大洲城主となった。子の安元は2代藩主となるが、大坂の陣の後、信濃飯田に転封となる。嗣子無く、老中堀田正盛（春日局の縁で家光に幼少より仕え、後に殉死）の次男を養子に迎え（脇坂安政）、脇坂家は以後、播磨龍野藩主（願譜代のち譜代）となった。

寛永江戸城天守と破風の配置が酷似するのは偶然か？

元和3年（一六一七）大洲城主は脇坂家に代わって加藤家となり、加藤貞泰が伯耆米子城（鳥取県米子市）より6万石で入城。以後、明治維新まで藩主は加藤家が13代世襲する。じつは大洲はもともと大津（おおつ）と呼ばれていたのを加藤家が入封した後、大洲（おおず）となった（脇坂安治のときに変更したとの説もある）。大洲藩主加藤家というのは、美濃出身で斎藤龍興（道三の孫）に仕え、のちに秀吉に仕えた光泰が祖で、近江高島城主、美濃大垣城主、近江佐和山城主などを歴任している。嫡男貞泰は関ヶ原

天守遠望（走行する列車の窓から撮った奇跡の一枚）

三の丸南隅櫓（石落としが黒の板張りであるのは全国的にも珍しい）

の戦いで東軍に味方し、慶長15年（一六一〇）伯耆米子藩主（6万石）、大坂の陣の後、大洲藩主（同じく6万石）となった。貞泰の嫡男・2代藩主泰興のとき、弟の直泰に伊予新谷に1万石を分与、以後本家とともに幕末まで続く。泰興は文武に優れ、逸材を登用し、藩改革を断行し、藩制の確立に努めた。役に立たない家臣には暇を出し、命に背く者を切腹させたという。この泰興に郡奉行として仕え、後に脱藩、「近江聖人」といわれるようになるのが中江藤樹である。維新後、大洲城天守は老朽化したため明治21年（一八八八）解体されたが、平成16年（二〇〇四）9月、外観内部ともに忠実に木造によって本格的に復元された。四層天守の千鳥破風や唐破風の配置が寛永の江戸城再建天守に酷似していること、二層高欄付き櫓には、装飾用高欄と石落しのみ黒板張りとなっている配色など、特筆すべき特徴である。なお、幕末、箱館の弁天台場と五稜郭の設計・建造をおこなった武田斐三郎（甲斐武田氏一族の末裔）は大洲藩出身である。

脱藩の真相

日本陽明学の祖中江藤樹は、慶長13年（一六〇八）近江国高島郡小川村（滋賀県高島市）に生まれた。祖父（中江吉長）は米子藩加藤家に仕える武士であったが、父（吉次）は農民（郷士）として生きる道を選び、祖父が9歳の藤樹を養子として米子（鳥取県）に迎えた。10歳のとき加藤家の領地替えにともない、祖父と共に伊予大洲に移り、15歳で元服、祖父の死で家督（百石）を継ぐ。寛永11年（一六三四）27歳のとき、藤樹は自らの健康上の理由と、儒教の教え「孝」を実践するため、故郷に帰り母（このときすでに祖父母と父は死去）の面倒を見るこ

至徳堂（県立大洲高校裏）

とを決意し、許可なく大洲藩を脱藩する。当時流行っていた渡り奉公人になることを疑われ、その後しばらく京都に謹慎し、藩命を待つが、けっきょく切腹等の命はなく、そのまま認められた。

ちょうどこの頃、伊予松山藩の蒲生家が断絶、大洲藩はその留守預かり（松山城在番）を仰せつかり、そのとき藤樹の脱藩が重なり、藩としてはあまり藤樹問題にかかわれなかったようだ。また、藩の首席家老をはじめとして中士以上の者は、藤樹に同情的であったといわれる。脱藩の真の理由に関しては、一般には、藩内で、武断派と文治派（好学派）が対立し、武断派が主流となった大洲藩において孤立した、あるいは、巧言令色な人材が多数登用される藩改革に違和感を覚えた、藩の目指すところと藤樹の理想とが隔たってしまったことなどがいわれる。一説によると、寛永9年（一六三二）加藤貞泰夫人の強い希望で大洲藩2代藩主泰興の弟・直泰が新谷藩1万石（大洲市新谷町）を立藩したが、藤樹がその支藩に異動させられ（27名の藩士が異動）、それが左遷であり、脱藩の理由になったとの指摘もある。この分封問題は、お家騒動になりかねなかった重大な政治問題だった可能性もあり、さらには、藤樹がその渦中にいて、そのため不眠症や喘息発作に悩まされたともいわれる。貞泰夫人と二人の子の関係に対する抗議を込めて、実母の面倒を看るという理由で脱藩したとすると、藤樹の近江への帰郷は実に政治的な意味合いの深い行動（あるいは藩主に対する諫言）であったことになる。藩に提出した辞任願いには、母の面倒を看ることと健康上の不安のみ、その理由として記されていた。故郷近江に帰ると、藤樹は、刀を売り払い（10両）、酒売りと金貸しの商いを始め、母と生活を共にする一方、自宅を開放して学問を教え、弟子を育て始めた。門人の多くは全国から集まった武士の子弟や近江の郷士で、上級武士を含め、大洲藩出身者も少なくなかった。そのなかには、藤樹の旧同僚の子で、能力が劣っているために武士になれず、藤樹のもとにやって来て医術を学び、大洲で医者となった者もいた。このとき藤樹はその子のために6巻からなる医学の教科書『捷径医筌』を作った。藤樹30歳のとき、門人（伊勢亀山藩士）の紹介により、亀山藩士の娘（17歳）と結婚。2児の母となった夫人が26歳のとき死去すると、翌年、近江大溝藩主（高島郡）の世話で同藩士の娘と再婚（翌年3男を出産）。

藤樹が目指した真の武士道とは

藤樹の著作に『翁問答』があるが、これは大洲藩の同志の要請により仮名書きで書かれたもので、人の道とは何か、徳を身につける道、士道とは何か、天下国家がうまく治まる道とは何かをわかりやすく述べたものである。藤樹は、道徳の形式よりも精神が大事であると説き、徳を知って実践しないのは「俗儒」であると言った。真の学問とは「心の汚れを清め、身の行いをよくするもの」と言い、「人間に天分の差があり、賢愚がある以上、身分秩序があるのは道にかなったこと。しかし、上級者といえども、その道に外れる勝手気ままは許されない。人はその分に応じた位（天子、諸侯、卿大夫、士、庶民）にあってその職を尽くし、自己の完成をはかり、社会秩序を確立することが道である。道の根本は孝であり、孝とは人を（身分の上下関係無く）愛し敬うこと」であると述べた。武士道とは何かの問に対しては「文とは、人として守るべき道を究め、天下国家をよく治め、君臣・親子・夫婦の関係、長幼の序、盟友の信を正しくすること。武とは悪逆無道の者が文の道をさまたげるとき、これを征伐し、天下の秩序を回復することをいう。だから、戈＝武器を止める、と書いて（武）という字ができたのである。文の道を実現するためにあるのが武道であるから、武道の根は文である。武のともなわない文は真の文ではなく、文のともなわない武は真の武ではない。武ばかりで文のないのは、秋冬の陰気だけで春夏の陽気のないようなもので、文ばかりで武のないのは、春夏の陽気だけで秋冬の陰気のないようなものである。文の徳は仁であり、武の徳は義である。よって文芸（文学礼楽書数）だけで文の徳のないのは文道の用には立たず、武芸（軍法兵法）だけで武の徳がなければ、武道の用には立たない。武士は道の担い手として農工商の模範とならなくてはならない」と答えた。

藤樹の一番弟子が、かの有名な、岡山藩を脱藩した熊沢蕃山（しげやま）である。蕃山（23歳）は師を求め、小川村に藤樹を訪ね、7ヵ月余り藤樹門にて孝経・大学・中庸を学んだ。そして3年後、再び岡山藩に出仕、陽明学に傾倒した藩主池田光政のブレインとして藩政を支えた。藤樹は大洲時代から、僧位を授かるため剃髪した林羅山を言行不一致であると批判（「林氏剃髪受位の弁」）するなど、京都の勉強仲間・同志からはその名を知られた人物であったが、彼を全国区で有名にしたのは、やはり、岡山藩主の側近として、現実的に士道の実践を行った熊沢蕃山（禄3千石）である。蕃山によって陽明学は後に、大塩平八郎、藤田東湖、山田方谷、河井継之助（つぎのすけ）、佐久間象山、高杉晋作、吉田松陰、西郷隆盛、乃木希典、東郷平八郎、広瀬武夫、植木枝盛らに継承され、結果、日本陽明学の祖である藤樹が注目されたのだろう。

宗教でなく儒教によって領国統治する伝統が生まれた

藤樹の生きた時代は、武断から文治政治へ移行する時代であり、幕藩体制を早雲・信玄・謙信などの戦国大名のように宗教（仏教）ではなく、儒学（朱子学）によって理論づけ、正当化し、その支配を磐石なものとしようとする時代であった。武術・兵学・行政手腕だけでなく、大名、家臣、領民の精神的支柱となる学問を儒教にすることによって、領国統治を円滑に運営する必要性に迫られていた。「理想の武士とは何か」「人はいかに生きるべきか」というような問いに対する答えを儒学に求めた。武士階級は、新しい時代の政治家のあり方として、儒学を修めることが重要視される時代となったのだ。そして藩は儒学者を育てるよう努め、あるいは優秀な儒者を藩

中江藤樹座像（二の丸）

の行政指導者として高禄で招いた。幕末は実学が主流となるが、幕藩体制初期には、武士の理想を求めることが模索され、ゆえに藤樹のもとに全国から武士が集まったのである。

藤樹は初め朱子学を独学で学び、その後『王陽明全集』を手に入れて陽明学を学んだ(37歳)。「孔子のうちにあった進歩性を展開させ、間違って孔子を理解して臆病で保守的になった人々に希望を吹き込んだ」王陽明の思想に、藤樹は共感したのだった(内村鑑三)。陽明学では「心と理は離れた別の存在ではない、常に合致した状態に心を保つべきである」「知ることと行うことはひとつのことである」「聖人でも凡人でも同じように生まれつき具わっている良心、良き知力を実現・完成させ、実践することが大切である」とした。また、内村鑑三は「陽明学は東洋の教えの中で最もキリスト教に近い」と指摘している。藤樹は41歳で死去。死因は持病の喘息発作であったといわれる。

大洲藩では、藤樹の教えを受けた藩士によってその思想は脈々と継承され、明和3年(一七六六)には藩校・明倫堂で藤樹祭が行われた。大洲藩士時代の藤樹が暮らしていた屋敷跡は、現在県立大洲高校の敷地の一部となっているが、その一角に「至徳堂」として旧宅が復元されている。また、それより以前、藤樹が13歳から15歳の間に居住した小さな屋敷跡は、現在大洲小学校の校庭の一角に残り、そこには「中江藤樹先生勉学の地」という碑が建ち、少年時代の藤樹立像がある。大洲城二の丸跡には現在、真新しい藤樹の座像が建立された。

じつは、宿泊したビジネスホテルに、平成26年(二〇一四)ノーベル物理学賞を受賞した中村修二氏が泊まったのだと、たまたまフロントの女性スタッフから聞いた。氏は伊方町で生まれ、小学校2年のとき大洲市に転居し、大洲高校を卒業し、徳島大学に進学するまで大洲に住んでいたのだという。どのような経緯であのホテルに宿泊したのかは知らないが、きわめて質素なホテルであり、世界に冠たるノーベル物理学賞受賞の大先生が、そのノーベル賞を受賞したわずか2年後に泊まるようなホテルとは言い難い。松山あたりで道後温泉に浸かり、高級ホテルに泊まり、銘酒を飲み、活魚料理を食べ、翌日クルマで大洲まで飛ばして、用事(おそらく講演か記念式典参加)を済ませばよかっただろうに。日亜化学との訴訟問題で苦労されたのだろう中村博士の、素朴な人柄に触れた思いがして、まさにそれは現代に生きる藤樹ではないかと、独り古びた狭い部屋で缶ビールを飲みながらほくそ笑んだ。

明治の文豪、故郷の城は江戸時代、長州に対する監視を目的とした大城砦であった

津和野の人は小才だと云ひますが、小才でない人もある。私は成功した人がえらいとは思はない。成功せんで隠れてゐる人にもえらい人があると思ひます。…私は津和野人が努めて小才を苅り除いて、正直を保存して、眞のえらい人間になるやうにと願ふ。

森鷗外「混沌」

ロンドンで買ったアクアスキュータムの小旅行鞄を片手に、先日、津和野に向かった。東京駅発7時30分、のぞみ11号博多行に乗り、品川、新横浜、名古屋、京都、新大坂、新神戸、岡山、広島を経て、11時57分新山口駅に着く。乗り継ぎ列車の待ち合わせが1時間近くあったので、駅構内の飲食店や売店などを見て歩き、名物「瓦そば」を食べ、ふぐの炙り焼きなど酒の肴に買った。特急スーパーおき4号鳥取行（2両編成）に12時53分乗車。

津和野駅着13時55分。25年ぶりにやってきた津和野は、これほど静かな町であったかと疑うほど、駅舎周辺に人気がなく閑散としていた。かつて「萩・津和野ロマンの旅」などと銘打って「る・る・ぶ」つまり「見る」「食べる」「遊ぶ」をコンセプトに、若い女性をターゲットにした人気旅行雑誌の目玉だった津和野だが、どうも、今は若い人どころか、人がいない。とりあえず駅前の観光案内所でタクシーを呼んでもらうと、ほどなくやって来た。老齢なタクシー運転手に

「お城に行きたいので、山麓リフトまで連れて行ってください」と言いながら乗り込む。車中「なんか、あまり、人がいませんね、運転手さん」と聞くと「若い人はいませんな、老人ばかりですよ」と答え、途中、津和野高校を通ると「この高校も昔はよかったんですが、今は生徒が集まらず、他県から生徒を呼び寄せ、寮生活させ

山頂の人質郭（手前）と三の丸

人質郭石垣（三の丸より見る）

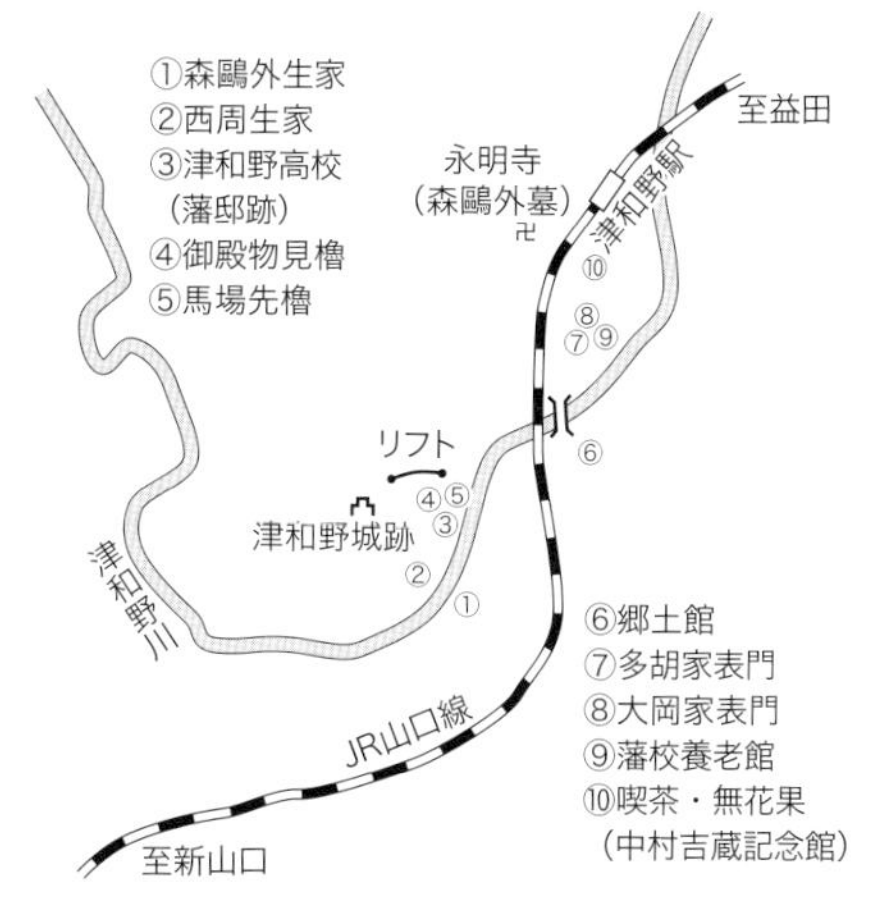

てんですよ」

町営の観光リフトに近寄ると、私一人のために動かし始め、山頂まで運んでくれた。下に二人、上に一人係員がいたが、皆、寡黙であった。山道を歩き、出丸は現在修復中とのことで立ち入れなかったが、総石垣の本丸部分は、十分その魅力を堪能できた。特に、本丸〈三十間台〉・人質曲輪・三の丸と、幾重にもかさなる石垣の先からはるか先に見下ろす赤瓦の城下町景観は、雄大で迫力がある。周囲の山々の姿は昔と変わらぬものだろう。津和野は山城の名城であることがすぐ知れた。その後、城下に残る藩邸跡（津和野高校グランドおよび嘉楽園）、物見櫓（一層二階）、馬場先櫓（二層二階）を見て回り、西周（にしあまね）旧居（西は津和野藩御典医の家柄で、のちに明治政府の有能な高級官僚となる）、そのすぐ近くにある森鷗外旧宅（生家）を見学した。この辺りから城を見上げれば、山頂本丸部分の石垣が、はっきり確認できる。鷗外も毎日この景観を見ていたのだろうか。それから駅に向かい城下町をゆっくり歩き、途中、郷土館、家老・多胡（たご）家表門、藩校養老館、家老・大岡家表門、カトリック教会をめぐり、そして喫茶「無花果（いちじく）」(中村吉蔵記念館)を訪ねた。

「無花果」は、以前、津和野に来た時、郷土が生んだ劇作家中村吉蔵のお孫さんが喫茶店を営んでいると聞いて来たことがあった。狭い店内隅にガラス・ケースが並び、その中に吉蔵ゆかりの演劇ポスターや戯曲や小説本、雑誌などが展示されていた。代表作『無花果』を読みたいとお孫さんに言うと、それは東京の早稲田大学に保管されていると言う。彼と話をするなか、二人で吉蔵の本をもう一度世に出そう、鷗外ばかりが有名では吉蔵がかわいそうだ、僕が東京に戻ったら出版社と交渉しますよと約束し、実際、早大教授に相談したことがあった。そのような思い出深い場所であったが、その日は休みだった。

夕刻、萩に向かう防長交通バス・最終便に乗ったが、萩まで乗客は私一人だけだった。運転手にときどき話しかけたが、必要最低限の答えしか返ってこない。暇をもてあまし、ふとポケットに入っていた津和野城の英語版パンフレットを見ると、本丸や二の丸の曲輪のことを keep と誤訳していた。もちろん keep は「天守」を指す語であり、郭（くるわ）などのスペースを意味する語は bailey（曲輪）か ward（丸）である。

静かな城下町に築かれた堅牢な近世城郭の山城

慶長6年（一六〇一）坂崎出羽守直盛（宇喜多氏の一

族）が、吉見氏の築いた山城（標高三六七メートル）を近世城郭に改築したのが現在残る津和野城である。吉見氏というのは3百年間この地を支配した戦国大名で、源範頼（頼朝の弟）の子孫といわれる。吉見すなわち武蔵国（埼玉県比企郡吉見町）の出身である。吉見氏は鎌倉幕府の命により、2度にわたる元寇の後、西石見の海岸防備のためにこの地に築城した。そのとき山頂部分が平たく削られた。吉見氏は14代広行のとき、関ヶ原の戦いで毛利輝元に従い西軍についたことから改易となり、かわって坂崎出羽守が城主となった。直盛は中世城砦を、石垣を多用した本格的な近世城郭に大改修した（吉見氏時代に一部近世城郭に修築されたという説もある）。本丸・帯郭・二の丸・三の丸で城は構成され、さらに出丸である織部丸（城代・浮田織部に因む）が造られ、かつて一帯には多聞櫓・城門櫓・人質櫓・菱櫓・三重天守（二の丸）など10数基の建造物が築かれた。このとき大手は西側（海岸側）から東側（現在の市街地側）に変更されている。津和野川は天然の外堀を形成し、山麓東に集中した城下町を山と川で囲み守った。城下町の南に侍屋敷、北に町屋が配され、城下の川のさらに東側に一部侍屋敷が広がった。

築城にあたって紀州から3人の築城技術者が呼ばれ

御殿物見櫓

馬場先櫓

藩邸跡（嘉楽園）

たが、城が完成すると3人は殺されたという。天守は貞享3年（一六八六）落雷により焼失。明治7年（一八七四）城を解体する前に旧藩士が描いたという古絵図を見ると、櫓や土塀はすべて黒の下見板張りで、全体的には黒い城という感じで、いかにも戦国の無骨な城郭を連想させる。津和野の町の静かなイメージとは裏腹に、この山頂に天守や高石垣を築いた坂崎直盛は気性が激しく、また謎の多い人物であった。

それにしても、4万3千石の城としては規模が大き過ぎる。それは坂崎直盛の人柄によるものなのか、江戸幕府の意図（毛利のおさえ）によるものなのか、あるいはその両方なのかと思う。

千姫を救出した城主直盛の切腹

出羽守直盛は備前の戦国大名・宇喜多直家（秀家の父）の弟・忠家の子である。豊臣政権下の五大老の一人宇喜多秀家に仕え、2万4千石を領した。その後、主家と対立し、その直後に起こった関ヶ原の戦いで東軍につき、功を挙げ、石見浜田2万石を安堵、姓を改め、坂崎出羽守と称した。石見津和野3万石となった後、大坂の陣の功によりさらに1万3千石加増され、4万3千石となる。大坂落城の際、千姫を救出したことで有名であるが、千姫救出は大坂城方との交渉のうえ成立した取引であり、千姫を無事、城外に連れ出したのは大坂方の堀内氏久（異説では本多正信の命を受けた柳生宗矩）であった。翌年（一六一六）千姫と本多忠刻（本多平八郎忠勝の孫）との再婚を不服とし、直盛は千姫が輿入れするとき、輿を襲おうとして失敗、江戸藩邸（湯島台）にて自害した（柳生宗矩の指示で家臣が謀殺したとも）。坂崎家は津和野城主となってわずか16年で断絶した。直盛は当時50歳を過ぎており、千姫をどれほど本気で自分の室にしたいと思っていたかは疑問であり、また、大坂落城の際、千姫を救った者に姫を正室として差し出すと家康が約束したというのも史実でない。実際、輿を襲った事実はなく、自らが輿を襲うと公言したか、あるいは、計画が発覚した時点で、切腹を命じられ、所領没収となったのだろう。異説では、千姫の再婚相手（公家）の仲立ちを家康に頼まれ、京を奔走した出羽守が、その面目を失って怒り、強硬手段に出ようとしたともいう。直盛は以前も私怨（小姓との色恋沙汰のもつれ）がもとで、家臣を匿まった富田信高（宇和島城主）を徳川将軍に訴え、改易させるという事件を起こしている。

　その後、城には亀井氏（紀伊亀井出身でのちに出雲尼子氏に仕えた重臣で、秀吉に仕えた）が入封（4万3千石）、代々世襲して明治を迎えた。亀井氏は山麓に藩邸・藩庁を築き、さらに1キロにわたる外堀を掘った（森鷗外旧居付近に石垣跡が残る）。藩は石見和紙を奨励し、藩校養老館を創設し、産業振興と藩士子弟の教育に力を注いだ。弘化4年（一八四七）江戸深川の下屋敷を売却（1万両）すると、それを教育基金としている。そういった藩風の文脈の中で、明治を代表する知識人森鷗外が登場するのである。

軍医、小説家、評論家として明治時代を牽引した鷗外

鷗外は、文久2年（一八六二）津和野藩の御典医・森静男の嫡男として生まれた。藩校養老館で学んだ後、維新後も典医として亀井家に仕えた父に従い上京、亀井家下屋敷、ついで親戚筋の西周（にしあまね）邸に寄寓、東京医学校予科（後の東大医学部）に13歳（以下満年齢）で入学し、最年少で卒業し（20歳）軍医となった。その頃、父が医院を開業したことから家族と共に千住（東京都足立区）に住み、その間、ドイツに留学する。男爵海軍中将・赤松則良の娘と結婚（28歳）、翌年離婚し「舞姫」発表（29歳）。写実主義を掲げる坪内逍遥と「没理想論争」を展開した後、日清戦争に従軍し、帰国後、軍医学校長、陸軍大学校教官を経て、明治32年（38歳）第12師団軍医部長となるが、直後、九州小倉に左遷された（鷗外が文学に没頭し、本務を疎かにしているとの批判を受けた）。短編「鶏」「独身」は小倉時代の秀作である。明治35年（41歳）1月、判事荒木博臣の娘と再婚、3月、第1師団軍医部長として東京に戻る。9月『即興詩人』翻訳刊行。明治36年、叙事詩『長宗我部信親』刊行、同年、早稲田大学で「黄禍論梗概（こうがい）」（翌年刊行）を講演。翌年、日露戦争が始ま

り軍医部長として出征、各地を転戦した。明治40年（46歳）軍医として最高の地位である陸軍軍医総監、陸軍省医務局長となる。明治43年、慶応義塾文学科顧問となり、永井荷風を教授に推薦。以後、創刊された『三田文学』に作品を多数発表。大正元年（51歳）『中央公論』に歴史小説第1作「興津弥五右衛門の遺書」を発表。大正2年「阿部一族」「佐橋甚五郎」（失踪した家康の家来が24年後に朝鮮使節となって日本に来たのではないかという話）を発表し、翻訳『ファウスト』と『青年』を刊行。大正3年（53歳）「大塩平八郎」「堺事件」「栗山大膳（だいぜん）」など歴史小説を次々と発表。大正4年「山椒大夫」を発表し『雁』を刊行。大正5年「高瀬舟」を発表。大正11年（一九二二）、萎縮腎（いしゅくじん）・肺結核にて死去（60歳）。遺言「死ハ一切ヲ打チ切ル重大事件ナリ　奈何ナル官権威力ト雖モ　此ニ反抗スル事ヲ得スト信ス　余ハ石見人森林太郎トシテ　死セント欲ス…」。

歴史小説執筆にのめり込む鷗外

「阿部一族」は熊本城主細川忠利の死に際して、多くの家臣が殉死するなか、殉死を許されなかった阿部氏が、遅れて追い腹を切るが、やがて一族は屋敷に立て籠もり滅亡するという史実を題材に扱った歴史小説である。鷗外が堰を切ったように日本の武士道、日本の歴史に心をうばわれ、歴史小説を書き始める契機となったのは、乃木大将夫妻の殉死であるという。鷗外は乃木（長府藩出身）と独留学時代に交流し、また小倉左遷の折、新橋駅

森鷗外生家

に見送りに来たのは乃木であった。権力志向が強く、策略に富んだ老獪な軍人、政治家の多い中、素朴な乃木の人柄に鷗外は心惹かれたのだろう。一方、鷗外は日本陸軍の最高権力者・山県有朋（長州出身で、和歌・漢詩・書道・茶道・造園好き）に近づき親しくなっている。実は鷗外が軍医として最高の出世ポストに就けたのは、山県の後ろ盾があったからといわれる。「舞姫」のなかで天方伯は山県がモデルであり「西周伝」の原稿は山県に校閲を依頼した。一方、鷗外の思想に山県が圧力を加えていたことも指摘される。山県と鷗外という異なる大物同士が互いに欠点を補い合い、政治、陸軍、そして文学の世界で世の中に影響を与えていった過程は、たいへん興味深い。鷗外の息子の手記によると、鷗外は権力志向が強く、政治家になることさえ目指していたという。文学、医学、政治の領域までをその守備範囲として、国づくりに尽くしたかったのか。帝大教授就任を辞退して民間に下り、あるいは文部省から博士号授与の誘いを受けるとそれも辞退し「ただの夏目なにがしでこれからも暮らしたい」と周囲に語っていた漱石とは対照的である。漱石はあくまで自由気ままな「猫」であることを望み、士族の鷗外は、常に、森家、主家、国家に対する義務と責任、使命を足枷として、自らの理想とする国づくりに積極的に関わり、発言したかったのだろう。あるいは、ワイマール公国の政治・行政に深く関わったドイツ文学の巨匠ゲーテを理想としたのだろうか。

島根県人は真面目で勤勉、人情に厚く保守的、一面、閉鎖的といわれる。しかし、これは厳しい自然にさらされる日本海側、北陸、東北地方の共通気質といえる。2世紀に成立した出雲国（縄文人系）は4世紀には大和朝廷（弥生人系）の支配下に置かれるが、その後も出雲大社を中心とした古代伝統は脈々と受け継がれ、同時に江戸時代、名門松平家（松江城主）の強力な支配を受けた。また、縄文文化の色濃い出雲方言は、東北弁との共通点が多いことでも知られ、それを松本清張は『砂の器』の重要なエピソードとして取り入れている。出雲地方（県東部）はその名のごとく、曇り空の日が多い。これがまた、人々の気分を憂鬱にさせる。石見（県西部）は「石海」が語源とも、あるいは「石」しか「見」えないという意味ともいう。出雲地方に比べると、石見地方は、歴史的に、瀬戸内海地域との行商（津和野の銀・銅）や漁業などで交流があったため、積極的で明るい性格の人も多いといわれる。言葉も山口や広島に近い。ただ、この度私が会話した津和野の人々は、あまり陽気でなかったようだ。そういうこともある。

「二五〇年もの間、禄を食い潰してきた武士が、日本の危機になぜ死なないのか」と弟子に問う、過激な思想家のふるさと

かくすればかくなるものと知りながら
已むに已まれぬ大和魂　松陰

萩では今でも吉田松陰の話をすると、ほとんどの人が「松陰先生は…」と言う。市内の中心部には昔の藩校であった明倫小学校があり、そこの生徒は毎朝、松陰の教えを朗唱し「今日よりぞ幼心を打ち捨てて人となりにし道を踏めかし」など暗記するらしい。誰もが松陰に対して尊敬の念を持つよう教育されているようだが、一方、毛利家に対しては冷ややかで「まあ、あの方たちは広島から来たんでしょ」などと、二五〇年以上も君臨してきた殿様を未だよそ者扱いしているのは面白い。この度、萩の宿泊先をネットで探していると「ゲストハウス」なるものが格安料金で紹介されていることに興味を持った。英国ではゲストハウスといえばホテルより安いが、B&Bよりランクは上である。しかし、どうやら日本のゲストハウスはドミトリー（相部屋）に近く、かなりの低価格だ。ところが、ネットで画像を見ると、おしゃれでアーティスティックなインテリアも目立ち、外国人観光客や若い女性向けの簡易宿泊施設という感じである。最近、観光ホテルやシティホテルに食傷気味だったので、個室が一部屋空いているようなので、迷わず予約し、初めて日本のゲストハウスなるものを体験することになった。

萩のゲストハウスに着いたのは夜9時過ぎであった。受付は30代前後の目元が美しい女性で、私が用紙に住所を記入していると「あら、埼玉の方ですか、私、川越ですよ」と言う。「川越の女（ひと）が何でまた、萩で働いているんですか、城下町つながりですか」と笑いながら聞くと、曰く、旅に魅せられ、ゲストハウスに魅せられ、気が付いたら遥々萩で働いていたのだそうだ。暇なとき、今で

萩城三の丸北の総門（復元）は日本で最大規模の高麗門

も全国のゲストハウス巡りを楽しんでいるとのこと。翌朝、小雨の中、予約した萩近鉄タクシーに乗り、市内を巡った。松陰神社（松下村塾）からスタートし、伊藤博文旧宅、前原一誠旧宅、桂太郎旧宅、山県有朋誕生地、野山獄跡、岩倉獄跡、

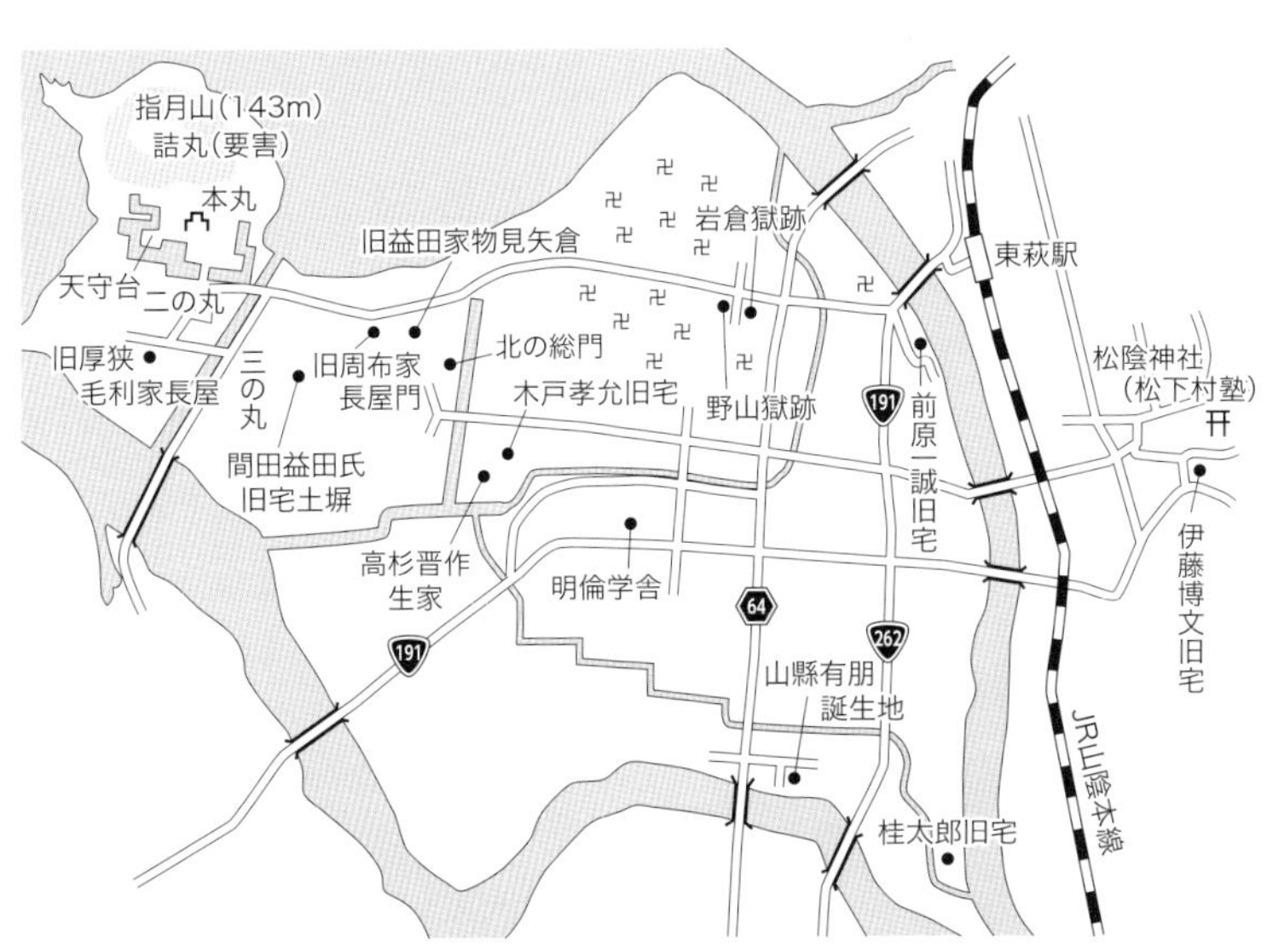

木戸孝允旧宅、高杉晋作生家、北の総門（薬医門）、旧益田家物見矢倉、旧周布家長屋門、旧厚狭毛利家萩屋敷長屋、萩城内堀、石垣、天守台、そして最後に明倫学舎（平成29年オープン）に行き、メーター計算でわずか6千円余り。ゆっくり学舎の展示を見学した後、昼食のため、煉瓦造りの「異人館」に入り、麦酒とイングリッシュ・マフィンサンドを食べ、その後、城下町歩きを自分の足で体験したかったので、もう一度旧町人地まで戻って歩いた。先ほど訪れた木戸邸や高杉邸に加えて、江戸屋横町、伊勢屋横町、菊屋横町（日本の道百選）を散策し、田中義一誕生地、菊屋家住宅、旧久保田家住宅、青木家旧宅など訪れ、百枚ほど写真を撮った。

広島城を追われ、日本海を望む萩に築かれた毛利氏の居城

関ケ原の戦いで西軍大将として大坂城にいた毛利輝元は、広島城主（8カ国一一二万石）から周防・長門2カ国29万8千石（のち36万9千石と公認されるが実高54万石）に減封され、自らは隠居し、初代藩主を子の秀就（6歳）として新城を築城した。もともと候補地は、大内氏館の詰城のあった高嶺（山口市）、防府桑山（瀬戸内海側）、吉見氏出城跡の萩指月山（日本海側）の3カ所であった。結局幕府の指示で、輝元は萩に築城し、慶長13年（一六〇八）6月、完成した。吉川広家（岩国城主）が標高143メートルの指月山山頂の詰丸と城東側の普請責任者となり、西側は毛利秀元（長府藩主）が普請責任者、さらに熊谷元直（熊谷次郎直実の直系）ら4人の重臣が補佐役で、6人の普請奉行がその下で働いた。石垣の石は指月山の花崗岩を切り崩して用いた。山頂の周りを石垣で囲み、詰丸（要害）として、山麓周辺から広がるデルタ地帯に向かって、本丸、

萩城本丸（天守台）と指月山を望む

二の丸（お城内）、藩庁や重臣屋敷があった三の丸（堀内）と縄張りされた。本丸に築かれた五層五階（四層五階とも）天守は廻り縁・高欄のある白亜桃山風天守で、付櫓（つけやぐら）が備わっていた。天守初層は張り出し構造で、石落としがあった。天守瓦は明和5年（一七六八）には赤瓦に葺きかえられている。本丸、二の丸内には天守のほか櫓が20余基築かれた。井戸は城内だけで46カ所に及んだ。城下町は、橋本川と松本川によって形成された三角州の中にあり、この二つの川と日本海は、惣構えの外堀と見なされ、城下町は守られた。長州藩では藩士の子弟教育が早くから行われ、藩校明倫館は享保4年（一七一九）の創設である（水戸藩の弘道館は天保12年＝一八四一）。13代長州藩主敬親（たかちか）は殖産興業、富国強兵を成功させ（実高百万石）、第1次・2次長州征伐を切り抜けた。三の丸には厚狭（あさ）毛利家萩屋敷長屋や益田家長屋門、石垣、土塀などが残り、三の丸の平安古（ひやこ）総門跡前には我が国最古といわれる石橋が残る。昭和40年（一九六五）二の丸に60㍍におよぶ土塀が復元され、平成16年（二〇〇四）には三の丸北の総門（我が国最大の高麗門）が復元された。

萩の武家屋敷の土塀とともにイメージされる夏ミカン（ダイダイ）の栽培は、従来藩士の内職であったといわれたが、正確には西南戦争の翌年（一八七八）旧藩士小幡高政が困窮した士族を救うため、彼らに夏ミカンの苗木を配り、その後、町全体に栽培が広がったことに由来するもの。なお、西南雄藩「薩長土肥」の中で廃藩置県後、唯一、県名が城の名にならなかったのは、幕末に藩庁を山口に移したためだ。

松下村塾で学んだ若者はやがて官僚、政治家、軍事のトップに

吉田松陰は、文政13年8月（一八三〇）長門萩の城下町の外にある松本村にて藩士・杉百合之助常道（家禄26石）の次男として生まれた。幼名は虎之助、のちに大次郎、松次郎、寅次郎と改める。5歳で、叔父吉田大助賢良の仮養子となる。吉田家は山鹿流兵学師範で代々毛利家に仕えた家柄である。6歳で大助の死去にともない吉田家8代目を継ぐが、幼少のため家学は代理教授がおこなった。松陰はもう一人の叔父・玉木文之進からも学問を学んだが、当時のエピソードとして、あるとき学習中、松陰の額に一匹の蚊がとまり、それを松陰が片手で追い払うと、それを見た叔父は「蚊一匹に気を取られてよそ見するとは何事か」と鉄拳制裁を加え、そのため松陰は脳震盪を起こし、失神したという。松陰はそのような厳しい環境の中で学問に励んだ。9歳で明倫館の家学教授見

習いとなり、11歳のとき、藩主毛利敬親の前で『武教全書』戦法篇を講義する（のちに守城篇も講義）。13歳で家学教授代理のち後見人であった文之進が自宅に私塾・松下村塾（松下（本）村の塾の意）を開くと、松陰も入塾する。文之進はのちに乃木希典（長府藩士の子）を教え、その弟を養子にしている。16歳で長沼流兵学を山田亦介（西洋兵学に詳しい人物）に学び、このとき阿片戦争のことを知り、衝撃を覚えた。17歳で荻野流砲術を学び、19歳のとき後見が解かれ、独立した軍学師範となった。20歳のとき藩命により、長門の海防の実状を調査する。この年、17歳の藩士桂小五郎（＝木戸孝允）に山鹿流兵法を教えている。21歳、萩城下にある書籍のほとんどを読み尽くした松陰は、山鹿流軍学を深めるため九州の肥前平戸藩へ遊学の途につき、平戸の紙屋という旅館に50日余り滞在、平戸藩家老の山鹿万介（山鹿流宗家）に会い、さらに葉山左内（陽明学者、山鹿流兵学者）に兵学書80冊余りを借りて記録した。九州遊学はその後、長崎、島原、熊本、佐賀、小倉など訪れ、4カ月におよんだ。22歳、江戸で安積艮斎に朱子学を学び、山鹿素水（津軽山鹿氏の末裔）、佐久間象山に兵学を学ぶ。特に、西洋通の象山からは大きな影響を受けることになる。同年6月、藩の許可を得て、江戸湾防備を調べるため、房総半島と相模の海岸線を実地調査。同年12月、藩の許可を得ずして東北遊学に出発し、水戸・白河・会津若松・佐渡・久保田・弘前・津軽海峡・盛岡・仙台・米沢・日光・足利を訪れ見聞を広めた。23歳になって江戸に戻り、萩で謹慎した後、亡命の罪により、士籍と家禄を奪われる。一方で、父百合之助は藩主の内意伺書を提出し、翌年、軍学稽古のため10年間の諸国遊学の許可を貰う。24歳、萩から大坂・大和・桑名・大垣・高崎を経て江戸に到着。佐久間象山と親交を深める。そして象山の勧めで漂流をよそおい露艦に乗船するため長崎へ向かう（4日前にすでに出港）。熊本で横井小楠を訪ね、萩に戻り、再び大坂・京都・尾張を経て江戸着。この頃金子重之助（松陰の弟子を望み長州藩から亡命した足軽）と出会う。25歳、再度来航したペリーのアメリカ軍艦に重之助と乗り込むが、その勇気を称え

木戸孝允旧宅

高杉晋作生家

られるも渡航要請を拒否され、江戸幕府に自首、江戸小伝馬町の獄舎に入れられる（ペリーは2人に寛大な処置を願う）。浦賀奉行所から江戸の北町奉行所に運ばれてゆく途中、泉岳寺（浅野内匠頭や大石内蔵助の墓がある）を通ったとき詠んだのが「かくすればかくなるものと知りながら已むに已まれぬ大和魂」である。老中首座・阿部正弘が寛大な処分を下したことにより、自藩幽閉（蟄居）となったが、長州藩は萩の野山獄に入れ松陰を囚人とした。翌年1月、岩倉獄（野山獄のすぐ前）の重之助は病死し、松陰は12月に病気保養のため出獄し（この間5百50冊以上を読破）、杉家にて禁錮となる。27歳、倒幕思想に目覚め、28歳、杉家の幽室内講義は盛んとなり、多くの若者が講義に列するようになる。そのため杉家の宅地内にある小舎を補修して「松下村塾」とした。「来るものは拒まず」の方針のもと、様々な身分の者が入門し、塾には久坂玄瑞（藩医、松陰の妹と結婚）・高杉晋作（藩士、奇兵隊の創設者）・伊藤利助（＝博文、足軽、のちの総理大臣）・山県小輔（＝有朋、長州藩中間の子で大変身分が低い、後の総理大臣）・前原一誠（藩士、維新10傑のひとりとなるが不平士族を集め「萩の乱」を起こし斬首）・山田顕義（藩士、のち司法大臣、伯爵、日本大学・國學院大學の学祖）らが集まった。おもな塾生は50名ほどいたという（在籍92名）。授業は朱子学を講じ、陽明学にも触れ、本居宣長の『古事記伝』を講じ、頼山陽の『日本外史』を読み『仮名手本忠臣蔵』を題材とした『いろは文庫』などを読んだという。先哲の様々な説を紹介し、同時に松陰の解釈を加えて講義が進められた。また西洋列強のアジア侵略に対しては、日本がアジア諸国をまとめ対抗すべきであると訴え、朝鮮合併なども視野に入れていた。井伊直弼が大老となると、老中間部詮勝が京都に来て、勤皇の志士らが次々と捕縛され「安政の大獄」が始まった。安政5年（一八五八）11月、松陰の間部詮勝暗殺計画に危険を感じた萩藩によって松下村塾は閉鎖され、12月、再び野山獄に入れられた。翌年（30歳）松陰の過激な思想について行けず離反していく多くの弟子たちに手紙を送り、決起しないのならば自分は死を選ぶと憤慨して断食する。桂小五郎ともこのとき絶交している。「二五〇〇年もの間、禄を食い潰してきた武士が、日本の危機になぜ死なないのか。尊王攘夷に命を捧げるものが、毛利藩から一人も出ないのはどうしたことか」（江戸送り直前の頃）と嘆いた。同年5月、江戸藩邸に松陰を檻送せよとの幕命が下り、7月、評定所の白州に座らされ、町奉行、寺社奉行、勘定奉行、大目付など幕府要職が並ぶ前で、身に覚えのない、とるに足らぬ罪状を否定したあと、幕府を目覚めさせるのはこのときと思い、アメリカとの間で取り交わされた外交文書の問題点を指摘し、幕府を批判し、上京中の老中暗殺計画まで自ら話し出した。こうしてそのまま小伝馬町の牢に入れられ、井伊直弼の強い意向で10月獄舎にて死刑となった。「身はたとえ武蔵の野辺に朽ちぬとも　留め置かまし大和魂」（辞世『留魂録』より）

精神はあくまで潔癖であり かつ、博愛精神に満ちていた

「金子君、学問は出世や金のためにするものではない。聖賢を学び、聖賢に一歩でも近づき、自分自身を完成させるためにするもの。死を前にした今こそ損得から離れた真の学問ができる」と、かつて下田の牢にて話していた。また、高杉晋作の「男子はいつ死んだらよいか」という問いに対しては「君は問う。死すべきところは何処かと。死は好むものではなく、憎むべきでもない。世の中には生きながら心の死んでいる者もいるかと思えば、その身は滅んでも魂の存する者もいる。死して不朽の見込みあらば、いつ死んでもよいし、生きて大業をなしとげる見込みあらば、いつまでも生きたらよい。人間というものは、生死を度外視して、要するにやるべきことをやるという心構えこそが肝要である」と答えている。

天皇を崇拝し、楠木正成を崇敬した松陰。東北周遊の際、虐げられていたアイヌ人を同じ人間として見ていた松陰。赤穂義士の「志」を高く評価し、身分の低い者、罪人に対しても常に真剣に学問を教え、牢獄の中でもどこでも、勉強会を開き、罪人に孟子を講じ、むしろ

野山獄跡

松下村塾（世界遺産）

在野に埋もれた低い身分の者たちの中からこそ、世の中を変革する英傑が生まれてくるものだと、彼らを激励した。門下生を「友」と呼び、共に汗を流し、意見を交わし、学ぶような松陰の態度、学問に対する姿勢、人としての潔癖な生きざまには感服するばかりである。しかし、水戸・越前・尾張・薩摩の4藩による井伊大老暗殺計画に深い関心を抱き、井伊の片腕として京で朝廷を弾圧し、尊攘派を次々と捕らえた間部詮勝（および内藤正縄（まさつな））を本気で殺害しようと門下生に檄を飛ばした行為には、松陰の教育者としての限界を感じざるをえない。教え子らに死を恐れず大業を成せと諭すことと、暗殺によって問題を解決せよとすることはまったく別問題である。いかなる理由があろうとも、それは後世に残すべき高邁な思想ではない。一方、江戸の取り調べでは聞かれてもいない暗殺計画を自ら告白し、それが原因で死罪となるところなど、いかにも松陰らしい、誠実を貫き通した、潔癖な生き方（死に方）そのものである。江戸にいた塾生は、松陰の遺体をなんとか自分たちの手で葬りたいと幕府の役人に20両を摑ませ、遺体を受け取り千住の小塚原（こづかっぱら）・回向院（えこういん）に埋葬した。3年後、高杉晋作らは遺体を掘り出し、世田谷の長州藩別邸に葬り直した。そして明治15年（一八八二）になってそこに立派な社殿ができ、現在の松陰神社となった。

　加藤周一（二〇〇八年没）が、平成一六年（二〇〇四）に萩市民大学教養講座で松陰について講演した内容が冊子となり明倫学舎の売店で売られていた。その中で氏は松陰が「開国」と「攘夷」を同時に主張していることに着目し、その現実感覚を高く評価し、それは現代の「開国＝グローバリゼーション」と「攘夷＝伝統的日本文化を守ること」に通じるというような趣旨の話をしているところが面白かった。

　山口県には山陽新幹線の駅が早い時期から5駅あり、現在も駅名を変えるなどして五つ（新岩国・徳山・新山口・厚狭（あさ）・新下関）ある。長州出身の政治家の影響力だろう。「であります」は長州弁であり、男性が自分のことを「僕」というのは松陰の影響という。

28福岡県

山鹿城と山鹿素行

「士道」とは何か、江戸時代を代表する兵学者のルーツ それは山鹿水軍の本拠地であった

人は生まれながらにして人たる道を知る者にあらず、師に随つて業をうく。学は必ず聖人を師とするに在り。世々聖教の師なく、ただ文字記問の助のみ。然れども道は天地の間に在りて、人物は自然の儀則あり。その言行己れより賢れる者は、以て師とすべし。何ぞ常の師あらんや。天地これ師なり、事物これ師なり。

山鹿素行『聖教要録』

以前、山鹿素行の話を大学の公開講座で行ったとき、素行の先祖は北九州の芦屋町に残る山鹿城の城主であったというエピソードを紹介したが、一度、機会があったらその城を実際訪れてみたいと思っていた。

小倉に着いたのは6月某日の夕刻。先ず、鍛冶町にある森鷗外の旧居を尋ね、それから魚町の鮨屋に入った。本日、市場直送という真鯛・スズキ・はも・かわはぎ肝あえ・地うに（以上福岡産）、きびなごの唐揚げ（大分産）、トロいわし炙り・芝えびの唐揚げ（山口産）、そして小倉の郷土料理「ぬか炊き」（サバ）など食す。その後、繁華街を徘徊し、路地裏・新旦過横町のスナック「しろ」に入った。50年以上営業しているという謂わば名門スナックだ。著名人や財界人、マスコミ関係者が常連のようで、店内には色紙、来店記念のスナップ、何百枚という名刺が壁や天井に貼られている。モデルのK.K.とその夫が先日来店したという。男性アイドルグループのプロデューサー、力士出身のタレント、熊本出身の演歌歌手、テレビ局アナウンサーなど来店している。フルーツで彩られた店内、時間が早かったせいか、客は私ひとり。カウンターに座りカクテルを飲みながら、高齢のママと、よもやま話をする。小倉（北九州市）と博多（福岡市）で食べ物はどちらが旨いか（魚は小倉）、松本清

山鹿城（城山）遠望

張といえば小倉だが、実は生まれは広島だ、北九州市出身の有名人と言えば云々…。そして、小倉、博多、久留米は、東京に出て活躍する人間が本当に多いという結論になった。

翌朝、小倉のホテルをチェックアウトすると、ＪＲ鹿児島本線で折尾駅まで行き、北口から出ている市営バスに乗った。途中、車窓から市街を眺め、学校がとても多いことに気付いた。後で確認すると、周辺に高校が5校、大学が6校あった。正に学生街である。ＪＲ職員や地元の人にこの件

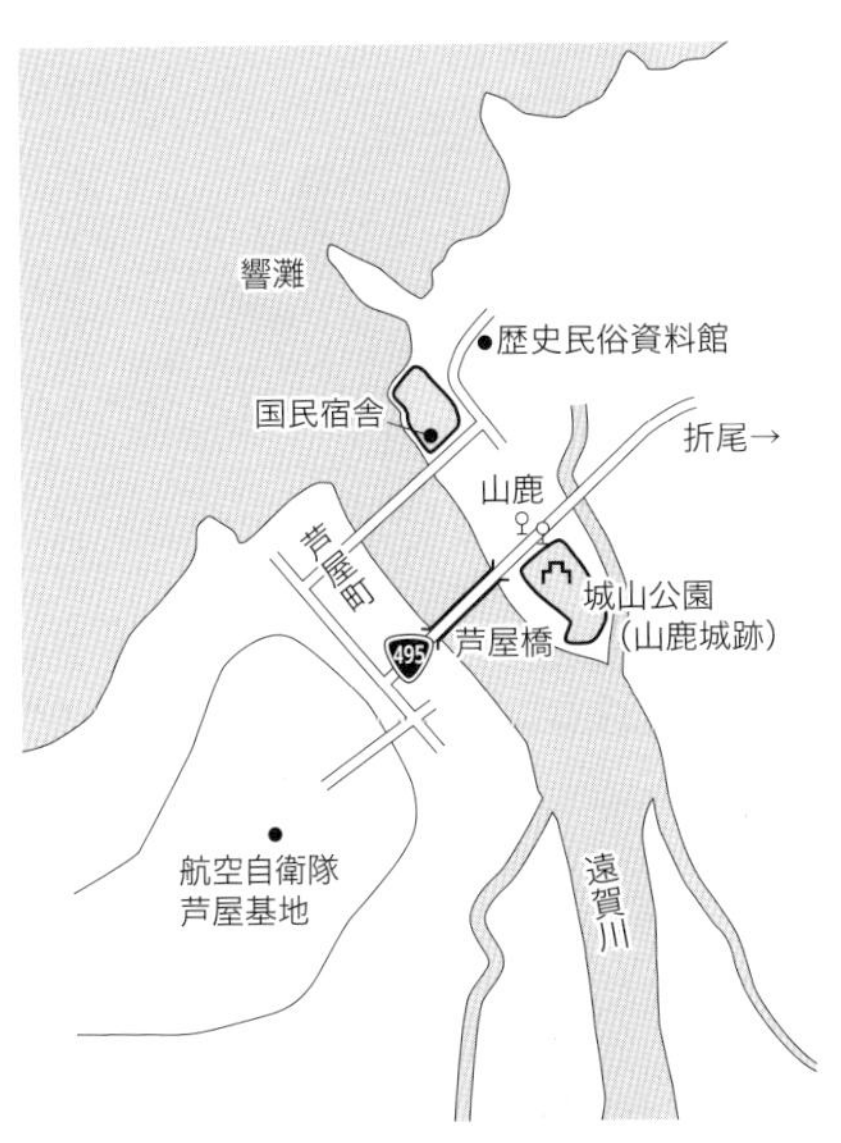

について聞いたが、皆「さあ、なぜですかね」などと言ってお茶を濁された。後日、宴席で、西南学院大学教授の河原真也氏にその理由をさり気無く訊いたところ、曰く、折尾はかつて筑豊の石炭積出しで栄えた街で、運河も最近まであった、例えば、若松駅は貨物取扱高で全国トップレベルであった、しかし、石炭産業が斜陽となり、ある時期、土地活用で大学誘致をした、あるいは、炭鉱で潤った地域に、炭鉱関係者を始めとする地元の子弟に高等教育を施そうと学校を設立した、そんなところでしょうねと語っていた。なるほど。

30分ほどバスに揺られ「山鹿」で下車。バス停の背後の緑深き山が山鹿城であった。遠賀郡（おんがぐん）芦屋町にある標高40メートルの山城は、遠賀川の河口東岸に位置する川口押さえの城であったのだろう。一の曲輪、二の曲輪、そして隣の小山の三の曲輪（出城）から成り立つ古城は、現在、桜咲く城山公園となっていた。城山にはすぐに登らず、広大な遠賀川にかかる芦屋橋を渡り、対岸より山城全体の姿を写真に収めた。早朝の中世城郭の佇まいは、なかなか味わい深い。ハーバー側に城山への入口があり、山頂まで7分程度、途中、城址碑「山鹿兵藤次秀遠之城址」が建っていた。さらに上の段に詰め丸と思える小さな平場があったが、そこが一の曲輪だろう。

バス停・山鹿（背後は城山）

最後まで平家に忠誠を尽くした山鹿秀遠

城は天慶年間（九三八〜四七）藤原秀郷の弟・藤原藤次によって築城された。藤次は山鹿荘に因み山鹿姓を名乗り、代々山鹿城を居城とした。寿永2年（一一八三）城主山鹿秀遠は、大宰府を追われた幼帝安徳天皇と平家一門を城に迎え、兵3千を率いて籠城する。秀遠は当時、九州の大半の武士が源氏に寝返った中、最後まで平家に忠誠を尽くした武将であった。その後、平家一行と行動を共にして、讃岐の屋島に向かい、さらに摂津国福原まで従った。しかし、一ノ谷の戦いでは、源範頼・義経の軍に敗れ、壇ノ浦の戦いでは、山鹿水軍3百余艘を率い先陣を務めたが敗走し、平家が滅亡すると、一族と共に伊勢に逃れた。

鎌倉幕府が誕生すると宇都宮重業（下野国の名門宇都宮一族）が筑前に領地を与えられ下向、花尾城（北九州市八幡西区）を築き、その子家政が山鹿荘の地頭（地頭代）として山鹿城に入城し、以後、山鹿姓を名乗った。『尊卑分脈』によれば重業の名は見えず、家政が朝綱の養子であり、山鹿荘の地頭となって初めて下向したことになる。建長元年（一二四九）家政の孫・山鹿資時は麻生荘（北九州市八幡東区）の地頭代に任じられ、麻生姓を名乗る。南北朝時代になると山鹿氏の庶流である麻生氏が勢力を拡大し、山鹿本家をその支配下に置き、麻生氏が惣領家となり、花尾城を本拠とした。戦国時代、筑前の国人領主となった麻生氏は筑前守護の大内義隆に属し、その後、筑前守護・大友宗麟に属した。やがて、花尾城主麻生隆実は毛利氏に従い、豊後の大友宗麟と対立。しかし、毛利が筑前から兵を引いたため、隆実は大友氏の軍門に降った。このとき本拠地を花尾城から再び山鹿城に移している。天正15年（一五八七）秀吉の九州征伐後、山鹿城主麻生家氏（隆実の子）は小早川隆景の配下に置かれ、文禄4年（一五九五）筑後三井・生葉郡（4千6百石）に移り、山鹿城は以後、廃城となった。

赤穂藩士の教育者・素行の生涯

山鹿素行は、元和8年（一六二二）陸奥会津若松城下に生まれた。父貞以は、鉄砲・剣術・馬術・医術に通じていた。母妙智は正妻ではなく、当時貞以が寄寓していた蒲生家重臣・町野家の侍女であった。山鹿家はもともと筑前国山鹿岬（福岡県遠賀郡芦屋町）に城を築いて山鹿氏を称した一族の末裔であり、平家に仕え、壇ノ浦の合戦後、伊勢に移住した（素行自筆の『家譜』による）。曽祖父貞実は滝川一益と親交があり、子の市助（祖父）を、伊勢亀山城主関一政に仕えさせた。市助の子（素行の父）貞以も一政に仕え、主君の転封に従い陸奥白河（福島県）をはじめ各地に移住したが、伯耆黒坂（鳥取県）で同輩を殺害し、会津の町野氏を頼ることとなる（町野氏とは白河以来の親交）。貞以は蒲生家仕官を望んだが、蒲生忠郷（氏郷の孫）が26歳で病死し、会津蒲生家は無嗣改易。山鹿家は町野幸和（幕府に仕官）に従い江戸に出て、貞以は町医者となった。素行は9歳でその才を認められ、林羅山に朱子学を学ぶ。神童の名は江戸で有名となり、わずか11歳の素行を堀尾忠晴（松江城主）が2百石で召し抱えたいと申し入れたという。15歳より、小幡景憲（『甲陽軍鑑』執筆者の一人、軍学者）、および兄弟子

二の丸から遠賀川を望む

北条氏長（小田原北条氏一族、祖母は氏康の娘）に入門し、甲州流軍学、北条流兵法を修めた。中世の軍学は呪術・祈祷・占星術・密教・陰陽道・修験道などと深く関わっていたものを、景憲が合理的な近世兵学に転化させ、さらに氏長によって戦の技術から天下泰平の治国の法に進化させ（柳生宗矩の影響あり）、素行がのちに朱子学および古学の上に兵学を展開させ「士道」あるいは「武士道哲学」に変えたのだ。

素行は16歳で剣術免許を受け、17歳で国学、18歳で神道を修めた。20歳のとき、紀州藩主徳川頼宣や忍藩主で老中の阿部忠秋、加賀藩主前田光高より召し抱えの申し出を受けるが、父の意向ですべて辞退している。21歳、日野弥兵衛の娘・浄智（17歳）と結婚。25歳のとき、桑名藩主松平定綱が素行の弟子となり、二本松藩主丹羽光重に兵法および「荘子」を講じる。29歳、牟礼野（井の頭公園の南方付近）にてオランダ人砲術師（Jeuriaen Schedel）の火砲射撃を北条氏長とともに見学。幕府は大砲鋳造技術と砲術を大砲方に習得させ、氏長には、いかに大砲を戦術として有効に使用できるか（特に城攻め）を学ばせた。慶安3年（一六五〇）播州赤穂城主浅野長直が素行に入門。翌年、将軍家光の死去により、幕府御家人登用の道が断たれ、由比正雪の乱後、幕府の浪人取り締まりが強化され、その重圧から、弟子の浅野長直と君臣の礼をなし、素行は赤穂浅野家に仕えることとなる。翌年、赤穂城縄張り指導のため、播州赤穂に赴き7ヶ月滞在。弟の平馬（義行）は平戸藩主松浦鎮信の家臣となり、のち家老となった。39歳のとき浅野家を去るが、これは幕臣になることを望んだためといわれる。同年、弘前藩4代藩主津軽信政（15歳）邸を訪れ儒学・兵学を講じる。二人の子弟関係は、素行が死ぬまで続いた。44歳のとき、猶子・千介（異母兄の子）を浅野長直に4百石で仕えさせる。45歳のとき、人は「理」によって生きるべきだとする朱子学（素行は「誠」と考えた）、人が本来もっている欲に対して否定的な朱子学に対して懐疑的になり、古学を提唱した『聖教要録』を刊行するが、官学を批判する書の流布に、幕閣保科正之が激怒し、その罪（素行は死罪を覚悟した）によって赤穂配流の命を受ける（以後54歳になるまで9年間赤穂に蟄居）。正之は翌年熊沢蕃山も京から追放し、古河に幽閉している。素行は思想の上で正之と対立し追放されたといわれるが、実は、その思想は幕府批判ではなく、あくまで政権支持の体制派であり、蕃山ほど過激な思想ではなかった。ではなぜ追放されたか。それは、兵学の上で北条氏長（幕府惣目付）とも対立していたからに他ならない。

赤穂にて謹慎の身であった素行は読書と著述（『四書句読大全』20冊、『中朝事実』2冊など）に専念し、あるいは赤穂藩士に兵学を教えた。しかし門弟となった藩士は、のち吉良邸討ち入りに一人も参加していない。ただ、例えば大石内蔵助が8歳から17歳の間、素行は赤穂にいたわけで、何らかの形で兵学を学んだ、あるいは影響を受けたと考える方が自然である。やがて、北条氏長が没し（一六七〇）、保科正之が没し（一六七二）、延宝3年（一六七五）6月、54歳となった素行は赦免され江戸に戻る。同年、浅野長矩（9歳）が赤穂藩3代藩主となる。また素行56歳のとき、大石内蔵助（19歳）が祖父の死により家督を継いだ。62歳のとき、平戸藩主4代松浦鎮信に招かれ『聖教要録』を講じる。63歳、津軽信政に儒学・兵学を講義。弘前藩は1万石をもって素行を津軽家に招こうとするが、結局、素行の子の政実が仕官、津軽政実と名乗り、家老となった。天和4年（一六八四）浅野内匠頭長矩（18歳）・浅野大学長広（15歳）兄弟が、山鹿流兵学の門弟となる。貞享2年（一六八五）3月、松浦壱岐守棟に兵法秘伝を授け、のちに平戸藩主5代となった松浦棟は山鹿流軍学によって平戸城を築いた。幕府に仕え、天下の政治に関与したいという素行の夢は老齢になっても失うことはなかったが、同年8月黄疸病になり、9月江戸の積徳堂（浅草田原町）にて死去、牛込弁天町（新宿区弁天町）の菩提寺（雲居山宗参寺）に葬られた（64歳）。生涯に残した著書は儒学、神学、国学、史学、兵学と多岐にわたり、3百40余冊にのぼった。

武士道を儒学の理論によって体系づけた兵学者・素行

山鹿素行は当時一流の軍学者、兵法家として知られ、多数の大名が兵法を学ぶため素行のもとに集まった。素行にとって兵学は単なる戦争のための技術でなく、政治学であり、武士の業であり、その武士道を、儒学の理論によって初めて体系づけた学者であった。素行の弟子となった大名は前述の他、関宿藩主久世広之、烏山藩主板倉重矩（しげのり）、備前三次（みよし）藩主浅野長治（娘は長矩妻の瑶泉院）、美濃八幡藩主（遠藤氏）、磐城平藩主（内藤氏）、膳所藩主（本多氏）、明石藩主（松平氏）、土浦藩主（土屋氏）、丹波亀山藩主（菅沼氏）、下総佐倉藩主（戸田氏）など30人を超えた。素行は兵法の三要を「城・備・戦」であるとし「城は一心を安置する地であり、若し城地固（かた）からざれば放心の事多くして、常に外物の為に攻略せらる。従い、礼儀道徳をもって自ら固くして一身を守り、内より外に推し及ぼし、遂に邦国を城とし、天下を城となすに到る…」と説いた。そして「兵は凶器なり、天道之を悪（にく）む」が、道徳が否定されようとする場合「已（や）むこと得ずして之を用ゆ」「戦は戦を止（とど）むる所以」として「天下を愛するの心をもって」正しき政治を行うことこそ、必勝の方法であるとした。一方、万物の本質は虚無であり、兵法の極意は兵を用いざることにあるとした。素行の著作スタイルは、中国の古典や儒学者の説を引用し、その後に「今案ずるに」「愚按ずるに」として自らの意見を述べる体裁となっている。そして朱子学は優れているが、元来中国人が自国のために書いたもので、風俗や時代を異にするわが国の武士がそのまま従うのは良くないとした（北条氏長の兵学にもこの日本流という視点はあった）。素行は、甲州流軍学および朱子学を学び、やがて中国古学にさかのぼり、朱子学を批判し、日本古学に進んだといえる。『聖教要録』で「古学は何の為ぞや。人たるの道を学ぶなり」といい、従来の「武士道」に対して「士道」の形成をめ

山鹿兵藤次秀遠之城址碑（二の曲輪）

山鹿素行の墓（新宿区・宗参寺）

ざした。それは「葉隠」的な藩主に対する忠を説く「死の覚悟」の武士道から、人としての道への転換であった。山鹿流「死の覚悟」とは、つねに死を覚悟して、日々のつとめを怠りなく行うことだった。1日だけの命と思い、真剣に生きようという考え方である。素行は生産に従事しない武士の職分は人の道を実現し、道徳的に万民のモデルとなること、武士たるものは、この職分を自覚し邁進する勇気をもたねばならない、道徳的にも教養の面でも自己を高めねばならないとした。素行のこの兵学・士道（日常の修養・修身・治国のための心得）は甲州流や北条流を発展させた山鹿流兵学として、津軽藩と平戸藩によって伝えられた。ただし、素行における「人」とはあくまで支配階級の武士であり、農民・職人・商人は「皆己が欲しいままにしてその節を知らず、盗賊、争論やむことなく、人倫の大礼を失する」（『山鹿語録』）として、ゆえに武士が彼らを支配して模範とならなければならないと教えているところは、後の吉田松陰とは違う「時代性」を感じてしまう。『中朝事実』で素行は、王朝が何度も交代した中国は中華ではなく、万世一系の天皇が君臨する日本こそ中華であるとし、神道が主で儒教は従であること、仏教は異教であることなどを述べた。この立場は、後の本居宣長に先んじる尊王思想であり、明治維新における思想的大義となる。なお、山鹿流武人の系譜は荻生徂徠、赤穂義士を経て、吉田松陰そして、乃木希典（まれすけ）（山鹿素行の熱烈なる心酔者で『中朝事実』を自費出版）へと流れていった。明治40年（一九〇七）、山鹿素行に正四位が贈られ、昭和3年（一九二八）「山鹿家中興の祖」山鹿城主山鹿秀遠に特旨をもって従四位が追贈された。

　響灘に面した芦屋はかつて交通の要衝であり、遠賀川河口に築かれた山鹿城は水軍を擁した重要な軍事拠点だった。その地に、現在は航空自衛隊芦屋基地が置かれ、北九州、いや日本の国土を守っている。小さな中世の城跡の残る芦屋は、いまだ現役の軍事要塞の町であった。

29大分県

岡城と瀧廉太郎・土井晩翠

肥後と豊後を結ぶ交通の要衝に築かれた近世城郭の山城、そこであの名曲が生まれた

春高楼の花の宴　めぐる盃影さして　千代の松が枝
わけいでし　昔の光いまいづこ　「荒城の月」

ＪＲ豊後竹田駅で列車を降りると「荒城の月」の曲が大音響で流れている。また、山城・岡城の麓を通過する国道５０２号にはメロディ舗装がなされていて、車が通ると「荒城の月」が流される。こちらも大音響のため、本丸跡までその音色がよく聞こえてくる。岡城といえば荒城の月、荒城の月といえば岡城、瀧廉太郎作曲のその名曲の創作舞台は、ここ岡城なのである。廉太郎は少年時代（13～16歳）を竹田で過ごし、よく城跡を訪れた。土井晩翠より差し出された詩を見て、廉太郎は廃墟の城・岡城に思いを馳せ、そのモデルとして作曲した。

高石垣・総石垣の堅牢な山城の名城

岡城の別名は、臥牛城、あるいは豊後竹田城という。もともと豊後の豪族大神氏の一族・緒方惟栄が文治元年（一一八五）源義経を迎えるため築城したという。その後、九州の名族・大友氏の支族・志賀貞朝が後醍醐天皇の命を受け、城を新たに築いた（現在の東端郭が旧本丸）。天正14年（一五八六）キリシタン大名志賀親次（18歳）麾下1千の籠城する岡城が、薩摩の島津軍3万5千に3度にわたり攻められるが、山城は落城しなかった。文禄2年（一五九三）大友氏22代義統が朝鮮における臆病な撤退行動を秀吉に咎められ失脚すると、志賀親次も連座し、替わって中川秀成が文禄3年播磨三木城（6万6千石）より岡城（7万4千石）に入り、城の大改修を行い、近世城郭の山城を完成させた（一五九六）。秀成は、

大手門への登り坂（総石垣の城壁）

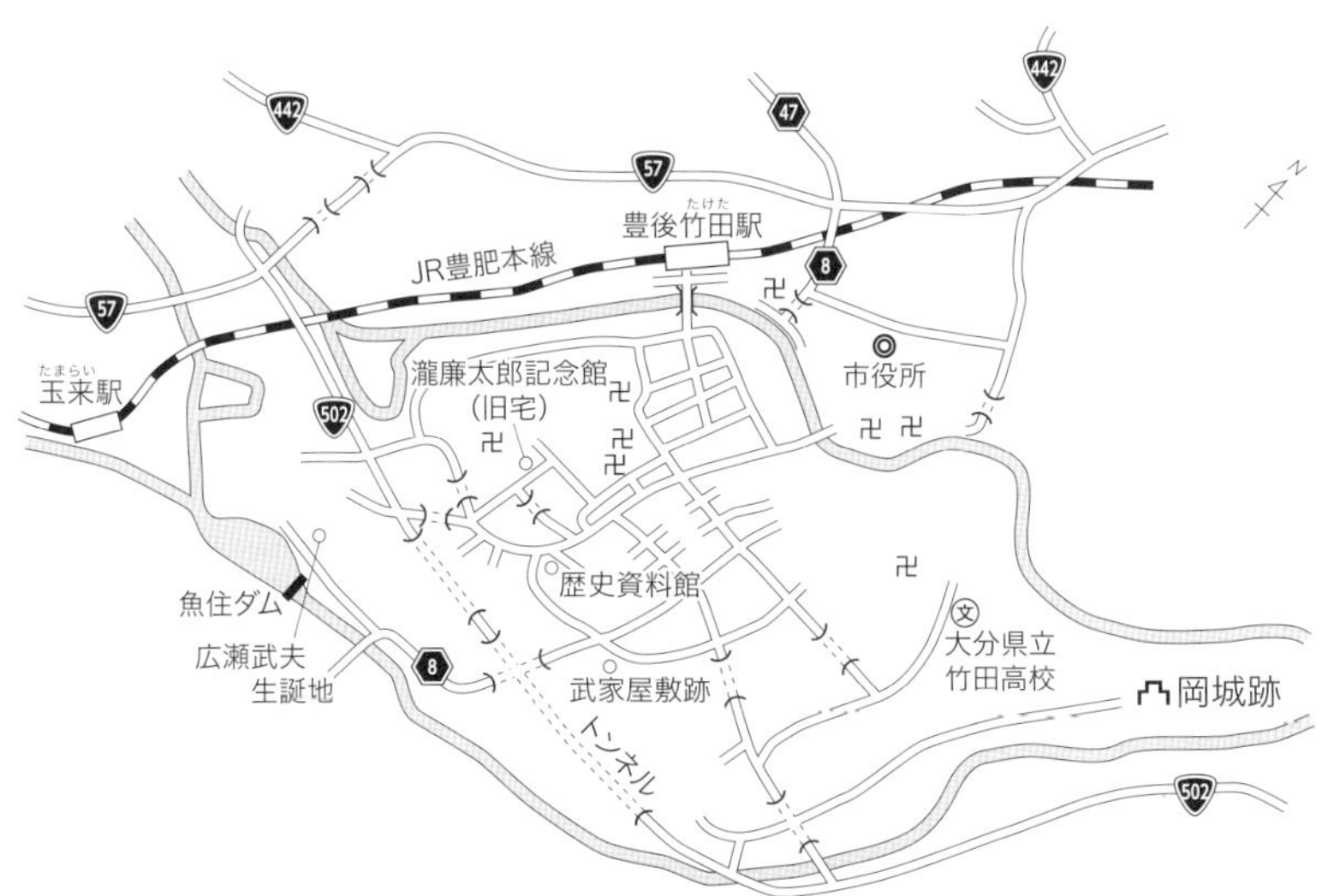

三の丸高石垣（岡城で最も有名な景観）

賤ヶ岳の戦いで討死した猛将中川清秀の次男で、兄秀政が朝鮮出兵（文禄の役）で鷹狩中に敵兵に殺されたため家督を継いだ。慶長2年（一五九七）には朝鮮半島に渡り、黄石山城攻略に参戦するなど転戦し、関ヶ原の戦い（一六〇〇）が起こると秀成本人は出陣せず、部隊のみ送ったが、本戦に間に合わず、代わりに黒田如水と共に、三成方の臼杵丹生島城（臼杵城）を攻め、それで東軍に味方したことになり本領安堵された。

岡城が7万石の城としてはきわめて大規模であるのは、領国統治のためでなく、九州全体の中での戦略的な意味合いが強かったからだと思われる。竹田は肥後と豊後を結ぶ交通の要衝であり、仮に、朝鮮出兵の報復として大陸から大軍が押し寄せ、熊本に上陸し、その後、大坂、あるいは江戸に向かって陸上部隊が進軍するとき、竹田を通る可能性はあった。それを裏付けるエピソードとして、熊本城の加藤清正の助言によって、中川秀成は大手門を従来の東向きから西向きに変更したという。

岡城に入った秀成は、戦略上重要な城の西側を拡張して重臣屋敷とし、二の丸、三の丸も整備し補強した。城は二つの川に挟まれ東西に延びる断崖上（天神山）に高石垣を張り巡らせて築いた堅牢な連郭式城郭の山城となった。中央の本丸には殿舎と御三階櫓などが建ち、本丸北側二の丸には数奇屋や月見櫓などが建った（現在は瀧廉太郎の銅像がある）。西側三の丸には大広間があり、藩主の執務がおこなわれた。それらの郭はすべて総石垣で築かれ、特に、西の丸・西中仕切付近から見た三の丸方面の高石垣は圧巻で、岡城といえばこの景観が定番である。

寛文3年（一六六三）3代久清は広大な西の丸を整備し、西の丸御殿を築造すると、自らの隠居城とした。城代屋敷や家老屋敷が並んだ西の丸は、元禄年間以降は三の丸に代わり藩政の中心となる。なお、3代久清のとき岡山城主池田光政の推薦で、陽明学者・熊沢蕃山（42歳）を招き、植林・灌漑施設の整備など民政指導を仰いだ。城は代々中川家が城主として13代君臨し、幕末まで続いた。

天守（御三階櫓）は2度建造されたが、初代天守は地震で倒壊（明和年間一七六四～七二）、2代目天守は安永3年（一七七四）に再建されたが明治時代に取り壊された。描かれた城絵図で確認できる天守は三層の層塔型で、黒の下見板張りが巡り、最上層には廻り縁があり、華頭窓が備わっていた。二層目には破風があり、多聞櫓で二層櫓（三層櫓）と繋がっていた。現在、城内の建物はすべて取り壊され、石垣以外何も残っていない。

音楽好きの繊細な少年、瀧廉太郎の足跡

廉太郎の実家・瀧家は、豊後日出藩（大分県速見郡日出町）木下家に仕え、家老職を世襲した家柄である。木下家というのは、秀吉の正室・高台院の兄・家定が木下姓を名乗り、その子孫が木下姓を継いだもので、備中足守藩（2万5千石）と日出藩（3万石）の2家が幕末まで続いた。廉太郎の祖父の瀧吉惇（8代）も家老として仕え、その5男吉弘（日出城二の丸で生まれる）が廉太郎の父である。吉惇の長男・3男は早世し、次男、そして4男が家督を継ぐが、4男も27歳で死去、その子どもが幼少であったため、吉弘が11代当主となった。明治になって吉弘は上京し、大蔵省、そして内務省に勤務。明治に廉

本丸石垣（御金蔵付近）

太郎は明治12年（一八七九）東京（港区西新橋）に生まれた（長男）。明治19年、神奈川県横浜小学校に入学するが、父の転勤に伴い、富山県尋常師範学校附属小学校転入。父吉弘は官職を辞め、東京に戻ると廉太郎は明治21年、東京の麹町尋常小学校に転入（明治23年尋常科卒業）。吉弘が大分県大分郡の郡長となったため、明治23年、大分県尋常師範附属小学校高等科に転入。明治24年、父がさらに大分県直入郡の郡長となり、一家と竹田に移り、翌明治25年（一八九二）直入郡高等小学校2年に転入（13歳）。廉太郎は音楽が得意な少年で、ピアノのほか横浜時代にはヴァイオリンを演奏していた。また、一方、音楽好きで柔（やわ）な少年のイメージのある廉太郎であるが、竹田時代、岡城跡に夜間登り、石を取ってくるという肝試しを地元の子供らと行ったとき、多くの子供が逃げ帰って来る中で、廉太郎はしっかり石を持って帰って来たというエピソードが残る。明治27年、高等小学校を卒業し、上京（16歳）。受験準備を経て9月、東京音楽学校（東京藝術大学）に入学する（16歳）。明治31年、本科を卒業し、ピアノと作曲を究めるため研究科に進学（20歳）。明治33年（22歳）「古城」作詞、同年東京麹町で洗礼を受け、クリスチャンとなる。またこの頃「荒城の月」を作曲し、同曲は中学唱歌となった。ほかに「豊太閤」「箱根八里」などの代表作がこの頃作曲された。明治34年ドイツに留学するが、旅先で肺結核を患い入院、そして帰国（23歳）。明治36年、前年より大分市の父母の元で療養していたが、6月に死去。24歳であった。

武家屋敷（北条家）

春高楼の花の宴　めぐる盃影さして　千代の松が枝わけいでし　昔の光いまいづこ。
秋陣営の霜の色　鳴き行く雁の数見せて　植えうるつるぎに照りそひし　むかしの光今いづこ。
いま荒城のよはの月　変わらぬ光たがためぞ　垣に残るは唯かづら　松に歌ふは唯あらし。
天上影は変らねど　栄枯は移る世の姿　写さんとてか今もなほ　ああ荒城の夜半の月。

土井晩翠作詞

一．戦へば勝ち攻むれば取る　僅かに数年天下を一統
布衣より起て四海を治む　御門の震襟初て安し
国家の隆盛是より興る　数無き智恵　比類なき武勇
鳴呼人なるか　鳴呼神なるか　鳴呼太閤　豊太閤

二．万里を隔つる外国なるも　傲慢無礼の振舞あらば
討ちて懲して降参せしむ　何より重は国家の名誉
振ひも振ひし日本の国威　輝き揚りし皇国の国旗
鳴呼人なるか　鳴呼神なるか　鳴呼太閤　豊太閤

外山正一作詞「豊太閤」

※瀧家が家老として仕えた日出藩主木下家の本姓は豊臣氏である。廉太郎は特別の思いをもって、この曲を作曲したであろう。

男性的、漢詩調の詩風、土井晩翠は絵にかいたような伊達男

土井晩翠は、明治4年（一八七一）仙台北鍛冶町（宮城県仙台市青葉区）の旧家（質屋）に生まれた。姓は本来「つちい」だが、62歳のころ世間が「どい」と呼ぶので「どい」でよいことにした。和歌や俳句を嗜み、読書家であった父の影響で、幼少時代から『太閤記』『三国志』『水滸伝』『南総里見八犬伝』などを読み漁り、とくに馬琴の著作はすべて読破したという。英語の通信教育を受け、仙台英語塾、第二高等学校（現在の東北大学教養学部）を経て、東京帝国大学英文科に進む。在学中「帝國文學」の編集委員など行い、自らの作品なども載せたことが詩人になるきっかけとなった。卒業後、東京の郁文館中学で教職を得る。その後、明治32年（一八九九）処女詩集『天地有情』を出版し、島崎藤村とともに「藤晩時代」を現出させた。藤村は女性的な詩風であり、晩翠は男性的な詩を書いた。この年、友人の妹で東京音楽学校在学中の八枝と結婚。この頃、瀧廉太郎が助教授として勤務していた東京音楽学校から「荒城の月」という題で歌詞を依頼され、作詞した。晩翠はこのとき初めに思い出した城は、会津若松城であったという。学生時代に会津を訪れ、

その落城の悲劇を知り、その後の人生に多大な影響を与えられた城だ。そして次にイメージしたのが、ふるさとの城、青葉城（仙台城）であった。このふたつの名城が「荒城の月」作詞の材料であったという。歌詞の中の「千代」とあるのは、明らかに「仙台」を意識している（元々「千代城」）。

明治33年（一九〇〇）母校である第二高等学校の教授となり、翌年、詩集『暁鐘』を刊行。同年職を辞し、自費で英仏独伊を旅する。翌年、二高教授に復職、同校校歌を作詞。のちに東北帝国大学兼任講師となり、英文科で英詩（ミルトン、キーツ、シェリー）を講じた。長女は27歳で病死、次女は中野好夫（英文学者）と結婚、長男は25歳で病死。昭和9年（一九三四）、第二高等学校を定年退職。大正13年（一九二四）英ロマン派詩人バイロンの『チャイルド・ハロルドの巡礼』を翻訳刊行。昭和20年の仙台空襲で蔵書3万冊を焼失。同25年、文化勲章を受章。

晩翠、65歳当時の写真がある。髭をたくわえ、黒色の背広を着て腕組みし、やや目線は上を向いている。短く刈り上げた髪、太い眉、鋭い眼光、その伊達男ぶりには驚くばかりだ。一方、昭和25年、78歳のときの写真は、3人の子供に先立たれ、体力的にも衰えが目立つ弱々しい老人となっている。同27年8月、仙台城址展望台に「荒城の月」詩碑が建立され、その除幕式に出席し「身にあまるほまれをうけて唯なみだ感謝をさゝぐ一切の恩」と言った。10月、急性肺炎で死去（80歳）。

瀧廉太郎銅像（二の丸）

「或は人を天上に揚げ或は天を此土に下す」と詩の理想は即是也。詩は閑人の囈語に非ず、詩は彫虫篆刻の末技に非ず。・・・詩は国民の精髄なり、大国民にして大詩篇なきもの未だ之あらず。本邦の前途をして多望ならしめば、本邦詩界の前途亦多望ならずんばあらず。・・・

『天地有情』序より

城下に残る瀧廉太郎記念館（旧宅）

瀧廉太郎は、生まれは東京であるが、実家は豊後日出藩出身であり、大分県とはきわめてゆかり深く、その繊細で上品な風貌はいかにもその県民性をよくあらわしているだろう。私の20年以上に及ぶ教職経験からして、ひとくちに九州出身の学生といっても、福岡県、佐賀県、熊本県、鹿児島県出身の無骨で荒々しい男性と違って、大分県（及び長崎県）出身の男子学生はどこか柔で、個人主義的で、都会的であり、痩身タイプが多い。豊前豊後(大分県)を代表するキリシタン大名・大友宗麟や、慶應義塾大学の創設者・福沢諭吉（豊前中津藩士）などは、典型的な大分県民ではないだろうか。

一方、晩翠は仙台出身だが、筋肉質の体型、その風貌は髭をたくわえた鋭い眼つき、整った顔立ち、まさに絵にかいたような伊達男だ。男性的で力強い晩翠と、女性的で繊細な廉太郎のコラボレーションによって、あの名曲「荒城の月」が生まれたのだろう。

歴史にしるき岡の城　廃墟の上を高てらす　光浴びつ
つ「荒城の月」　の名曲生み得しか
「すぐれしものは皆霊助」　詩聖ゲーテの曰ふところ
世界にひびく韻律は　月照る限り朽ちざらむ
ドイツを去りて東海の　故山に疾(や)みて帰る君　テーム
ス埠頭送りしは　四十余年のそのむかし
あゝうら若き天才の　温容今も髣髴と　浮かぶ皓々(こうこう)明
月の　光の下の岡の城

昭和17年、廉太郎の40周年記念慰霊祭で、晩翠が岡城址で歌ったものである。40年前、欧州旅行中の二人が、ロンドンのテムズ川で初めて会ったときのことが歌われている。二人の作った「荒城の月」が世界に誇る傑作であることを高らかにここで宣言している。

「人をもって城となす」の理念に基づき築かれた、武士の館の近世城郭ヴァージョン、城山は倒幕最大の功労者の死場処となる

万民の上に位する者、己を慎み、品行を正しく驕奢を戒め、節倹を勉め、職事に勤労して人民の標準となり、下民其の勤労を気の毒に思ふ様ならでは、政令は行はれ難し。然るに草創の始に立ちながら、家屋を飾り、衣服を文り、美妾を抱へ、蓄財を謀りなば、維新の功業は遂げられ間敷也。

西郷隆盛『南洲翁遺訓』

倒幕最大の功労者・西郷隆盛の主家筋にあたる島津家の祖惟宗忠久は、島津家系図によれば源頼朝の落胤という。そして、母は一般に、比企能員の妹といわれてきた。しかし、現在は、研究者の間で、忠久の父は頼朝でなく惟宗広言、あるいは、同じ惟宗氏の一族、惟宗忠康、さらには近衛家の一族であると考えられている。鎌倉幕府御家人となった忠久は、文治元年（一一八五）南九州にまたがる日本最大の荘園（近衛家領島津荘）の地頭職に任じられ、島津忠久と名乗った。信濃の地頭職にも任命された後、忠久は薩摩・大隅・日向の守護となり、孫の久経の代で元寇に備え、鎌倉から九州に下った。久経は筥崎（福岡市東区）に石築地（防塁）を築き、弘安4年（一二八一）薩摩武士を率い壱岐に渡り、蒙古軍を迎え撃った。久経は弘安7年、筥崎の陣屋にて死去、子の忠宗の代になって初めて薩摩入りし、土着。島津氏は比企の乱以後没落し、薩摩・大隅・日向の三州を失うが、のちに薩摩国守護は再任される。南北朝の動乱を経て、14世紀には一族が分裂を繰り返した。下剋上の時代になると、領内各地で独立の気運が高まり、大名化する豪族らも台頭したが、15代貴久のとき旧領の三州（薩摩・大隅・日向）統一が推進され、子の義久の代で全州平定が実現し、義久はさらに大友氏の本拠地・府内城を落とし、北

2020年3月に復元された鹿児島城御楼門（大手門）写真撮影 河原真也氏

九州平定を目指す。しかし、天正15年（一五八七）秀吉の九州征伐で敗北、その軍門に降った。家督は弟の義弘が継ぎ、薩摩・大隅・日向の一部（諸県郡）を安堵される（60万石）。関ヶ原の戦いでは西軍に味方したが、敗走後、最終的に家康に許され、子の家久が所領は変わらず安堵、鹿児島藩初代藩主となった。

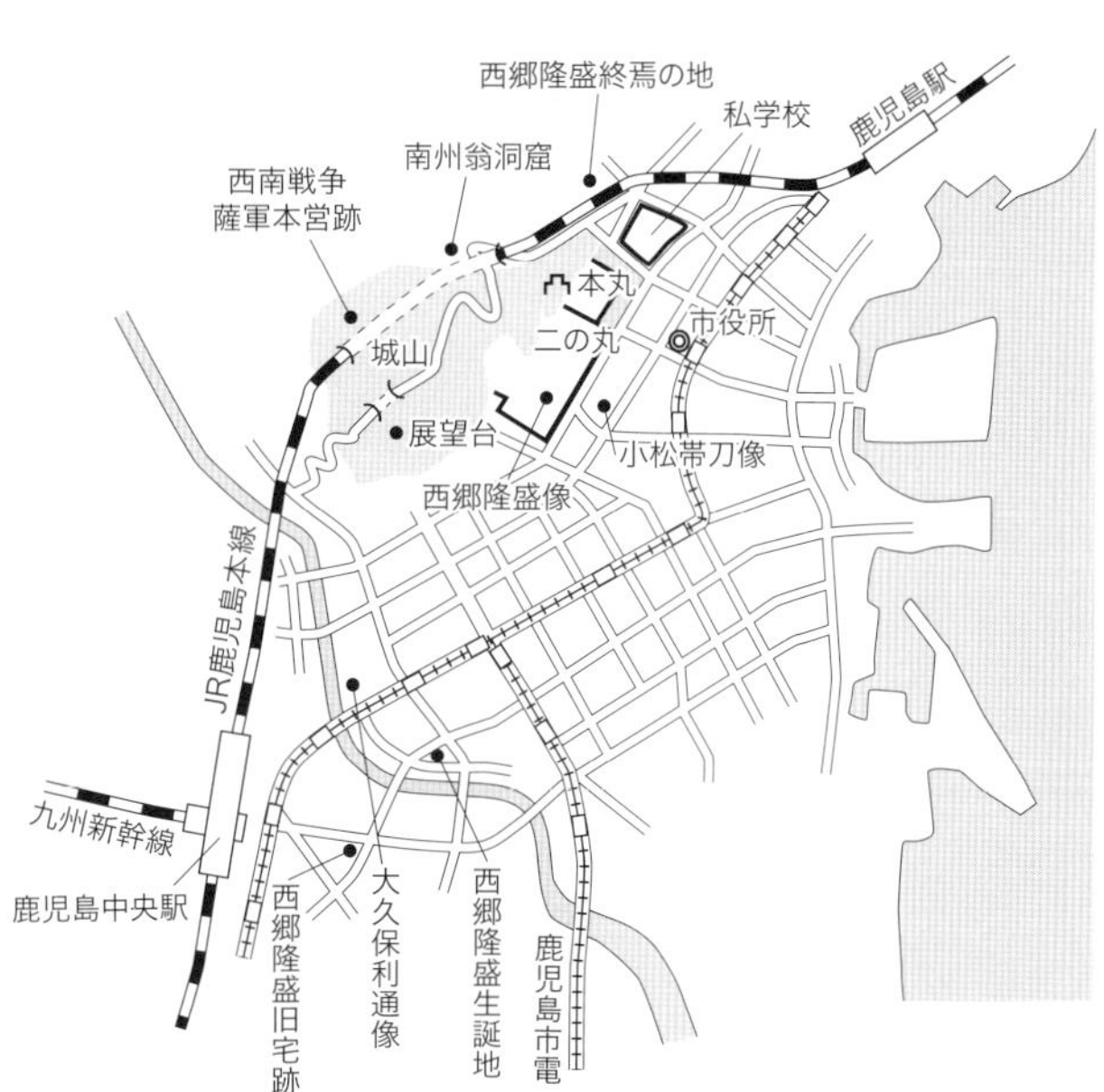

島津氏の名君・貴久・義久そして幕末の斉彬（なりあきら）

島津氏は5代貞久のとき初めて鹿児島に拠点を定め、東福寺城（JR鹿児島駅付近・多賀山公園）を居城とした。その後、6代氏久から14代勝久まで清水城（しみず）（東福寺城よりやや内陸部・清水中学校の背後）を本拠とし、15代貴久のとき、鹿児島内城（うち）（清水城のすぐ南の平城）に居城を移す。関ヶ原での敗戦後、家康の薩摩征伐に備えるため、あるいは、さらに広大な城下町経営をする上で移転を強く希望した18代（薩摩藩主初代）家久（忠恒）が、内城からさらに西南に位置する城山（上山城（うえやま））の麓に、鹿児島城（鶴丸城）を築くことを決意する。慶長6年（一六〇一）に築城が開始され、慶長9年に完成。以後明治維新まで、島津家が代々世襲した（12代）。幕末には、清水城や内城の旧城下町部分も城域に含まれ、広大な鹿児島城下町が形成された。

しかしながら、鹿児島城は、島津73万石（実収37万石、あるいは最高石高90万石とも）の本拠地としてはきわめて質素な城である。城山（要害）と麓の館（根古屋）からなる中世城郭風、あるいは更に遡り「鎌倉・武士の館」風構造である。要害にあたる背後の山自体も低く、館は一部一重の石垣と堀をコの字に巡らせたのみで、天守はもちろん、二重櫓さえ無い、大手櫓門（御楼門）と一重二階の多聞櫓、隅櫓のみで構成された城であった。このようなことから、薩摩では「人をもって城となす」といわれた。『名将言行録』に島津義久の話が紹介されている。あるとき家臣が三カ国の太守の居城の城門が茅葺きなのは他国から使者が来たとき如何（いかが）かと伺うと、義久は「使者として当国を数里も通ってくるのだから、途中で目に入る領民の生活を見れば、仁政が厚く行われていることに気づくだろう。いくら城門が立派でも、領民が疲れ果ててい

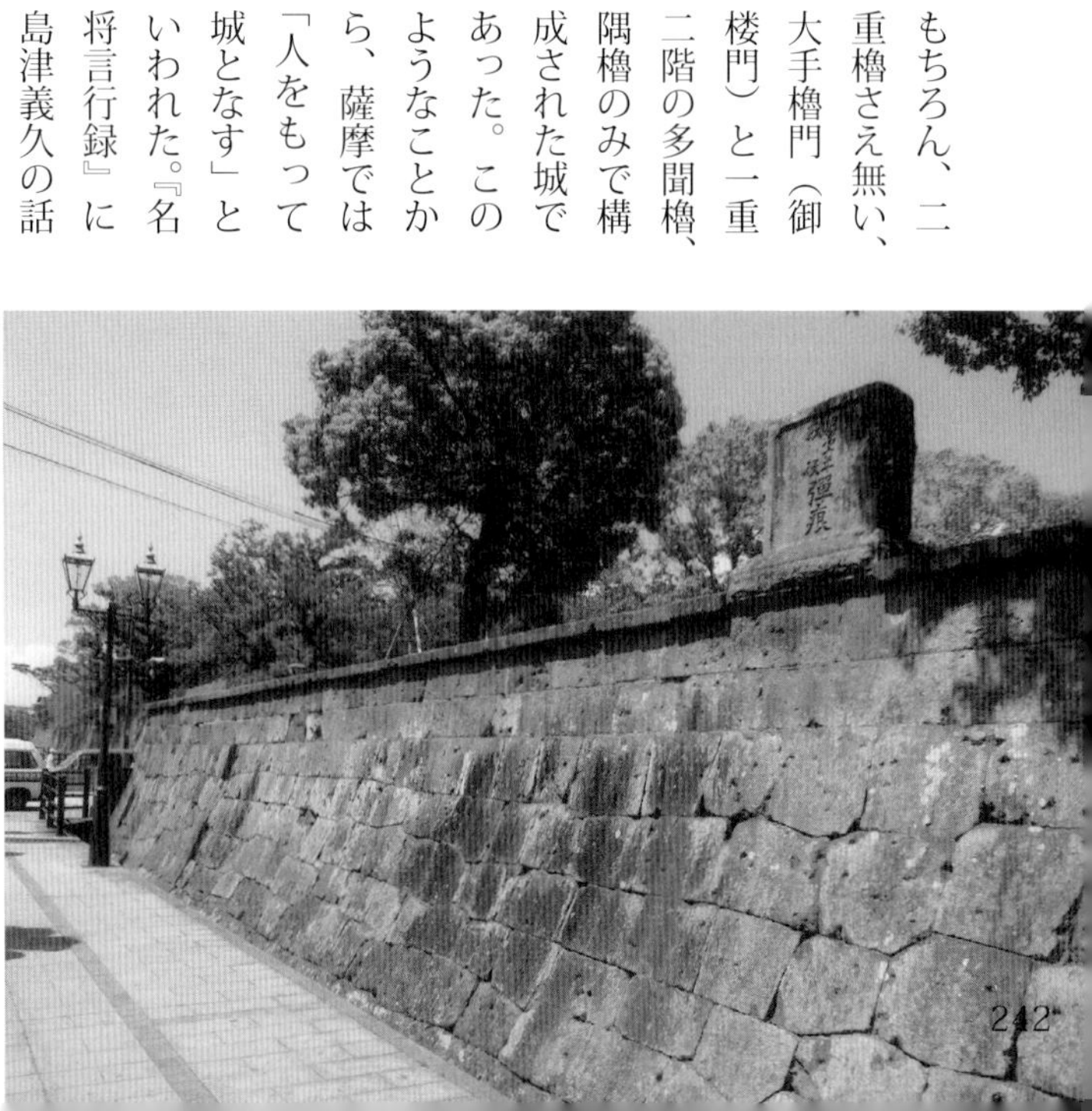

銃弾跡が無数に残る私学校石垣

れば国主のやり方がよくないことを見抜くだろう。肝要なところに気を配り、どうでもよいところに気をつけるものでない。茅葺きであってもかまわぬ」と言ったという。

幕末の名君に11代藩主島津斉彬がいる。日本は開国し、富国強兵、中央集権国家を目指すべきだと主張し、薩摩藩の富国強兵策を成功させた。他藩の開明派藩主とも深く交流し、幕府に意見し、篤姫を養女とした後、13代将軍家定の御台所（正室）とした。また、下級藩士であった西郷や大久保の才能をいちはやく見出した。戊辰戦争の主力となったのは薩摩藩であり、新政府は当初、薩摩出身のこの二人、西郷と大久保が中心となって運営された。後に、藩出身の黒田清隆、松方正義、山本権兵衛が総理大臣になっている。また、日本海海戦で活躍した連合艦隊司令長官・東郷平八郎のように、海軍は薩摩藩出身が多数を占めた。

維新の英雄・西郷はなぜ熊本鎮台を攻めたのか

かつて日本を代表する英雄と評された西郷隆盛は、文政10年（一八二七）12月、鹿児島城の城下、下加治屋町にて下級藩士（御小姓与）で禄高50石（年収5百万円程度）の西郷九郎隆盛の長男として生まれた。15歳で元服し、吉之介隆永と名乗った（隆盛の名は明治2年以降）。身長179㌢体重109㌔の巨漢であった。じつは、西郷家の祖先は肥後（熊本県）の菊池氏庶流といわれ、西郷の父が7代目で、生粋の薩摩隼人ではない。7・8歳で健児社に入り、18歳から27歳まで郡方書役（助）を務める。20歳の頃、下加治屋町郷中の二才頭に選ばれ、3歳下に大久保利通（記録所書役助）がいた。西郷グループでは大久保が論客で、西郷は人徳が一番であったという。26歳で家督を継ぐと、農政に関する意見書を藩へ提出し、それが藩主斉彬の目に留まり、28歳（一八五四）で中小姓（翌月には庭方役）に抜擢される。江戸で藤田東湖、橋本左内、後に大坂で勝海舟に出会い、多大なる影響を受ける。安政5年（一八五八）京への出兵準備をしていた斉彬（49歳）が急逝、久光（斉彬の異母弟）が国父となり、12代藩主は久光の長男忠義となる。一方、安政の大獄が始まると西郷は大崎ヶ鼻沖で月照と船上から冬の海に飛び込み、入水を図るが失敗（月照のみ死去）、奄美大島に潜伏（3年3ヶ月）し、やがて文久2年（一八六二）久光に召され庭方役に復職する。しかし、6月、徳之島（8月に沖永良部島）に流罪（獄死目的）となる（1年8ヶ月）。すでに久光の側近となっていた大久保や家老小松帯刀らは久光に嘆願を重ね、つい

西郷隆盛生誕地

に西郷は再び召還され、京都御所の「禁門の変」に出撃、指揮官としての才能を存分に発揮し、薩兵を率い長州藩兵を撃退した。そして幕府より、第1次長州征伐後の、長州処分を任される。このとき、敵地に単独で赴き、直談判し問題解決した。一方、天狗党の処分を拒み、第2次長州征伐を拒否した。慶応2年（一八六六）京の小松帯刀邸で坂本龍馬同席のもと、木戸孝允（桂小五郎）と薩長同盟を締結。明治元年（一八六八）正月、鳥羽伏見の戦いで薩軍を指揮し勝利。3月、官軍5万を率い東征大総督府下参謀として江戸城を目指し進撃開始。そして、江戸高輪の薩摩邸で勝海舟と会談、4月11日、江戸城総攻撃を中止した。5月、上野で彰義隊と黒門口付近で死闘をくりひろげ、勝利す。戊辰戦争が終結すると、西郷は鹿児島に帰郷。正三位（平隆盛）に叙せられるが返上し、薩摩藩参政も辞退。事態を打開するため、岩倉・大久保が鹿児島に出向いて上京の勅命を伝え、懇願の末、遂に上京（明治4年）。そして筆頭参議に就任し、正三位に叙せられ、参議兼陸軍大将となった（46歳）。この時期（いわゆる西郷内閣）、廃藩置県を断行し、徴兵制（国民皆兵）、学制の制定（国民皆学）、地租改正、警察制度を創設した。明治6年（一八七三）8月、3年過ぎても国書を受け取らない朝鮮に対して、閣議で朝鮮使節の派遣が決ると、自ら大使に名乗りを挙げ、単身朝鮮に赴き、直談判で共にロシアの脅威に対抗しようという外交交渉を展開しようとする。西郷が征韓論者といわれる根拠は、板垣に当てた書簡によるものだが、実は当時、派兵論を唱える板垣を味方に引き入れるため敢えてそう発言した可能性も高いといわれる。しかし、10月、2年近くに及ぶ外遊から帰ってきた岩倉・大久保らが西郷主導による政権運営に危機感を覚え、西郷と対立。下野を決意した西郷は辞表を提出し、再び鹿児島に帰ってしまう。翌年、鹿児島城厩跡に私学校（士官養成学校）創立。明治

10年（一八七七）私学校内で、政府による西郷暗殺計画が問題化し、学生は暴徒となり、陸軍火薬庫を略奪。神輿に担がれた西郷は、やむをえず東上を決意、そして熊本鎮台（熊本城）へ向かい進軍を開始した。西郷軍（総勢3万）は2月22日より3日間、熊本城（4千3百）を5千の薩兵で総攻撃するが、堅城は落城せず、西郷は力攻めを断念。3月3日政府軍が到着し、熊本城の北側の田原坂（たばるざか）で激戦を繰り広げ（17日間）西郷軍は撤退、宮崎・延岡で敗退し、最後は3百の兵を引き連れて鹿児島城の城山に立て籠もり、移動中、銃弾を受け、その後、西郷は自害した（49歳）。

西郷とは一体いかなる人物であったのか

政府軍は熊本城下を焼き、薩軍は坪井川と井芹川の合流点をせき止め、水攻めをおこなったという。政府軍の火力（弾丸）消費量は、田原坂での戦いでは1日平均32万発など、後の日露戦争での二〇三高地総攻撃で使った量を上回っていた。また、両軍が使用した銃にも差があり、政府軍の銃は雨天でも使えたが、薩軍の銃は雨では火薬が湿って不発になるものが多かったという。倒幕のシンボルであった西郷隆盛が熊本城を攻めあぐね、52日後、撤退を余儀なくされることになった意義は大きかった。西郷は朝鮮半島をめぐる外交問題で失脚、下野し、結局、新政府（岩倉・大久保ら）に対し、西郷暗殺計画の真意について物申すためだけで軍を進めたのであり、西郷のトレードマークともいうべき大義名分の無いまま、東上し、熊本城を攻撃した。そして日本国政府の陸軍大将(正確には明治10年2月私学校挙兵後大将解任)西郷が、士気高い薩摩士族を率いて、城攻めし、失敗した。西郷はこのとき「清正公（せいしょこう）にやられた」と呟いたという。

西郷終焉の地

勿論、西南戦争は熊本城攻防戦だけでなく、九州全土に及んだ内乱であったが、熊本城以外の戦いはそのほとんどが兵力・武器など物量において、圧倒的に政府軍が勝っており、薩軍の負け戦は当然であった。熊本城の攻防戦だけが薩軍の勝つ可能性があった戦であった。それを落とせなかった。そして最後は鹿児島の城山を死場処（しにばしょ）とした。西南戦争もまた、攻城に始まり、落城で終わった。西郷は、熊本城が落ちなかったとき、なぜ城を囲んだのか。陸軍大将西郷の命令に谷干城（たてき）以下、鎮台兵が従うと思ったのだろうか。なぜ、信玄が家康の浜松城を通り越すように、西郷は進軍しなかったのか。九州だけでも押さえたかったのか。初めから本気で新政府軍と戦うつもりはあったのか（板垣退助は熊本城攻防の戦局を見て、挙兵を断念した）。兵站基地も確保せず、行き当たりばったりで大軍を進めた西郷に、じつは軍を指揮命令する権利はなかったといわれる。西郷は反乱士族の象徴であり、西郷を担いだ面々によって警護され監視され、影武者を置かれ、その発言までも拘束されたという。西郷が指揮したのは、負け戦の続いた後、最後の決戦・和田越決戦（延岡付近）だけだったともいう。西郷は晩年に至るまで詩歌を詠じることを好み、その人を惹きつける性格は、じつはかなり文学的・抒情的嗜好に起因していることが窺える。潔く生きることへの拘り、包容力は、幕末維新の英傑中でも群を抜いていた。戦場では、信頼できる隊長がいるほど、部下の士気は高まり、勇敢に戦う部隊となる。そういったカリスマ性を西郷は持っていた。西郷は軍人であり、戦略家で、謀略家でもあったが、文人であり、基本的に政治嫌いであった。質素に生きることを好んだ西郷にとって、当時の政府高官は、豪邸に住み、美妾を集め、机上で金勘定をし、自ら私腹を肥やす、罪人であるとしか見えなかった。彼らの姿を見ていると、戊辰戦争で亡くなった多くの仲間に対して申し訳ないと涙したという。西郷は明治維新を成功させたが、出来上がりつつある新政府に失望したのだ。征韓論、いや正しくは「朝鮮使節派遣論」に敗れた西郷の本音は、今も各地で燻る不平士族に対する自らの責任のとり方として、死場所を朝鮮にしようとしたのだろうか。西郷は「朝鮮蔑視の帝国主義者」であったと指摘する学者もいる。猪飼（いかい）隆明氏（大阪大学名誉教授）は、朝鮮出兵の西郷の精神は「大東亜共栄圏」推進の思想であると説明する。一方、気鋭の歴史学者・磯田道史氏によれば、西郷の本意は外交による解決であり、朝鮮も共に近代化し、ロシアに対抗しようというものであったとする。西郷はまた、天皇中心の近代的中央集権国家を望んでおり、明治天皇もまた、西郷の人柄をたいへん愛していた。二人の関係は相撲を取るほどの間柄であった。一方、西南戦争そのものは、西郷の死にとどまらず、不本意ながら参戦させられた、多くの私学校生（参戦しなければ殺すといわれたという）、戦争協力を強いられた多くの一般民衆の犠牲も忘れてはならない。西郷は幕末、斉彬の手足となってその巨体からは想像できないほど全国いたるところ駆け巡った。「大義ある戦」を得意として「討幕」はまさに彼の謀略家・戦略家としての才能、大局的な見地に立って行う行動力、指導力が最大限活かされた戦であった。敵も味方も西郷に惚れ込んだ。しかし、新政府の中枢と

西郷隆盛像（二の丸）

なり、政府や役人が抱える矛盾に突き当たると、西郷は揺らいでしまう。国の抱える問題にぶち当たり、それを非難されると、尤もだと思い、辞任するとか、朝鮮に直談判に行くとか言い、内政の矛盾を外交に向けさせようとした。長州藩出身の最高実力者・木戸孝允は、新政府でその能力を十分発揮することなく病（肝臓肥大）に倒れ、西南戦争の最中に死んでしまうが、最期に「西郷もいいかげんにしないか」と言ったそうだ。磯田氏は西郷を「かなり面倒くさい男で、イメージと違って、包容力はなく、必要以上に人とぶつかる危うい男」と評している。西郷というのは結局、何でも吸収する多面的な存在で、彼に近づく人物の器次第で如何様にも変化する鏡のような男であったのだろう。理想的な政治家というのは、大久保と西郷を足して二で割ったような人物なのではないか。その大久保も、西南戦争の翌年、加賀の不平士族によって、東京の紀尾井坂で殺害された（47歳）。

明治22年（一八八九）大日本帝国憲法発布の大赦で、西郷の賊名は除かれ、正三位を追贈された。そして、死後21年たった明治31年、伊藤博文、大隈重信らが発起人となって上野に銅像が建てられ、それを機に、旧庄内藩関係者によって『南洲翁遺訓』が編纂刊行された。少しずつ、西郷隆盛は復活していったのだ。

あとがき

さきたま出版会より『関東の城址を歩く』を上梓したのはちょうど20年前になる。本邦初と言われたイギリス城めぐり本やヨーロッパ城郭事典を出して暫く経ってからであったと思う。当時よく頼まれて西洋の宮殿や城の話をしていたので、その反動からであろうか、時間の合間を縫っては気軽に関八州の城址を巡り、副産物として生まれたものであった。その後、城関連の本など他社で何冊か出し、短期間でよく売れたもの（10刷）もあったし、自分ではよく書けていると思ったが、売れ行きにまったく反映されないものもあった。私は今までこのようにして、時々城の本を出してきた。２００１年より大学講師を務め、兼任であったため、多いときは四つの大学で週90分×15コマをこなし、さらに土日はカルチャースクールで城の話をして時々、受講生と一緒に江戸城、小田原城、佐倉城、宇都宮城、武州松山城、八王子城等に行ったりしていた。10年間そのような生活をした後、すべての仕事を辞め、7年ほどステイホーム・ダディとして家事と3人の息子（篤史・康真・崇美）の教育に専念した。その後、シングル・ファーザーとなり、2年前から再び大学の教壇に立つことになり、現在、五大学で学生に語学を中心に教えている。そして、この度、さきたま出版会の星野和央会長、岩渕均社長のご厚意により、7年間ずっと温め続けた城めぐり本を出版する機会に恵まれた。

　ある意味、洋の東西を問わず、城巡りは私にとってライフ・ワークのひとつであろうが、今回は特に、一昨年逝去された生涯の恩師・出口保夫先生へのレクイエムの思いが込められている。私の文体、思想、研究の主題はすべて先生の指導によるものだからである。そして、本書は、おそらく師の教えを忠実に再現したユニークな哲学散歩の城紀行に仕上がっていると思う。扱った城は、あまり有名でないものが多く（天守現存12城はすべてカット等）、城郭の中心部分（本丸・二の丸・三の丸）の縄張図より、あるいは天守の柱の数よりも、城下町歩きに関心が注がれ、さらには、その城がどういった意図で築かれたか、大手の向きから窺える仮想敵国、隠し砦としての寺院などに割合興味が注がれている。

一方、誰もが見過ごしてしまうような些細な歴史の爪痕、出来事、発見にも最大の神経を集中させることもある。そのような城めぐりの旅エッセイだ。勿論私の専門は外国語であり、職業柄、ヨーロッパの城郭に関して、それなりに知識と情報は頭に入っている。日本の城を見ると、やはり、西洋城郭との比較は常に頭に浮かんでくる。

基本的には、限りなく、気ままなる城巡りの旅であるが、城下町を歩いて、偶然知ることになる偉人や英傑の足跡、彼らはその多くが下級武士であり、あるいは城下町に生まれ育った藩士の子弟であるのだが、そこに端を発し、興味の的はやがて城から彼ら個人の生き様に移り、考えるのは、結局、彼らの残した知的遺産の現代的な意味である。旅の後半は、もっぱら彼らの信条、思想にフォーカスされ、様々思いを巡らせる。そういったことから「城とはあまり関係ないのではないか」という批判もあるかも知れない。ただ、城めぐりをしなければ、私はおそらく、歴史に埋もれた彼らの人柄に触れることは一切なかったであろう。城めぐり+郷土料理、+ローカル線の旅、+自然とのふれあい、+人とのふれあい等々、何でもplusアルファの旅は面白い。本筋から外れるところに真実が潜んでいることも多い。葛飾北斎の『富嶽36景』然り（北斎は本当に富士を描きたかったか甚だ疑問である。だいたい富士は小さく、明らかにバックグランドにすぎない）。日本の偉人、英傑と邂逅する城巡り本があってもよいだろう。なぜならば、最後は「人間」だからである。その人物の美意識、美学、悲劇的な人生、そこから生まれる思想哲学だからである。

執筆にあたり、日本の城郭に関しては、私なりの新しい視点や解釈をその都度紹介することを心がけた。また、人物に関しては、基本的に、その人の著作、関係する基本文献、信頼に値する書籍は可能な限り読み、網羅しているつもりである。その上で、私見を述べている。大袈裟に言えば、この本は、城めぐりを通して、日本人とは何かを問う、新しいタイプの城紀行と位置付けたい。本が売れないというこの時代、一人でも多くの方の目に触れて頂けたらこの上ない僥倖である。そう願い、擱筆する。

筆者

《著者紹介》

西野博道（にしの　ひろみち）

東京都出身。早稲田大学卒業、同大学院修士課程修了。専攻は英語英文学。高等学校教諭を10年間務めた後、埼玉大学、早稲田大学、明治大学、千葉工業大学講師を経て、現在、茨城大学、文教大学、日本体育大学、東京未来大学、流通経済大学講師。英文学者・出口保夫（1929－2019）に師事し、文学、歴史、美学に関して30年にわたり薫陶を受ける。著書に『埼玉の城址30選』『続·埼玉の城址30選』（編著 埼玉新聞社）『埼玉の城址めぐり』『続·埼玉の城址めぐり』『江戸城の縄張りをめぐる』（幹書房）『関東の城址を歩く』（さきたま出版会）『日本の城郭・築城者の野望』『日本の城郭・名将のプライド』（柏書房）『イギリスの古城を旅する』（双葉社、双葉文庫）『戦略戦術兵器事典❺ヨーロッパ城郭編』（共著・学習研究社）『美神を追いて―イギリス・ロマン派の系譜』（共著・音羽書房鶴見書店）『スコットランド文化事典』（共著・原書房）『21世紀イギリス文化を知る事典』（共著・東京書籍）など。父方は東京八王子に代々居住した一族で、武蔵七党・西野党（西党）との関りを示唆、土方歳三実家との交流もあったという。母方は加賀藩出身の士族・松田家。筆者は埼玉県に在住して30年となる。

英傑を生んだ日本の城址を歩く
―珠玉の歴史ロマン紀行30選―

二〇二一年四月十日　初版第一刷発行

著　者　西野博道

発行所　株式会社　さきたま出版会
〒336－0022
さいたま市南区白幡3－6－10
電話048（711）8041

印刷・製本　関東図書株式会社

©H.Nishino 2021　ISBN 978-4-87891-475-1 C1021